梁衡杂文集

梁衡 著

九州出版社
JIUZHOUPRESS

图书在版编目（CIP）数据

梁衡杂文集 / 梁衡著. -- 北京 : 九州出版社,
2016.11

ISBN 978-7-5108-4825-4

Ⅰ. ①梁… Ⅱ. ①梁… Ⅲ. ①杂文集－中国－当代
Ⅳ. ①I267.1

中国版本图书馆CIP数据核字(2016)第254911号

梁衡杂文集

作　　者　梁衡　著
出版发行　九州出版社
地　　址　北京市西城区阜外大街甲35号(100037)
发行电话　(010)68992190/3/5/6
网　　址　www.jiuzhoupress.com
电子信箱　jiuzhou@jiuzhoupress.com
印　　刷　北京文昌阁彩色印刷有限责任公司
开　　本　787毫米×1092毫米 16开
印　　张　21
字　　数　400千字
版　　次　2017年1月第1版
印　　次　2017年1月第1次印刷
书　　号　ISBN 978-7-5108-4825-4
定　　价　36.00元

序

说杂文

杂文因鲁迅先生的身体力行，而成为一种很有影响的文体。高山仰止。

我本没有写杂文的打算。我的主业是新闻，副业是散文。但因做记者接触社会，所见甚杂；后来在官场，阅人更多，遇事愈杂。刘勰论写作：“目既往还，心亦吐纳”。看多了就不能不想，有想法就不能不说。于是随手有了些短篇文字，并就势发于报章，既不是新闻也不是散文，亦不是论文。如果是新闻，只能报道客观事实，不表主观之态；如果是散文，强调抒发个性化的情感，并要注意文章的华彩；如果是论文，则言辞宏大，纵横捭阖。这几种文字，当然我是写过的。但现在都不是，只是眼见杂物、杂事、杂象及杂色人等，而生的杂情、杂想。或慷慨而发，不吐不快；或抽丝剥茧，慢评细说，吐纳成文。既非新闻，亦不是散文，就算是杂文了。新闻既是我的主业，散文就是我的副业，这杂文便是副业之副了。

杂文之称，实因其所写对象之杂，并因时借势，杂事杂说。“杂然赋流形”，并无一定之规。小说要讲一个故事，散文要记一件事，抒一段情。杂文它却只认一个字：理，因事说理。小说、散文家常有自己的固定题材，而杂文家却很少囿于一域。目之所见，即可入纸，天下之事，莫有不议。但是，再广再杂，终有一收，全收入思想的炉火之中，精心冶炼。射一束红光，照亮常人不注意的窄缝、暗角；挥一把利剑，挑开面纱、遮布。揽千杂于纸上，凝一思于笔端，洞若观火，振聋发聩，是为杂文。所以无论写杂文还是读杂文，其实都是在写思想，读思想。或忧国忧民，或感时伤世，扶正却邪，探微知著。在杂文世界里没有装模作样，没有浅吟低唱，没有诈喜，没有闲愁。

笛卡尔说："我思故我在。"这几十年，我在哪里？在社会，在官场，有所思，成文章。随集为杂文一册，并序。

2016 年 10 月 22 日

目录

说 人 生

说 官 场

说 学 问

说 文 章

说 艺 术

说 社 会

说人生

人格在上

细想，人格这个词是造得很准确的。就像我们写稿子时要按格填字，不能乱，编辑才好改，读者才好看。写诗也是这样，要有格律，只有合了格和律才美，才算是诗。那么做人呢？应该说也有一定的格，合起码的格是正常的人，合乎更高更严的格，便是好人、高人、伟人。做好人难，做伟人难，好比律诗难写，因为那是一个更高的标准。当然社会上也有不合格的人，就像我们常于报刊上看到一些歪诗，虽然也算是诗，其实并不合格。人的品德分成许多高低不等的格，这便是人格。人格之定，就如某项产品的国家标准，有一定的要求。从某种意义上说人也是一种产品。马克思说，人是一切社会关系的总和。人是一种社会产品，是经社会共教共育，磨砺冲刷，阴差阳错，锻打铸造而成的。如礁石在海，被浪花咬啮、冲刷、浸蚀，塑造成各型各类、各等各级，也就有了不同的质、形、格。人生于世，就要看你自己所选所为了。你接受了某一种观念，就被搁置到了某一层的某一个格子里。

我向来觉得人在社会上立身有三项资本，或曰三种魅力。一是外貌，包括体格、姿色，这主要来源于先天，这确是一大本钱。古今因一貌倾城而广有追随、成事者大有人在。二是知识、技能和思想，这得靠后天的修炼。一战回天，惊天动地，开国定邦，或窥破天机，发明发现，创造财富，造福人类者，大有人在。三是人格，这完全是一种独立于“貌”和“能”之外关于思想和世界观的修炼。你可能貌不惊人，才智平平，无功可炫，无能可逞，但在人格上却可以卓然而立，楷模万众。精神之力，盖超乎外貌之魅和才智之强，别是一种震撼，一种导引与向往。雷锋，论貌，个子不高，只有一米五多，论能，只是一个普通的汽车兵，但他的无私精神、助人品德，现已成了中华民族乃至全人类的精神财富。其人格魅力早已在万众之上。

人格，既然名格，意思就是方方正正，于某事某情某理行有所遵，言有所本，恪守一定尺度分寸。金钱名利诱之而不变，严刑生杀逼之而不屈，总是平平静静，按一既定的规矩做事，昂首阔步，按既定的方向走路。人格是精神，精神可以变物质，甚至可以发挥出超物质的力量。人格是信念，信念如山在野，高山仰止；如坝挡水，波澜不惊。信念既成，就不是一个人的事，甚至不是一代人的事，会形成一个群体、一个民族，乃至全社会公认的规范，是一种无形的力量。

所以当我们述说人事，歌颂英雄，感受那些开国元勋、将军元帅、教授学者或者能人强人们的惊人业绩时，常常有一部分是被他们的人格魅力打动。而且随着时间的推移，这种人格魅力将大大超越其人其事本身的意义。毛泽东转战陕北，折一根柳木棍子，在胡宗南大军的鼻子底下来去的那种从容；周恩来长年日理万机，内挤外压下那种无私无怨的大度；彭德怀在庐山一人独谏万言，拍案力争的骨气；陈独秀虽与党有分歧，但在国民党大牢中，面对高官相诱而嗤之以鼻的轻蔑，押解途中带着铁镣呼呼大睡的气度。这些都远远超出他们所为之事的意义，而特别爆发出一种精神的冲击波和辐射力。

我们还可以由此而上溯到：辛亥义士林觉民在狱中与妻写绝笔书的慷慨；戊戌义士谭嗣同坐等清廷来拘捕，愿为变法做流血第一人的自豪；林则徐虎门销烟行民族大义，于己无欲则刚的气节；史可法守扬州，宁为玉碎不为瓦全的牺牲精神；文天祥宁死不叛，丹心万代的正气；岳飞虽为奸臣所逼但精忠报国的悲壮；范仲淹身为朝臣先忧后乐的诚心；苏武十九年持节牧羊所表现出的忠贞；司马迁身负大辱为民族修史记事的坚韧；项羽慨然认输又愧对父老而毅然自刎的英雄气概；荆轲明知赴死而一诺千金的诚信；等等。这些都是做人之格，他们都是我们民族史上的灿烂明星，国外也有如布鲁诺那样为捍卫科学真理而甘愿被教会处以火刑的英雄。

他们的主要业绩仅仅是做成了某一件事吗？不是。相反，随着时间的推移，这些具体业绩时过境迁，离我们越来越远，而他们所昭示的人格的光芒，却因时日的检验而愈显强大并永远照耀在我们身上。当我们“数典耀祖”时，要感谢这一串串巨星为我们画出的精神轨迹。这时我们才真正地感觉到精神变物质是这样的具体。一部中国历史，不，整个一部世界历史，就是这样在人类前进、创新和牺牲精神的鼓舞下书写而成的，而体现着这种精神的，就是那些跨越时空，在人格方面光芒四射的群星。若历史长河中缺了这些人格坐标，就如同缺了许多改朝换代、惊天动地、里程碑式的大事。当我们书写政治史、军事史、科学史，或从事文学创作，记录故事、塑造人物时，不该忘掉这一条隐隐存在而又熠熠闪光的主线。

事实证明，不但文学是人学，史学也是人学，社会学更是人学。一个人只靠貌美出众时，他（她）最多只成为一个名人；当一个人事有所长时，他会是一时的功臣；而一个人只要人格上达到了一定的价值高度，他就已经是一个好人，如果他同时又貌压群英，才出于众，他便是一个难得的伟人、圣人。这样的人历史所能奉献给我们的大约几十年或数百年才会有一个。但为人而求全，实在是太难了。所以，最基本的还是先从人格做起，心诚则灵，人人都可以立地成佛，先成为一个在德行上合格的人。

人人皆可为国王

说到权力和享受，国王可算是一国之最。普天之下，莫非王土，一国之财任其索用，一国之民任其役使。所以古往今来王位就成了很多人追求的目标，国王生活的状态也成了一般人追求的最高标准。

但是不要忘了一句俗话：尺有所短，寸有所长。虽然大有大的好处，但它却不能占尽全部的风光。比如，同是长度单位，以“里”去量路程可以，去量房屋之大小则不成；用“尺”去量房间大小可以，去量一本书的厚薄则难为了它。同是观察工具，望远镜可以观数里、数十里之外，看微生物则不行，这时挥洒自如的是显微镜。以人而论，权大位显，如王如皇者亦有他的局限，比如他就不能享村夫之乐、平民之趣。《红楼梦》里凤姐说得好，“大有大的难处”。而《西游记》里孙悟空就懂得小有小的好处，钻到铁扇公主肚子里去成大事。就是在君主制度的社会里，王位也不是所有人的选择。明代仁宗皇帝的第六世孙朱载堉，就曾七次上疏，终于辞掉了自己的爵位。他一生潜心研究音乐和数学，他发现的“十二平均律”传到西方后，对欧洲音乐产生了巨大影响。对量子理论做出贡献的法国人德布罗意也出身公爵世家，但他不要锦衣美食，终于在科学史上占有一席之地。据说现在的荷兰女王也很为继承人发愁，因为她的三个子女对王位都不感兴趣。

在现代社会里，特别是在市场经济的运行规律下，人们的利益取向、价值取向和实现途径已变得多元化了。每一个成功者都可以享受高呼万岁式的崇敬，享受鲜花和红地毯。社会有许许多多的“国王”，在各自不同的“王国”里享受着自己臣民的膜拜。你看，歌星、球星是追星族的国王；作家、画家是欣赏者的国王；学者、教授是学术领域内的国王；幼儿园的阿姨、小学校的教师，整天享受着孩子们的拥戴，也俨然如王——孩子王；就是牧羊人，在蓝天白云下长鞭一甩，引吭高歌，也有天地间唯我独尊的国王感。

事物总是有两面性，有所不为才能有所为；失之东隅，收之桑榆；塞翁失马，焉知非福。每个人只要努力都能得到一种王者的回报。当一个人壮志难酬或怀才不遇时，这大约是人生最低潮最无奈的时期吧。但就是在这种状态下，他仍然会有追随者，仍然可以为王。北宋时的柳永，宋仁宗不喜欢他，几次考试不第，连个做臣子的资格也拿不到，他只好去当“民”。但是在歌楼妓院、勾栏瓦肆的王国里他成了国王——词王，“凡有井水处即能歌柳词”，可见他这个王国有多大。林则徐被贬到新疆伊犁，但就是这样一个“钦犯”，沿途官民却争相拜迎，泪洒长亭，赠衣赠食，争睹尊容。到驻地后人们又去慰问，去求字，以至于待写的宣纸堆积如山。在人格王国里林则徐被推举为王。

在日常生活中更是人人可以为王。我看过一场演唱会，那歌手也没有什么名，但当时着实有王者风范，台下的女孩子毫无羞涩地高喊“我爱你”，演唱结束，歌迷就冲到台上要签名，要拥抱。一次去爬山，在山脚下一位年轻人用草编成蚂蚱、小鹿之类的小动物，插满一担，惹得小孩子和家长围成几层厚厚的圆圈，很有拥兵自重的威风。等到登上半山时，又见许多人挤在一起围观，一个老者在玩三节棍，两手各持一节细棍，将那第三节不停地上下翻挑，做出各种花样，人们越是喝彩他越是得意。在这个山坡上临时组建的三节棍小王国里，他就是国王。

国王的精神享受有三：一是有成就感，二是有自由度，三是有追随者。只要做到这三点，不管你是白金汉宫里的英国女王，还是拉着小提琴的街头艺术家，在精神上都能得到同样的满足。要做到这一点并不难，只要诚实、勤奋就行——因为你虽没有王业之成，大小总有事业之成；虽没有权的自由，但有身心的自由；虽没有臣民追随，但一定有朋友、有人缘，也可能还有崇拜者，“天下谁人不识君”。所以人人皆可为国王，谁也不用自卑，谁也不要骄傲。

碑不自立，名由人传

据《人民日报》4月7日报道，陕西某贫困县，县委领导竭诚尽力为群众办了不少好事，受到群众好评。但遗憾的是，每完成一件工程，领导即要立碑以记，并亲拟碑文。由此引出群言纷纷，石碑虽起，口碑却降。由是想到碑的本意，试略为一辩。

碑者从石从卑，取坚用谦。本义是以坚石刻记要事，以期久远，所以立碑之时总是思之又思，酌之再三，心也惴惴，手也颤颤，不知后人将会作何评点。碑即是“备”，既已上碑，就为历史所备案。宠辱底定，不由人易。何敢草率，何敢张扬？在盛行立碑的封建时代，若行此事，往往也要廷议公论，焚香沐浴，毕恭毕敬。当年新中国成立，中国人民政治协商会议念及近百年来无数英烈为国捐躯，特决定于天安门广场立人民英雄纪念碑一座，并议请周恩来总理亲题碑文。周恩来受命之后，诚惶诚恐，闭门三日，潜心练字，抄写多遍，才完成现在碑上的这通文字，但他却坚辞不题名落款。这是何等的胸怀和品德！

碑者背也。一背，指所书之事已背人而去，属事后之论。碑，最早是古人在下葬之时立于墓坑两侧的系绳引棺之石。后来就顺便将死者的事迹刻于其上，后逐渐演变为专门的记事之碑。可见其本义是盖棺论定，后而书之。二背，指所言为他人、他事，是背对背，不是面对面，更不是自说自。现在某些地方官忙于为自己树形象，争虚名。工程甫定，碑身即起，水泥未干，墨色已干，行匆匆，急慌慌，如赶早集。争立石碑之外，又有争出书者，争登报者，花样翻新，不厌其烦。唐时白居易知杭州，为民修堤，后人感其功，立碑曰白堤；宋时苏东坡又知杭州，再修一堤，后人又念其功，立碑曰苏堤。假如当年白居易、苏东坡都自磨一石，曰白曰苏，立之湖畔，也许早已被埋于污泥，没于尘埋。数十年前大寨因大修梯田而名扬全国，老英雄贾进才一生垒坝无数，满手老茧如铁锈铜斑。别人说，老贾，大寨该给你立一座碑。老人说："要碑做啥？这满沟的石坝不就是碑。"说得好，碑本天成，何必人立？试想，如果老人也像某县领导那样，往每块坝石上刻一个"贾"字，那参观者该有何感？正因这坝上无字，所以如今大寨展览馆里这位老英雄的形象更加灿烂。

大功无碑，大道无形。你看历史上有多少功德碑、记功铭都已湮没荒草，踩入泥土。而那些为民族为人民做了好事的人，虽无碑无铭，甚至无墓无灰，却永存青史，长在人间。历史老人很怪，有自鸣得意者，就捂住他的嘴；有桃李不言者，偏扬他的德。从来都是碑不自立，名由人传。我们现在提倡科学发展观，提倡干部要有正确的政绩观，有立碑嗜好者当引以为戒。

享受人生

“享受”这个词，在很长一段时间和大部分时候，是被当作贬义词使用的。随着年纪增长，阅历增多，才知道这种理解未免狭窄。人来到世界上，美好的生命只有一次，而且内容无限，你就是抓紧享用也只能仅得其中的一部分。老作家孙犁见几个年轻人在泰山极顶，不欣赏这泰山风光，却围坐在一块巨石上大打扑克。他感叹道，扑克何处不能打？这泰山风光却能享受几回？你看，这就是享受。这里没有剥削，没有欺诈，大大方方，自自然然，取之不尽，其乐融融。

上面只是随举一例，其实享受自然只是人生的一部分。生命中值得享受的东西还有很多很多。比如享受知识，读书学习；享受艺术，听音乐、赏诗文、观演出；享受刺激，探险、登山、看竞技比赛；享受感情，亲情、友情、爱情；享受成功，奖励、鲜花、掌声；享受环境，浴新鲜空气、赏满眼绿色；享受安宁，心平气和，自我平衡；享受休闲，散步、谈天、度假；享受精神，信仰、理想、宗教；等等。还可以举出许多许多，这都是自然赋予我们，让我们尽情选择享用的。一次朋友谈天，有人说，独身或僧尼无爱无伴，少了多少享受？马上有人反驳道，这也是一种享受——享受孤独。生命原来是这样的多层次、多角度，生命之花原来是靠这许多的享受来供养的。试想一个在鲜花掌声中受勋的人，和点一支烟来过瘾的人，这是两种多么悬殊的享受。但是只要可能，不同的人接受同一种享受时又是多么的平等。

朱自清说："老于抽烟的人，一叼上烟，真能悠然遐想。他霎时间是个自由自在的身子，无论他是靠在沙发上的绅士，还是蹲在台阶上的瓦匠。"但事实上，许多人一辈子也没有能够享受到生活的全部内容或主要内容。就像我们住进一家五星级的大酒店，除了睡觉，其他的健身、娱乐、美容、商务等设施都没有享用。又像不少人对计算机的使用，只不过是将它当成了一部打字机。生命是博大丰富的，可享受的东西无穷之多。生命又是很短暂的，许多有意义的东西稍纵即逝。我们对享受的理解，既不该狭窄，更不该冷漠。

当然，那种剥削、占有、挥霍式的享受，是最低级而不入流的。我们这里讨论的是全面的享受，它实际是对生命的认识、开发和利用。要达此点，先得有两个条件。一是勇气，就是对生活的勇气，鲁迅所谓直面人生，古人所谓舍我其谁，现在的流行歌曲唱的潇洒走一回，痛快活一场。对生命没有充满信心的人，不热爱生活的人，是不可能享受到生命之果的。望高峰而却步就看不到极顶的风光；将出海而又收帆，就体会不到惊涛骇浪。二是创造，生命之身是父母所赠予的，而生命的意义却全靠后天的开发。可以说，你有多少创造，就有多少享受。马克思、毛泽东、邓小平、哥白尼和牛顿、爱因斯坦都分别创造了一个新学说，并因这个新学说开辟了一个新领域、一片新世界。因此，他们生命中就有了一种特别的滋味，就多了一份特殊的享受，我们这些常人是无论如何难以看到的。

这么说来，“享受生命”这句话又是多么沉重，就像说“我要登上珠穆朗玛峰”，不是随便哪个人都敢开口说出的，但登这种高峰的风光毕竟有人能享受到的，它确实是我们生命的一部分。爱因斯坦、达尔文、爱迪生、开普勒等人，他们的伟大发现完成时，都说过类似的话：现在生与死对我都已无所谓了。因为他们都已享受到了生命中最成功、最华彩的段落。就是那些壮志未酬、行将赴死的勇士，如布鲁诺、文天祥、项羽、谭嗣同、林觉民等，也是一种对生命成功的享受。当常人将父母给予的血肉之躯用来做衣食之享时，他们却将生命的炸弹做最后一掷，爆出无限的光热，通过凤凰涅槃，得到了永生。他们不但生时享受事业之乐、理想之乐，身后还永享历史之功和人格之尊。

本来，追求物质的进步和精神的自由，或曰两个文明，就是人类生存奋斗的最基本目标。列宁曾将共产主义形象地比喻为苏维埃加电器化。战争时期，战士们在战壕里憧憬的美好生活就是“楼上楼下，电灯电话”。我们不是苦行僧，我们的许多劳动、斗争、牺牲，就是为了能在行动之后享受这幸福的结果。但幸福又是个动态的东西，如想要独立高峰，就只有一座接一座去攀登，才能一次又一次地享受。可是我们常犯的错误是，当登临一个山顶时，除了擦汗、喘气，却常忽略了这山的美丽，忘记了脚下的林海，悬崖上的鲜花，还有天边的流云。这种享受若不经意便稍纵即逝，若再无追求，也就再没有新的享有。人生之中从最基本的吃饭穿衣，到无尽的物质和精神享受，这是一个多大的库藏，多么宽广的领域。你一方面可以最大限度地去开发、创造和丰富，另一方面又可以尽情地去利用、索取和享受。一个真正懂得享受生命的人，不但将造物者给他的一切都能尽情享受个够，他还进一步享受着自己的创造，更还有少数杰出人物又能跨越时空永享历史的光荣。

但是请别忘记，造物者同时又制定了一条铁的规律，生命只有一次，并且时间有限。所以我们对生命的享受不会那么从容，也不会没完没了。生命是一根甘蔗，甜甜的，吃一口就少一节。让我们好好地珍惜它，细细地品味它，尽情地享受它。

人生没有返程票

报载美国航天公司计划造一个大飞船，将人送到外星球，大约在 26 世纪实现。飞船可容纳一百万人，速度为光速的五百分之一，就是说飞行五百年才能达到一光年的距离，要飞到二十光年远处的星体，需整整一万年时间。所以飞船必须很大，是一个小社会，当船到目的地时，走出来的乘客已是上船人的第四百代子孙了。这场旅行代价真大，四百代人才能完成。现在地球上所有能找到的，有文字记录的古人也没有这么老。就是说，这个飞船在太空中要经历一个地球人类成长的文明史，才能到达另一个星球落脚。不是我们一个人重活一遍，是整个地球上的人类重活一遍。想来真是渺茫，既可怕，又有吸引力。报纸说："星际旅行只需单程票。"初一看，有点去而不回的味道，要在航行途中写遗嘱，开追悼会，那谁还愿去呢？

事情就怕放大来看。看完星际旅行计划，再反观人类自己，其实我们一生下来不就是买了一张单程票吗？这个地球上不是每天也在有死、有生、有老吗？区别只在于你是在原地过完单程还是在运动中过完单程，反正人生没有返程票。我们常说：假如我小十岁、小二十岁，如何如何。假如你小上一百岁，你也许能协助孙中山，不让军阀混战；假如你小上两百岁，也许你能帮助林则徐赢得鸦片战争，但是这一切都不可能。万物在动、在变，哲学家说一个人不可能两次走过同一条河流，俗话说，开弓没有回头箭。你只能创造一次，也只能享受一次。正是因为只有一次，人生才珍贵，才有特殊的意义。

命薄原来不如纸

京西宾馆是专门开会议政的地方。会议大厅里挂着一幅大画《万里长城图》，上有张爱萍将军的题字："极目长空万顷波，纵横点染势嵯峨。中华儿女雄今古，万里龙盘壮山河。"画的落款时间为 1984 年，到今天整三十年。这个宾馆也已经不知经历了多少共和国史上的大事，送走了多少大大小小的人物。画的作者及张将军也都已作古。我每次去开会，都不由地要扫几眼这画。三十年了，仍然是纸白墨黑，树绿花红，色泽不改。而我却两鬓渐白，抬头有纹。再环顾四周，旧朋渐少，新人如笋，物是人非，逝者如斯。顿觉人的生命原来是这样的娇嫩，这样的不耐岁月，竟不如墙上的一张纸。其实，这三十年的宣纸还只能算纸中的婴儿。前些日子，报上说发现一幅晋代的字，距今已一千七百年。人的寿命往长里说，九十年可以了吧，但也只有这张晋代字纸的十九分之一。呜呼，命薄原来不如纸。看来，人如要寿，只有把生命转换成墨痕，渗到纸纹里去。

纸墨之寿，永于金石。

毛泽东翻脸

我一直认为，从性格方面研究伟人的成功，是人才学和政治学的内容之一。

伟人成事，个人意志第一，决不受情的束缚。这是其大别于常人之处。能翻天覆地，必先要能翻过个人情面这一页。常人受常理、常情的束缚，往往过于自律、自责，作茧自缚。伟人则不顾常理，不管常情，在别人无法理解、茫然、犯傻、妥协的瞬间，就一掌打下，一招制胜。简言之，敢于翻脸，而毫无自愧。不自愧则不自责，不自责则无内伤，永是强人。常人则常自责、自律、自伤。心愈软，而自伤愈重。有时虽有理在手也不敢翻脸，循规蹈矩，坐失良机，或在自责中自伤元气。敢翻脸要有霸气，这几乎是天生的因素，学是学不来的。

毛泽东是大伟人，一生成大事无数，也翻脸无数。需要指出的是，毛的翻脸多是为大事，是为不同政见而翻。而且许多时候他也是对的。如井冈山时期，毛与当时的“左”倾中央翻脸，拒绝调回上海，而坚持农村斗争，中国革命终于胜利。解放初与斯大林翻脸，坚持民族独立、国家主权完整，使中国免陷于东欧国家的尴尬之境。1947年转战陕北时，代号为“昆仑纵队”的党中央已被敌团团围住，为毛的安全，任弼时劝毛过黄河，毛不听。任急了，就以纵队司令身份下令过河。毛翻脸说：“你是司令，我是主席，从现在起，我撤了你这个司令。”没办法，最后还是听毛的。党中央和毛主席坚持留在陕北拖住了胡宗南，实现了解放战争的胜利大转折。在处理国际关系上毛也敢于翻脸。刚建国时中国实行一边倒的外交政策，在许多地方仰仗苏联，尊之为“老大哥”。苏就乘机要挟中国。1958年7月赫鲁晓夫访华，提出与中国建联合舰队，在中国沿海建海军基地，毛当即翻脸，大声说：我们还有没有主权？你们是不是想把我们的沿海地区都拿过去？我不想再听这些！赫回国后立即撤走原子弹专家，毛就说我们自己干。1964年10月16日，我第一颗原子弹成功爆炸，毛风趣地说：“应该给赫鲁晓夫发一个一吨重的大勋章。”

伟人一怒天地翻。一个人手中有权并不难，难的是敢不敢在关键时刻，用手中的权去决策，不失时机地去成大事。你看历史上有多少像宋徽宗赵佶、蜀主刘禅那样的权重情懦的无为之君。许多时候决策的实现常常是情感的较量。朱可夫在回忆苏联卫国战争的胜利原因时说，斯大林的性格因素是其中之一。建国初党内高干有腐败苗头，毛泽东说：“治国就是治吏，礼义廉耻，国之四维，四维不张，国将不国。如果臣下一个个都寡廉鲜耻，贪污无度，胡作非为，而国家还没有办法治理他们，那么天下一定大乱，老百姓一定当李自成。”乱世用重典，防患于未然。他敢于翻脸，惩治刘青山、张子善，换来了干部队伍一个较长时期的清廉。

所谓个性就是与人不同之性，这往往是优点也是缺点，成也个性，败也个性。毛泽东敢于翻脸的个性背后是他的斗争哲学。他曾说过：“与天奋斗其乐无穷，与地奋斗其乐无穷，与人奋斗其乐无穷。”他一生都在无情地战斗，只要他想干的事就一定要实现，谁也别想阻拦。这也铸成了一些错事、憾事。

在延安时，毛与江青恋爱，并要结婚，延安高层几乎一致反对。最激烈者有张闻天，远在江南的项英也写来长信反对。大家主要觉得江在上海的一段历史不清，表现也不好。毛就翻脸，大发脾气，并拍了桌子。结果政治局也拿他没有办法。与江的结合确实影响了他晚年的威信和国家的政局。

潘汉年是党内做地下工作的大功臣，不知为党提供了多少重要情报，团结了多少上层文化人士。出生入死，忠心耿耿。但有一件事欠妥，他做地下工作时，未经请示，见过一次汪精卫，但并无办什么错事。“高饶事件”时，他心里不安，向老上级陈毅汇报，陈说，没什么了不起，从没有人怀疑过你对党的忠诚，并自告奋勇去为他向毛泽东求情。没想到毛立即翻脸批示逮捕，直到毛去世，“文革”结束，潘才平反。

1959 年庐山会议本是要纠“左”的，但就是因彭德怀的一封信，毛立即翻脸。把彭历史上的旧账全翻出来，好像彭从没有做过好事，甚至在大会上连骂娘的粗话都喊出来了。最后将彭打成一个反党集团，全国打了右倾分子三百多万。毛与彭是同乡，又是从井冈山、长征直到朝鲜战争，共事最久的战友，三十年患难，一言不合，说翻就翻。虽然当时有各种各样的理由，但一下就翻得这样彻底，确实常人很难做到。而他与彭个人的翻脸，终于变成与党内高干，与忠心追随他多年的干部大翻脸，从此党内鸦雀无声。

1956 年，毛公开表示不再当国家主席，要集中精力研究问题，并明确将担子交给刘少奇，他就离京南下。他回京，发现刘的想法与他有分歧，就大发脾气。这样不给面子，刘的心情可想而知。而到“文革”又亲手写了一张大字报《炮打司令部》与刘公开翻脸，把刘定为“叛徒、内奸、工贼”。刘和毛是很近的同乡，又是在延安时就已确定的接班人。说翻就翻，决不犹豫。“文革”后刘少奇终于被平反。

周恩来是和毛合作时间最长的、须臾无法离开的助手。1956 年后，因经济思想有分歧，毛就大会小会批周，甚至借夸奖柯庆施的文章在众人面前奚落周：“你是总理，你能写出这样的文章吗？”逼得周检查、辞职。“文革”后期，他和周都年事已高，重病缠身，一般人已是得过且过了，但在中美建交问题上他听信别人的告状就大怒，指示批周。虽然后来他自我批评，向周解释是小将告状。

毛和党外人士的关系有许多佳话，但也有大翻脸的事。共和国之初，任用了许多社会贤达到重要部门，他们都是治国之才，有识之士。1956 年、1957 年毛多次诚恳征求党外人士意见。比如 1957 年 4 月 30 日他在最高国务会上说，明年我要辞去国家主席。民主人士陈枢铭很认真地拥护这一决定，5 月 18 日他给毛写信说，这是“至美至喜之事”“顺便提请今后注意几点，一是好大喜功，二是喜怒不能自制，三是轻信汇报，四是过分鄙夷传统”。毛泽东收到信没有表态，半个月后反右开始，7 月 14 日《人民日报》突然发表这封私人信件（庐山会议上彭德怀也是一封表达个人意见的私信，突然印发全会），陈被打成右派。而毛与陈曾有很深的交情，陈是湖南老乡，解放前夕是国民党政权的要员，对促成国军起义有很大功劳。一言不合，成为右派。而整个反右扩大化就是共产党与党外朋友的一次大翻脸，从此人民内部矛盾，特别是党与知识界、思想界的矛盾加深。

凡伟人者，总能见人所不见，断人所不断，该翻就翻。毛无疑是 20 世纪中国首屈一指的伟人，于国家民族有大功，个人的德才也大有过人之处。我们可以举出无数条毛在其他方面的优点，也可以举出上述这些好或坏的翻脸的例案。这里不讨论政见的对错，只讨论性格的短长。虽然我们常歌颂伟人的宽厚、仁慈、高瞻远瞩，等等，但敢斗争、心肠硬、意志坚、主意决，确是他们品格的另一面。我们既不能为尊者讳，那就要承认这种翻脸现象确是伟人性格中的一个有机部分，而且也不能一概都说成是坏事。陈独秀也翻脸，他与胡适有生死之谊，但说翻就翻。孙中山也翻脸，被称为孙大炮。斯大林也翻脸，其名字在俄语中是“钢铁”。邓小平也翻脸，香港收回过程中，我一高官，当然也是很有资格的老同志，答记者问时中人圈套，说香港回归后可不驻军，邓立即向新闻界宣布将其撤职。美国总统杜鲁门也翻脸，朝鲜战场上他的司令麦克阿瑟与他意见不合，他就通过媒体公开撤职来羞辱他。古代成大事者也都敢翻脸。历史上秦皇汉武，许多大英雄，当其成事之时没有不翻脸的。所以古书上常有这样的话：“我要借用一下你的人头。”鲜卑族统一北方，建北魏政权，但其文化落后。魏孝文帝下令推行汉字、汉姓。太子不从，谋反，孝文帝杀太子。这一政策得到推行，国力提升。

伟人翻脸可能干错事、坏事，但更多的时候是成就好事、大事。虽然我们总是希望他们不翻脸也能办成事，但你不得不承认，许多时候的成败就在于这突破柔情的一点，翻与不翻之间，能一刀断情，扬长而去，这确实是常人难企及的。这折射出了伟人们坚强的个性、唯我独尊的意志、特立独行的品格。当一个人处“权倾天下”之位都不敢倾翻一脸，如何能翻新天下，成得伟人？这倒反而不正常了。

“无情未必真豪杰”，但从来不敢翻脸的人却算不得真豪杰，绝对成不了大事。历史如此。

匠人与大师

在社会上常听到叫某人为“大师”，有时是尊敬，有时是吹捧。又常不满于某件作品，说有“匠气”。匠人与大师到底有何区别？大致有三点。

一、匠人在重复，大师在创造。一个匠人，比如木匠，他总在重复做着一种式样的家具，高下之分只在他的熟练程度和技术精度。比如一般木匠每天做一把椅子，好木匠一天做三把、五把，再加上刨面更光、对缝更严等。但是就算一天做到一百把也还是一个木匠。大师则绝不重复，他设计了一种家具，下一个肯定又是一个新样子。判断他的高下是有没有突破和创新。匠人总在想怎么把手里的玩意儿做得更多、更快、更绝，大师则早就不稀罕这玩意，又在构思一件新东西。

二、匠人在实践层面，大师在理论层面。匠人从事具体操作水平的上限是经验丰富，但还没从经验上升到理论。虽然这些经验体现和验证了规律，但还不是规律本身。大师则站在理论的层面上，靠规律运作。面对一片瓜地，匠人忙着一个一个去摘瓜，大师只提起一根瓜藤；面对一大堆数字，匠人满头大汗，一道接一道地去算，大师只需轻轻给出一个公式；匠人在想怎么才能捏好一个泥人，大师则探讨宇宙和人。匠人常自持一技，自炫于一艺，偶有一得，守之为本；大师则鲜花掌声过眼烟云，进取不竭，心忧难宁。所以你就明白为什么居里夫人会把诺贝尔奖章给小女儿当玩具，但是接着她又得了一个诺贝尔奖。

三、匠人较单一，大师善综合。我们常说一技之长，一招鲜，吃遍天，这是指匠人。大师则不靠这，他纵横捭阖，运筹帷幄，触类旁通，举一反三。因为凡创新、创造，都是在引进、吸收、对比、杂交、重构等大综合之后才出现的。同样是碳元素，软时可为铅笔，硬时可为金刚石，盖因结构之变化。当匠人靠一技之长，享一得之利，拿人一把、压人一筹时，大师则把这一技收来只作恒河一沙，再佐以砖、瓦、土、石、泥，起一座高楼。牛顿、爱因斯坦成为物理大师并不只因物理，还有更重要的数学、哲学等。一个画家，当他成为绘画大师时，他艺术生命中起关键作用的早已不是绘画，而是音乐、文学、科学、政治、哲学等。同理，一个音乐、书法、文学、科学方面的大师也是如此。而一个社会科学方面的大师就要求更高，马恩是一部他们那个时代的百科全书，毛泽东则是当时中国政治、军事、文学的宝典。

这就是大师与匠人的区别。

我们研究这个区别毫无贬损匠人之意，大师是辉煌的里程碑，匠人是可贵的铺路石。世界是五光十色的，需要大师也需要匠人，正如需要将军也需要士兵。但是我们必须承认这个世界有层次之别，必须有起码的识别力，有一个较高的追求目标。拿破仑说不想当将军的士兵不是好士兵，将军总是在优秀的士兵中成长起来的，当他不满足于打枪、投弹的重复，而由单一到综合，由经验到理性，有了战役、战略的水平时他就成了将军。

鲁班最初也是一名普通木匠，当他在技术层面已经纯熟，不满足于斧锯的重复，而进军建筑设计、构造原理时，他就成了建筑大师。虽然从匠人而成为大师的总是少数，但这种进取精神是人类进步、社会发展的动力。古语言，法乎其上，取乎其中；法乎其中，取乎其下。要是人人都法乎其下呢？这个社会就不堪设想，地球就会停止转动。

我们可能在实际业绩上达不到大师水平，但至少在思想方法上要循大师的思路，比如力求创新，不要重复，不要窃喜于小巧小技，顾影自怜。对事物要有识别、有目标、有追求。力虽不逮，心向往之。在个人有了这样一种心理，就会有所上进，哪怕还不脱匠气，也是达到了纯熟的、高等的技艺；在民族有了这样一个素质，就是一个生气勃勃的、向上的民族；在社会有了这样一个氛围，就是一个创新的社会。

做人如写字，先方后圆

我常恨自己字写得不好，许多要用字的场合常叫人尴尬。后来我找到了根子上的原因，自己小时用的第一本字帖，是赵孟頫的《寿春堂记》，字圆润、漂亮，弧线多，折线少，力度不够。当时只觉好看，谁知这一学就入了歧途。字架子软，总是立不起来。后来当记者，更是大部分时间左手握一个小采访本，右手在上面边听边画，就更没有什么体，只是一些自己才认识的符号。一次读史，说书法家沈尹默的字原来并不好，他和陈独秀相熟，一天在友人聚会的酒桌上，陈当众挖苦他的字不好，沈摔筷下楼而去，从此发愤练字而成名家。“文革”中沈的“检查”大字报，常是白天贴出，晚上就被人偷去珍藏。我也曾多次发愤练字，但总是有比写字更重要的事等着我，使我一次次“愤”不起来。因为如果真要练字，就得从头临帖，从头去学欧阳询、颜真卿、柳公权，而这却要花时间。真奇怪，欧、颜、柳、赵，三硬一软，我怎么当初就偏偏学了一个赵字呢？我甚至私下埋怨父亲没有尽到督导之责，一失足酿成终身恨。

后来又看到曾国藩谈写字，说心中要把圆形的软毛笔当作一个四面体的硬木筷去用，转角换面，字才有棱有角，有力有势。于是我就去帖求碑，以求其硬，专选《张黑女墓志》《张猛龙碑》这种又方又硬的帖子来练。说是练，其实是看。办公桌一角摆上“二张”，腰酸背困之时，翻开看上几眼。练字要有童子功，就像小演员走台步，要用笔锋走遍那字架的每个角、每个棱。童子早不再，逝者如斯夫，我还是没有时间。字没练成，理倒是通了：学字要先方后圆。先把架子立起来，以后怎么变都好说。就像盖房，先起钢筋、骨架、墙面，最后装修任你发挥。如果先圆再去求方，就像对一个已装修完的家，要回头去改墙体结构，实在太难，只有推倒重来。而人生没有返程票，时光不能倒流，岂能什么事都可以推倒重来？只好认了这个苦果，好字待来生了。

做人如写字，也要先方后圆。赵孟頫是宋臣而后又事元的，确实圆而不方，不像文天祥。人若能先方，即小时吃苦磨炼，修身治学，品行端方，后必有大成。一个人少年时就圆滑、懦弱，就很难再施教成才；而小时方正，哪怕刚烈、莽撞些，也可裁头修边，煨弯成才。

生存线以上的人生色彩

下午访问八重洲书店。这是一家创办于 1918 年的老店。有三千三百平方米，是日本最大的书店。董事长河相说："我就是要办一家在日本什么书都能买到的书店。"这个书店有一个特点，没有库房。他说，书就是要卖，所以他以店代库，所有的书都放在店里。窗台上、脚下、楼梯的扶手上全是书。任人随意取拿，就是丢几本也无碍。

那天晚上，书店主人请我们在豪华的"椿山庄"饭店吃饭，饭后到园子里一游。后面有一条河，还有瀑布、竹林，风景之雅有如中国的雁荡山之夜。想不到东京大都市尚有如此雅静之地。翠竹摇曳，草木葱葱，石壁上流着潺潺的水，一束灯光斜打上来，映出粼粼的波。不知为什么，我又联想到白天在书店里徜徉的那个书香世界。我一下悟到，其实人的生活有两个层次，先求生存，再求享受；先求物质，再求精神。就拿今晚来说，说是吃饭，其实主客都不是为了填肚子，所以这灯光并不为明而为美，甚至暗淡的，要的就是一个情调。人们爱月光，就是典型的不为其明而为其美。这时光给人的不仅是亮度，还有情绪、意境。舞台是人生的缩影，于是便有专门的舞美灯光来体现多彩的人生。生活中食也不为饱而是求味，大大小小的宴会，街头小吃，早已成了交际的手段，成了风情、民俗的展示。至于酒更与饥渴没有关系了。房也不为遮风避雨而求华丽，宾馆分五个星级，还装上壁纸、吊灯，地板换成大理石，又换花岗岩，这早与遮风避雨无关了。衣也不为暖而求美。现在城里早已没有人穿补丁衣服了，服装成了人体美和精神美的延伸。衣服的色、形与暖已毫无关系。甚至宁求其反，要风度不要温度，为了美而不惜挨冻，穿衣成了文化。甚至，干坏事也失去初衷而变得异化。娼不因贫，丐不因穷，盗不因困，他们只是为了得到更多的享受。

对人来说，生存确实是一条起码的分界线，这在经济学家已经把它精确为一个恩格尔系数。人们从这条线出发，可以走向不同的方向，在精神世界里分出不同色彩的人生。

这是我在东京吃过一顿饭后随便想到的。“椿山庄”在东京东北，我们住的新高轮王子大厦在东京南。饭后，讲谈社用车横穿一个东京送我们回来。

石头里有一只会飞的鹰

雕塑家用一块普通的石头雕了一只鹰，栩栩如生，振翅欲飞，观者无不惊叹。问其技，曰：石头里本来就有一只鹰，我只不过将多余的部分去掉，它就飞起来了。

这个回答很有哲理。

原子弹爆炸，是因为原子核里本来就有原子能；植物发芽，是因为种子里本来就有生命。它不爆炸、不发芽，是因为它有一个多余的外壳，我们去掉它，它就实现了它自己的价值。达尔文本酷爱自然，但父亲一定要他学医，他不遵父命，就成了伟大的生物学家。居里夫人 25 岁时还是一名家庭教师，还差一点当了小财主家的儿媳妇。她勇敢地甩掉这些羁绊，远走巴黎，终于成为一代名人。鲁迅先是选学地质，后又学医，当把这两层都剥去时，一位文学大师就出现了。就是宋徽宗、李后主也不该披那身本来就不属于他的龙袍，他们在公务中痛苦地挣扎，还算不错，一个画家、词人终于浮出水面。这是历史的悲剧，但却是成才的规律，也是做事的规律。物各有主，人各其用，顺之则成，逆之则败。佛说，人人都是佛，就看你能不能跳出烦恼。原来每个人都有一堆“烦恼”裹着一个“自我”，而我们却常常东冲西突，南辕北辙，找不到自我。

每当我看杂技演出时，总不由联想一个问题，人体内到底有多少种潜能。同样是人，你看，我们的腰腿硬得像个木棍，而演员却软得像块面团。因为她只要一个“软”字，把那些无用的附加统统去掉。她就是石头里飞出来的一只鹰。但谁又敢说台下的这么多的观众里，当初就没有一个人身软如她？只是没有人发现，自己也没有敢去想。法国作家福楼拜说：“你要描写一个动作，就要找到那个唯一的动词，你要描写一种形状，就要找到唯一的形容词。”那么，你要知道自己的价值，就要找到那个唯一的“我”。记住，一定是“唯一”，余皆不要。好画，是因为舍弃了多余的色彩；好歌，是因为舍弃了多余的音符；好文章，是因为舍弃了多余的废话。一个有魅力的人，是因为他超凡脱俗。超脱了什么？常人视之为宝的，他像灰尘一样地轻轻抹去。建国后，初授军衔，大家都说该给毛泽东授大元帅。毛说，穿上那身制服太难受，不要。居里夫人得了诺贝尔奖，她将金质奖章给小女儿在地上玩。爱因斯坦是犹太人的骄傲，以色列开国，想请他当第一任总统，他赶快写信谢绝。他们都去掉了虚荣，舍弃了那些不该干的事，留下了事业，留下了人格。

可惜在现实生活中，我们总是算加法比算减法多，总要把一只鹰一层层地裹在石头里。欲孩子成才，就拼命地补课训练，结果心理逆反，成绩反差；想要快发展，就去搞“大跃进”，结果欲速不达；想建设，就去破坏环境，结果生态失衡，反遭报复。何时我们才能学会以减为加，以静制动呢？

诸葛亮说“宁静致远”，当你学会自己不干扰自己时，你就成功了。

老子说“无为而治”，马克思对共产主义社会的解释是“自由人联合体”，连国家机器也将消亡。当社会能省掉一切可以省掉的东西时，最理想的社会就出现了。

谁敢极言？谁能极言？

我们平常讲到一个问题的重要，或者为引起重视，就说“极言之……”如何，如何。可见人们的思维习惯是要听要害之点，不愿听不痛不痒的套话。

我们现在纪念改革开放三十周年，不能忘记小平同志在 1980 年 1 月的一段著名讲话：“近三十年来，经过几次波折，始终没有把我们的工作重点转移到社会主义建设这方面来……现在要横下心来，除了爆发大规模战争外，就要始终如一地、贯彻始终地搞这件事，不受任何干扰……扭住不放，‘顽固’一点，毫不动摇。”当时为强调不受干扰，他还说了一句话：“我要买两吨棉花，把耳朵塞起来。”你看，横下心、不受干扰、始终如一、顽固一点、买两吨棉花，何等坚决，这就是“极言”，抓住问题的要点，以极其鲜明的态度，表达自己的意见。我们回首三十年的大发展、大成功，不能不佩服邓小平这段话的精辟。什么叫振聋发聩，什么叫挽狂澜于既倒，什么叫力排众议，此言之谓也。

就像名医号脉、扎针，政治家、思想家之评事论政也是号脉扎针，不过取的是思想之穴，号的是时代之脉。回顾二十八年前邓小平这段话，又使我们想起马克思也有一句“极言之”的话，讲得更彻底：“无论哪个旧的社会形态，在它所容纳的全部生产力发挥出来以前，是绝不会灭亡的；而新的更高的生产关系，在它的物质存在条件在旧社会的胎胞里成熟以前，是决不会出现的。”“无论、绝不”，其口气之坚决，不容半点商榷。实践是检验真理的唯一标准，小平那段话，经二十八年的检验足见其真，而马克思的这一段话已过去一百多年，我们是在栽了几个跟头，吃了许多亏后才深刻理解的。

能极言，敢极言，除了深刻的洞察力，还要有坚持己见的勇气。自信自己是站在真理一边。彭德怀在庐山遭批判后六年不认输，1965 年毛泽东给他分配工作时说：“也许真理在你一边。”近读到一则史料。当年袁世凯要复辟称帝，大造舆论。梁启超毅然站出来写文章反对，其中有一段可谓极言，掷地有声：“由此行之，就令全国四万万人中，三万万九千九百九十九万九千九百九十九人赞成，而梁某一人断不能赞成也。”当年马寅初因为提倡节制生育受到批判，他也是这种勇敢：“老夫年过八十，明知寡不敌众，自当单身匹马，出来应战，直到战死为止。绝不向专以压制，不以理说服的那种批判者投降。”

极言，是指极准确、极深刻、极彻底，绝不是我们平时说的意气用事，故走极端，逞一时之快绝不算什么英雄。敢极言之人恰恰是深思熟虑，敢当大事、能为大事之人。中英香港遗留问题是个难题，1982 年 9 月，英国首相撒切尔夫人来华谈判想再拖延交还香港。外交谈判一般是讲究方式、方法，甚至用语还要圆滑一点，但邓小平却以一席直白的铁板钉钉、力不可撼的极言，敲定了香港回归的大局。他说：“主权问题是一个不可讨论的问题。”“如果中国在 1997 年，也就是中华人民共和国成立四十八年后还不把香港收回，任何一个中国领导人和政府都不能向中国人民交代。如果不收回，就意味着中国政府是晚清政府，中国领导人是李鸿章！”当时我方一部长失言，说香港回归后可不驻军，邓说，无知，立即将其撤职。极言的后面必有极坚决之立场和行动为证，当年梁启超讲了那段极言之后就与他的学生蔡锷联络，策划起兵反袁了。

“极”是什么？是极点，是思想的最深处，问题的最关键点。观察事物要能找到那个点，写文章要能说出那个点。福楼拜说：“写一个动作，就要找到唯一的动词，写一件物体，要找到唯一的名词。”中国古代叫“推敲”。这是在语言层面求准确，而进一步求思想层次的准确，就是要找到那个问题的唯一的关节点，也就是极点、拐点。这样的文章才有个性，才有深度，才是一把开启人思想的钥匙，是一座照路的灯塔。

古今文章无不在追求两个极点，一是形式美的极点，字、词、音韵、格律、结构，如“落霞与孤鹜齐飞”之类；二是思想的极点，一言成名彪炳千古。我们还可举出一些著名的例子。如毛泽东在 1930 年革命低潮时讲的，“中国革命高潮快要到来，绝不是如有些人所谓‘有到来之可能’那样完全没有行动意义、可望而不可即的一种空东西。它是立于高山之巅远看东方已见光芒四射喷薄欲出的一轮朝日，它是躁动于母腹中的一个婴儿。”还有林则徐那封关于禁烟的著名奏折：“鸦片不禁几十年后将无可以御敌之兵，无可以充饷之银。若鸦片一日不禁，本大臣一日不回，誓与此事相始终。”还有当年左宗棠在湖南初露头角，遭人构陷，险掉脑袋。大臣潘祖荫等上书也有一句极言：“天下不可一日无湖南，湖南不可一日无左宗棠。”救了一个历史功臣。这一句话也成了名言。凡在历史上站得住的极言都成了思想的里程碑。可惜我们现在报章上的套话太多，有思想光芒的极言难得一见。这是学风文风不振的表现，极言之，将是民族思想的萎缩，令人担忧。

我劝天公重抖擞，不拘一格降文章。

节的联想

中国人的习惯，不出正月都算过年，叫过大年。“年”是春节，是一年中最大的节，就特别给它一个月的地盘。于是我就想到年和节有什么不同,比如正月里就还有元宵节,还有更小的立春、雨水等被称为“节气”的节。

节者，接也。事物都不可能一帆风顺直线前进。都是有节有序，走走停停，接力而行。节是一个运动着的概念。这首先是宇宙运行的规律，地球绕太阳公转一圈，因所处位置不同，就分出二十四个节气。从春到冬节节递进，就这样走过了一年。人的成长也有“节”，从孩童时节、学生时节、工作时节，直到退休后的晚年时节，所以社会规定了儿童节、青年节、老人节，从小到老就这样一节一节度过了一生。植物的生长也有“节”，最典型的是竹子，竹管中空外直，美则美矣，但每隔尺许必得有一停顿，然后接着长，是为一节，如果一直到顶，就不成材，就不堪为用。务过农的人都知道玉米拔节，夏季的夜晚浇过一场透水，你在玉米地旁听吧，噼啪作响，那是田野里生命的交响。无论有生命的还是无生命的事物都是接续前进，走过一节，再拔一节，这是一个生命动态的过程。

节者，结也。古人在无文字之前就发明了结绳记事。顺顺溜溜的绳子上打了一个结，必是有事要记住，平平常常的日子里规定了一个节日，必是有事值得纪念。节，是一个时间的概念。值得纪念的有好事也有坏事，好事如“五四”青年学生反帝纪念日、“8·15”日寇投降纪念日、“十一”国庆纪念日等。坏事如“七七事变”纪念日、“南京大屠杀”纪念日等。不过我们常把好事称节日，坏事称纪念日。就是对一个伟人，人们也是既记住他的生日，也记住他的忌日。好事纪念，是为发扬光大，要庆要贺；坏事不忘，是为警惕小心，要常思常想。郭沫若就写过著名的《甲申三百年祭》，前事不忘，后事之师。人生、社会只有在好坏反正的对立斗争中才能前行。节是一个社会运行中的坐标。一个国家规定国庆节，是让国民知道立国不易，忘了国庆日就是忘国；一个民族用最典型的风俗礼习来过自己的节，是提醒同胞不要忘祖。中国人把阴历七月十五定为鬼节，外国人有亡灵节，是要生者不忘掉死者。节，是在时间的长绳上打了几个结，叫我们一步一回头，积累过去，创造未来。

节者，截也。它专截取生活中最有意义的日子，再以这日子为旗帜，去选择截取一定的地域、一定的人群，从而强化生活中不同的个性。你看各国、各民族都有自己的节。青年人有青年节，老年人有老年节，妇女有妇女节，基督徒有自己的圣诞节，连最自私的情人们也要为自己规定一个情人节。这节还是拦截人们感情的闸门。你看春节那返乡的人流如潮如海，元宵、中秋、重阳，无论哪一个节都是在开启人们的某一种思绪。节有最小者是每个人自己的生日，最大者是全地球每三百六十五天过一个元旦节，而火星则每六百八十六天过一个元旦节。我有时突发奇想，现在人们还没有找到宇宙大爆炸诞生的那一日，如果找到了那一天，又找到了外星人，大家同庆宇宙的元旦节，不知会是什么样子。这样想来，节又是一个划分空间的概念。此节与彼节可以有关，也可无关。而当最多的人同时关注一个节日时，那就是最大范围的大同。当一个人被写入一个节日时，他就有了最高的威望，如伟人的生日总是被列为纪念日。

知道了节是生命的过程，我们就会格外地珍惜它。要节节而进，奋勇而行，谨守人生之节、人格之节。节既是时间的概念，就在提醒我们生命的流失，我在一篇文章里曾发问，是谁发明了“年”这个东西，直将我们的生命寸寸地剁去。我们一方面要节约生命，勿使岁月空度；另一方面又承认节序难违，不要强挽流水，而是重在享受生命的过程。节又是一个空间的概念，我们都知道这个世界上有多少人群、多少民族、多少个国家和组织就有多少个节日，有多少人就有多少个生日。它提醒我们“喜吾节以及人之节”，每当节日来临时不要忘了相互庆贺，邻国国庆要发个贺电，亲友过节要送束鲜花，老人记着儿童节，青年人不要忘了父亲节、母亲节和重阳节。节是我们在这个世界上互相联系的纽带，是一个爱的纽结。

想明白了以上的意思，我们就天天都在过节，天天都在为别人祝福和在被别人祝福之中。

砍的不如旋的圆

“砍的不如旋的圆”，这是我家乡的农民常说的一句俗话。意即你办事要开窍，不要用死力气。用现在的话说，要减少盲目性，跳出误区。比如你要做一个木球，可以用斧子慢慢地去砍，但总不如在旋刀下飞快地一旋，便又光又圆。我在孩童时就听到这句话，现已过花甲之年还常常想起，可见真理总是颠扑不破，历久弥新。

过去我当记者时经常碰到一些热心写稿的通讯员，他们几十年如一日地写稿、投稿，甚至不远千里来报社送稿，但命中率极低。有的虽已白发苍苍，还是乐此不疲。后来又碰到一些多少有点权力的干部将自己的讲话、随感、日记，甚至文件汇集，一本一本地出书，以为这样就有政绩、有名气。这正是用斧子砍制一个木球。

砍和旋到底有什么不同？其实就是跳出自我，敢于革新。就隔一层窗户纸，捅破之后就是质的飞跃。

由砍到旋首先是方法的革命。成语“绳锯木断，水滴石穿”，这是讲意志、恒心，你真的用绳锯木、水穿石，这要等到何年何月？方法不变，隔靴搔痒。

往大的说，工具和方法是生产力，推动着社会的进步。马克思说：“手推磨产生的是封建主的社会，蒸汽磨产生的是工业资本家的社会。”往小的说，工具和方法是一个人取得成功的助推器，是他的生存力。

其次，由砍到旋是知识的跃升。你为什么只知道闷头砍，是因为你没有新知识，抱残守缺，还自鸣得意。如计算一道天文数字的大题，人家用计算机算，你却用手算、珠算，因为你根本就没有这方面的知识，只能这样。在别人看来很无聊的文字你却在津津有味地写，因为你没有这方面的审美知识，不知道什么叫好，总在一个低标准上重复。

第三，由砍到旋是规律的掌握，是从实践到理论的飞跃。一个掌握了规律和理论的人一下子就能从根本上判断出这件事该干还是不该干。历史上不知有多少人痴迷着制造永动机，而科学家只需用“能量守恒”四个字就将此事判了死刑。

“砍”与“旋”，这是两个截然不同的阶段，如要跨越必得有“惊险的一跳”。

我们曾有过因“砍”而败的惨痛教训。“大跃进”的失败，是用战争的方法来“砍”经济建设；“文化大革命”的失败，就是用革命党的理论来“砍”执政。就是现在也有许多事还沉湎于这种“砍”的盲目和自豪之中。据统计，我国每年拍十四万集电视剧，而能播出的不到四分之一，每年出版四千三百部小说，人们能记住的又有几何？再说到每年的会议、报告、文件就更是一个天文数字。废品之多、废话之多，群众早已经看得很发笑了，但还是乐此不疲，继续耐心地“砍”制一件皇帝的新衣。

为什么总是跳不出保守、封闭的误区？原来除方法、知识、理论之外还有一个更严重的障碍，就是太追求功利，自欺欺人。这样说来，砍与旋又不只是一个方法问题，这背后又有价值观、人生观在起作用了。

人，最难的是跳出自我。

年 感

钟声一响，已入不惑之年；爆竹声中，青春已成昨天。是谁发明了“年”这个怪东西，它像一把刀，直把我们的生命，就这样寸寸地剁去。可是人们好像还欢迎这种切剁，还张灯结彩地相庆，还美酒盈杯地相贺。我却暗暗地诅咒：“你这个叫我无可奈何的家伙！”

你在我生命的直尺上留下怎样的印记呢？

有许多地方是浅浅的一痕，甚至今天想来都忆不起是怎样划下的。当小学生时苦等着下课的铃声，盼着星期六的到来，盼着一个学年快快地逝去。当大学生时正赶上“文化大革命”的年代，整日乱哄哄地集会，莫名其妙地激动，慷慨激昂地斗争，最后又都将这些一把抹去。发配边疆，白日冷对大漠的孤烟，夜里遥望西天的寒星。这许多岁月就这样在我的心中被烦恼地推开，被急切切地赶走了。年，是年年过的，可是除却划了浅浅的表示时间已过的一痕，便再没有什么。

但在有的地方，却是重重的一笔，一道深深的印记。当我学会用笔和墨工作，知道向知识的长河里吸取乳汁时，也就懂得了把时间紧紧地攥在手里。静静的阅览室里，突然下班的铃声响了，我无可奈何地合上书，抬头瞪一眼管理员。本是被拦蓄了一上午的时间，就让她这么轻轻一点，闸门大开，时间的绿波便洞然泻去，而我立时也成了一条被困在干滩上的鱼。后来从事文字工作，当我一人伏案写作时，我就用锋利的笔尖，将一日、几时撕成分秒，再将这分分秒秒点瓜种豆般地填到稿纸格里。我拖着时间之车的轮，求它慢一点，不要这样急。但是年，还是要过的。记得我第一本书出版时，正赶上一个年头的岁末。我怅然对着墙上的日历，久久地像望着山路上远去的情人，望着她那飘逝的裙裾。但她也没有负我，留下了手中这本还散着墨香的厚礼。这个年就这样难舍难分地送去了，生命直尺上用汗水和墨重重地画下了一笔。

想来孔夫子把四十作为“不惑”之年也真有他的道理。人生到此，正如行路爬上了山巅，登高一望，回首过去，我顿然明白，原来狡猾的岁月是悄悄地用一个个的年来换我们一程程的生命的。有那聪明的哲人，会做这个买卖，牛顿用他生命的第二十三个年头换了一个“万有引力”，而哥白尼已垂危床头，还挣扎着用生命的最后一年换了一个崭新的日心说体系。时间不可留，但却能换得做成一件事，明白一个理。而我过去多傻，做了多少赔钱的，不，赔了生命的交易啊！假若把过去那些乱哄哄的日子压成一块海绵，浸在知识的长河里能饱吸多少汁液，假使把那寒夜的苦寂变为积极的思索，又能悟出多少哲理。

时间这个冰冷却又公平的家伙，你无情，他就无意；可你有求，他就给予。人生原来就这样被年、月、时，一尺、一寸、一分地度量着，人生又像一支蜡烛，每时都在做着物与光的交易。但是总有一部分蜡变成光热，另一部分变成了泪滴。年是年年要过的，爆竹是岁岁要响的，美酒是每回都要斟满的，不过，有的人在傻呵呵地随人家过年，有的却微笑着，窃喜自己用“年”换来的果实。

这么想来，我真清楚了，真的不惑了。我不该诅咒那年，倒后悔自己的过去。人，假如三十或二十就能不惑呢？生命又该焕发出怎样的价值呢？

享受岂能是头衔?

有一件事想了很久，不吐不快。

常见报刊上或会议上介绍某人时，或在名片上印头衔时称：享受国务院特殊津贴，甚至追悼会上也不忘加这一条。这个“津贴”首施行于刚打倒“四人帮”后，改革之初。那时知识分子长期受压，待遇很低，生活拮据，于是为一部分精英人才发津贴，有重视知识、重视人才之意，后延续下来。不想这倒使一些人用来做了终身夸耀的资本，动不动就“我享受国务院津贴”（类似提法还有“享受正部级医疗待遇”之类）。事情虽小，却关价值观和社会风气。

津贴是什么？就是生活补助。正常情况下一个有自尊心的人很少要人补助，如果真拿了别人或政府给的补助也会心怀愧疚，低调处事，加倍工作。现在反过来了，把“津贴”挂在嘴边，印之名片，显于报章，足见其浅。此现象文科多于理科，而犹以书画界为最。媒体也无知，跟着捧。就像某一级首长，在单位吃小灶，出门坐小车，这本是一种生活、工作待遇。如果每开会或印名片，都要称：享受小灶、小车者某。这成何体统，他还算个首长吗？记得前些年，有某大学教授写了一书稿，投之某出版社，数月无回音，便写信去催问。内容只一句话：某日寄去某稿，不知下文如何。下面的落款倒有二十多个头衔，包括“享受津贴”，占了大半页纸。那个编辑也有水平，先用大半页纸照抄了这二十多个头衔，再呼某某先生，正文也只有一句话：“水平不够，恕不能用。”想来这编辑回信的当时内心一定荡起一种强烈的厌恶与轻蔑，他指的水平绝不只是文稿的水平 。

记得当年我在基层当记者，跑乡村学校。那些最基层的乡间知识分子生活困难，县里重才，就特批给一些老教师每逢重大节日可享受二斤猪肉的供应。但我从未听到过哪个教师自我介绍：享受猪肉二斤。居里夫人是唯一得过两次诺贝尔奖的女科学家，但她从不拿这个奖说事，还把金质奖章给小女儿在地上踢着玩。无论大的还是小的知识分子，无论做事还是学问，一个最基本的素质就是脚踏实地，不欺世盗名。

我们常说，知识分子是国家和社会的精英。精英者，思想之精，品德之英，又学有所专，能为社会之脊梁，公民之师范。知识者，先知耻而后知识，耻于沽名，耻于钓誉，不耻下问，沉下心来做事情，做学问。今身为国家级的精英，一点区区津贴念念不忘，又设法挪作虚名，社会泡沫何其多，国事实堪忧！国要强，先强国民；国民要强，先强知识精英层。我担心，如果有人出国去也印一张“享受”字头的名片，一是外国人看不懂，二是真看懂了就更糟，要大丢人格、国格。我们常批评世风浮躁，怨青年人不成熟、文艺圈太浮浅、干部无学等等。殊不知精英之浮，才真正是社会的危机。况时过境迁，时下知识层早已无冻馁之虞，那个津贴之法不要也罢，徒乱人心。

吹去尘埃，只有人性

这是一本尘埃落定之后的人物散文集。

尘埃的定义是什么？我没有去查字典。通俗的理解，一是表面，二是很轻，三是多余，轻附于表面的多余之物也。生活中有尘埃，如桌子、地板上的尘土，所以每日早起的第一件事就是打扫庭除。还有一种是历史的尘埃。有许多的人和事，当时十分热闹，但经过十年、五十年、百年、千年的沉落，大都变为尘埃，浮在历史之上，经不住后人的轻轻一吹。这一吹见到了什么？先是那些重大的里程碑式的事件；再一吹是事件中的人物；又一吹，吹尽黄沙始见金，是这人物的人性，不管是好的还是坏的人性。人创造了历史，历史也创造了人。在漫长的历史中经过人性、人格的锤炼，人也在进化。在读史中，我发现，对于后人来说，大约只要过了五十年，事件得失、阶级对立、个人恩怨都会淡化，而留下来的最深印象是那些人物的人性、人格。因为这些东西总在刺痛或者召唤着我们，在指导我们今天怎样做人。

我最初是从山水题材步入散文创作领域的。我曾很努力地创作并研究山水散文的理论，不能说没有成果，如《晋祠》等篇入选中学课本，有的还刻碑勒石。但再好也只是在对山水的审美层面上打转，没有直接进入人的灵魂。无论是对读者还是对我自己，更大的震撼是在开始了人物散文的创作之后。这个转折点是1996年我发表的写瞿秋白的《觅渡，觅渡，渡何处？》。本文很快被收入中学课本，并刻碑立在常州秋白纪念馆门前。后来又有周总理百年纪念时写的《大无大有周恩来》，邓小平百年纪念时写的《广安真理宝鼎记》等。还有以历史人物为题材的，写辛弃疾的《把栏杆拍遍》，写李清照的《乱世中的美神》，写林则徐的《最后一位戴罪的功臣》，写居里夫人的《跨越百年的美丽》，等等。

这些人物，首先是感动了我，激动了我。有的我从小就读，读了几十年。进入写作时反复打磨，虽是一篇数千字文章，一般都是数年得一文，有的甚至用了二十年，发表后确实也感动了读者，不少入选课本，并被反复转载。如《大无大有周恩来》发表十二年来几乎每年一月的总理忌日都有报刊重新摘发。而像《把栏杆拍遍》，写的虽是一个离开我们已九百多年的古人，却仍让今人如此激动，一位军官带领他的战士集体朗诵，说感谢作家为我们武人立了一个传。本文也入选中学课本和《现代散文欣赏辞典》，而同名的散文集，已重印十一次。《跨越百年的美丽》写的是一个一百年前的外国人，有的家长将这篇文章复印寄给在大洋彼岸留学的子女，有出版社也很快以此为书名出书，这篇文章也入选了中学课本。一篇人物，胜过十篇、百篇山水。有论者说到《觅渡》等文时，说数千字胜过一本传记、一本小说，这种震撼是我始料不及的。

是什么力量吸引着读者、编者、教育工作者和家长呢？是这些人物的人性、人格的力量。山水散文主要作用于人的审美，而人物散文直捣人的心灵，作用于人的思想。在这些人物身上，无论是今人、古人，中国人、外国人，都体现了做人，做一个最优秀的人所必需的要素，这说明人性是不分古今中外的。而人性中的最光辉之点，并不是随时随地在每一个人身上都能找到。它要有时代的际遇、命运的碰撞和岁月的积累，如同火山喷发、地震释放、尖端放电那样，要等上多少年，越过多少人，在偶然的时候，落在一个特定的人身上。因为政治是社会经济、文化、军事等各种斗争的焦点，这些人物就大多和政治脱不了干系，有的就是处于时代漩涡中的政治家，而且大多有悲剧色彩。因为只有悲剧才能撕开现实给人看，而喜剧只是现实之上的泡沫。

原子只有裂变之后才放出原子能。这些人物是在时代裂变中飞出的一粒粒传递人性光辉的火种。作家就要去寻觅这些火种，像传递奥运火炬那样，点燃后人的心灵。这些神圣的火种弥足珍贵，当然不能像野草那样大把地收割。要披阅历史，吹去尘埃，一点一点地寻找，如同踏遍千山万水，去寻求大自然中的奇景。“六十功名尘与土，八千里路云和月”，我行行止止，上下求索，穿过历史的烟尘，取来这样一些零碎的亮点，这样一些历史的坐标点，献给读者。可惜不多，还得继续寻找。山水让我们享受自然之美，而人物的群山则把我们一程一程地接引到理想的天国。

反求我心　大慧大觉

最近我去拜访 96 岁高龄的季羡林先生，我知道他是研究佛教的，便问先生："你信不信佛？"他说："不信。"我又问："宗教为什么还会存在？"他说："因为科学解决不了所有的问题，剩下的只好求助宗教。"又问："宗教到底何时能消亡？"他说："恐怕到共产主义也消亡不了，人的心理问题没有那么简单。"

佛教在中国，就是这样，许多人信，许多人不信。各有各的理由，各有各的角度。但不管信还是不信，它是一种客观存在，从东汉传入中国，已存在了两千多年。不但存在，还有发展，甚至发展之后又再传回它的故乡印度，季羡林先生称之为文化史上很少见的宗教"倒流"。

不但有"倒流"，还有"横流"，它又从中国传到日本，传到欧美等地，几乎遍布世界的各个角落。这说明什么，说明它有用，能在一定程度上解释世界，特别是解释人生和人的心理。另外，还说明中华文化的博大，具有宽容与创新的精神。它没有排外、自闭，也没有盲目膜拜，自卑自怯，而是开放吸收，兼容并蓄，进而改革创新。

中国古代之佛教早已不是印度之佛教，现在之佛教也不是过去之佛教。佛教传入中国之后，又新创几宗几派，已无人能说清。特别是禅宗经六祖革新之后，禅与佛几乎是两个概念。佛教与其他宗教之大不同处是不搞神秘化，强调自我体验，我心皆佛，人人可立地成佛；不宣传神主救世，而强调自度度人。有宽忍、无私、利他、和谐的一面，是积极的。中国文化在佛教西来之前，便有道，强调无为，重自然规律；有儒，强调自强不息，济世救民；再加上佛的慈悲，中华文化就三足鼎立，巍然浩然，源远流长。至今中国许多名山、市井的古庙里，都三教共奉，你中有我，我中有你。就是在人们平常的处世用事中也常常是进为儒，守为道，退为佛，像是一套武术的攻防进守，又像是一个人，时而兴奋时而沉静。所以，如林则徐这样的虎门销烟的民族英雄，也是一位虔诚的佛教信徒。而他那副名联，“海纳百川，有容乃大；壁立千仞，无欲则刚”，你已无法确指这里是儒、是道、还是佛。文化，是很有意思的事，就像一道好菜，当你细品其色、香、味时，已无法说清，其中是哪一种料在起作用。

对佛的体验有一句话讲得最通俗明白：“如人饮水，冷暖自知。”你自己去体会吧，说出来的就不算是佛，这大概就是禅味，其实是哲学。当年爱因斯坦与玻尔两位大物理学家争论物质能不能准确测量，直到死谁也没有说服对方。爱氏说能，玻氏说不能，叫“测不准原理”。比如用温度计测水温，你看到的温度是水加上温度计及环境的温度，而已不是水的准确温度。有一次毛泽东接见外宾，赵朴初陪同，客人未到，毛即风趣地说：“赵朴初，即非赵朴初，是名赵朴初。佛教有没有这个公式？”赵答：“有。”是又不是，说不准，是哲学。佛教传入中国后得华夏文化之灵，浴神州风土之情，是佛教，即非佛教，是名佛教。就像玻尔的那支温度计上的温度，是水温，即非水温，是名水温。它已是哲学、文学、艺术、政治、人生修养等等的一种混合体了。

一部红楼梦，有人读情，有人读理，有人读阶级斗争。一部佛教，更是中国人两千年来读不完的书。你看，像梁启超、胡适、鲁迅这样的大家都曾苦心研究佛教，鲁迅还出资刻过佛经。而李叔同、金庸等作家、艺术家则干脆皈依佛门。这是佛教的妙处，每个行为都能在它的思维下找到一种实现的方法，每个人都能在它的背景下找到一个自我。

山西隰县小西天寺里，有一副对联："佛即心，心即佛，欲求佛，先求心，即心即佛；因即果，果即因，种甚因，结甚果，是因是果。"当我们谈佛说禅时，其实是在探寻自我，研究我与周围世界的关系。这种含义是说不很准的，也是"测不准原理"。我心茫茫，佛法无边，唯其不准，才有大用，才有发挥的空间，两千年不衰，天地间永驻。我们对佛千万不敢太认真，烧香拜佛，求其显灵；或打坐入定，求其忽通，那不是佛的本意。列宁说，真理不可太死板，也不能太灵活。至于掌握到一个什么样的度，还是那句话，饮水人冷暖自知，你自己慢慢去品吧。

两千年来，佛教在中国是一本读不完的书。我目的不在拜佛学佛，而在参佛悟佛，反求我心，大慧大觉。

万鞋墙

陕北多山，千山万壑。有村名赤牛洼，世代农耕，名不见经传。近年有退休回村的干部老高，下决心搜集本地藏品，建起一农耕博物馆。我前去参观，不外锄、犁、耧、耙、车、斗、磨、碾之类，也未有见奇。当转入一巨大窑洞时，迎面一堵高墙，齐齐地码着穿旧、遗弃了的布鞋。足有两人之高，数丈之长。我问："有多少双？"答道："一万三千双。"我脱口而出："好一堵万鞋墙！"

这鞋平常是踩在脚底下的，与汗臭为伴，与尘土、泥水厮磨，是最脏最贱之物。穿之不觉，弃之不惜，几乎感不到它的存在。今天忽然集合在一起，被请到墙上，就像一队浩浩荡荡的翻身的奴隶大军，顿然感到它的伟大。鞋有各种大小、各种颜色，这是乡下人的身份证，代表着男人、女人、大人、孩子。但不管什么鞋，都已经磨得穿帮破底、绽开线头，鞋底也成了一个薄片。仔细看，还能依稀辨出原来的形式、针脚、颜色。这每一双鞋的后面都有一个故事，从女人做鞋到男人穿它去种田、赶脚、打工等，一个长长的故事。我们这一代人都是穿着母亲的手做布鞋老长大的，又穿着布鞋从乡下走进城市。每一双鞋都能勾起一段心底甜蜜的或辛酸的回忆。这鞋墙像就是一堵磁墙，又像一个黑洞，我伫立良久，一时无语，半天，眼眶里竟有点潮湿。同行的几个人也突然不说话了，像同时被击中了某个痛点，被点了哑穴。大家只是仰着头细细地看，像是在寻找自己曾穿过的那一双鞋。半天，陪同来的辛书记才冒出一句："老高，你怎么想出这么个主意，怎么想出这么个主意！"

鞋墙下面还有鞋展柜，展示着山里鞋的前世今生。有一双"三寸金莲"，那是旧社妇女裹脚时的遗物，现在的女孩子绝对想不到，妙龄少女还曾以美的名义受过那样的酷刑。有一双特大号的布鞋，是本村一个大汉穿过的，足有一尺长。据说当年他的母亲很为做鞋犯愁。有一双新鞋底上纳着两个"念"字，这种鞋是男女的信物，一般舍不得沾地。有名"踢倒山"的牛鼻子鞋，有轻软华丽的绣花鞋，有雪地里穿的毡窝子鞋，也有黄河边纤夫拉纤穿的草鞋。等等，不一而足。这是山里人的才艺展示，也是他们的人生速写。

在回县里的车上，大家还在说鞋。想不到这个最普通的穿戴之物，经今天这样一上墙，竟牵动了每一个人的神经。一种鞋就是一个时代的标志。中国革命是穿着草鞋和布鞋走过来的。新中国成立初，我们建第一个驻外使馆，大使临行前才发现脚上还穿着延安的布鞋，才匆忙到委托店里买了一双旧皮鞋上路。大约在上世纪六十年代以前，北方农村的人一律穿家做的布鞋。小时穿妈妈做的鞋，成人穿老婆（陕北人叫婆姨）做的鞋。马克思说："人和人之间的直接的、自然的、必然的关系是男女之间的关系。"布鞋是维系农耕社会中男女关系和农民与土地关系的的一根纽带。做鞋也成了农村妇女生命的一部分，从少女时学纳鞋底开始，一直到为妇为母，满头白发，满脸皱纹。一针一线地纳着青春，纳着生命。遇有孩子多的人家，做鞋成了女人的沉重负担。男人们很珍惜这一双鞋，夏天干活则尽量打赤脚。出门时穿上鞋，到地头就脱下来，两鞋相扣小心地放在田垅上，收工时再穿回来。每年农历正月穿新鞋是孩子们永远的企盼，也是母亲笑容最灿烂的时刻。要说乡愁、亲情、家忆，布鞋是最好的标志。在大家的议论声中，我提了一个问题，请说出自己关于鞋的最深刻的记忆。同车的老安，一个退休多年的老干部，他说："我记忆最深的是小时候的一年正月，刚换上新鞋，几步就奔到大门外，不想一脚踏到冰窟窿里，新鞋成了两团泥。回家后，我妈气得手提条帚疙瘩，一直把我追到窑畔上。"一车人发出轰然的笑声，每个人的心底都美美地藏着这样一个又甜又酸的故事。

鞋不但是人情关系的标识，还是社会进步的符号。有人说，看一个人富不富，就看他家里地上摆的鞋。我是 1963 年进大学的，同班有一位从湘西大山里考来的同学，赤着脚上课。老师问，为什么不穿鞋。他说长这么大，就没有穿过鞋。1968 年大学毕业，按那时的规矩，我到内蒙古农村当农民劳动一年。生产队饲养院的热炕是冬季的晚上，村民们聚会、抽烟、说事的热闹地方。腾腾的烟雾和昏暗的灯光中，炕沿下总是一大堆七扭八歪，又脏又瘪的鞋。其中有一双就是我从北京穿来的，上面已补了十三个补丁。就是后来当了记者，走遍了黄土高原的沟沟壑壑，也还是一双布鞋。遇到下雨，照样淌泥水，一步一响声。采访后回到住地的第一件事，就是到伙房里烤鞋。九十年代我已在北京中央国家机关工作，那时的会议通知常会附一句话：请着正装。"正装"什么意思？就是要穿皮鞋。

那几天在县里采访，虽还有许多其它内容，但是脑子里总是转着那些鞋。立一堵墙以为纪念，是人们常用的方法。最著名的如巴黎公社墙，犹太人的哭墙，还有国内外经常看到的烈士人名墙。但集鞋为墙，还是第一次见到。鞋虽踩在脚下，不像帽子风光，却要承一身之重，走一生之路，最是苦重，也最易被人忘记。

我们常说“慈母手中线，游子身上衣”，却很少人说到“游子脚下鞋”。做鞋，首要是结实。先要用布浆成“衬”，裁成帮，裹成底。将麻搓成绳，锥一下，纳一针。记得幼时，深夜油灯下，躺在母亲身旁，是听着纳鞋底的刺刺声入睡的。现在市面上已找不到人工布鞋了，那天我在县里托人找了一双，不为穿，是想数一下一双鞋底要纳多少针。你猜多少？两千五百针。那堵鞋共有一万三千双鞋，你算一下总共要多少针呀。每一个人都说自己的事业轰轰烈烈，走过的道路艰苦曲折，又有谁想到脚下千针万线的慈母鞋呢。

鞋墙不朽。

说官场

什么是政治

一

政治是被人误解最多的一个概念，也是定义最不确定的一个词。它常被人误会为权术、争斗或干脆曰：说不清。

词典解释："政治是政府、政党、社会团体和个人在内政及国际关系方面的活动。"这有点就事说事，没有讲出事情的本质。政治学的解释，政治是民众将自己的权力出让出来，委托给公共机构及其人员代为行使。这倒是说出了本质，但有点绕口，很学术。政治家又各有自己的说法。孙中山说，政治是"管理众人之事"。毛泽东说："政治就是把我们的人搞得多多的，把敌人的人搞得少少的。"中国共产党十六届五中全会总结党的执政经验是："权为民所用，情为民所系，利为民所谋。"

我长期当记者，深入百姓，出入官场，后来又从事管理，身为官员，经历了老百姓怎样看政治，官场怎样看政治。我想给政治下这样一个定义：政治是一定的个人或集团，借用公民所委托的权力来为社会和民众办大事。

这里有几个关键词：一是“办大事”，不是做小事，不要作秀，不要庸俗化；二是“公民委托的权力”，你手中的权姓公不姓私，政治家干的事是公事，不是私事；三是“个人或集团”，就是说再大的事还是要落实到具体的机构或人来干，可能干好，也可能干坏，因此必须有监督和制约。以上这些再简化一点可概括为“一大二公三集团”，用这三点去判断和分析政治，如用数学公式解题，对于普通人来说或更方便些，下面分别说之。

二

凡政治之事都是大事。这个“大”有三层意思。一是它和多数人的利益相关，为多数人所关心；二是这事情的覆盖面大，影响全局。可能是一地、一省，也可能涉及全国、全球。三是作用时间长，影响到历史的进程，成为历史的坐标、里程碑。凡大的战事、灾害及一切涉及大多数人的利益的事件、决策、成就等，都是政治。如新中国成立、十一届三中全会、香港回归，还有美国 2001 年的“9 · 11”事件等等。反之那些八卦新闻、明星隐私、家长里短、游山玩水之类的琐事都不是政治。社会五花八门，政治之外当然还有其他门类，如经济、军事、教育、卫生等等。不是说这些事不重要，是说一般情况下它们都在自己的范围内动作，当它们越出自己的范围，而影响到更多数人的利益、覆盖全局、影响历史进程时，它也就不能自已，再扩大、深化而演变成了政治。如 2003 年中国的“非典型肺炎”，由公共卫生事件上升为政治事件。2008 年的北京奥运会，由体育盛事上升为政治大事。军事上的许多大战役都是政治，因为它已经影响全局。

一部世界史、中国史就是世界和中国以往的大事记。而文学只要是有影响力的，又经常是以政治为题材。如中国古典小说《三国演义》《水浒传》，现代许多二战题材的小说、影视，还有从贾谊的《过秦论》直到梁启超的《少年中国说》的散文，都是在说政治。

三

凡政治之事都是公事，是公开进行的为公众的事。解放初老百姓常把政府工作人员称为“公家的人”，现在则称为“公务员”，又有一个新词叫“公共服务”。“为人民服务”是对政治最好的诠释，人民是最多数的公众。公与私是政治与非政治的一条分界线，也是底线。政治可以有不同的派别、观点，它分别代表着一定范围和数量的公众。封建社会朕即是国，帝王认为他就代表了所有民众，百姓仰视真龙天子，愚昧，奴性，服从专制，这是封建政治。到资产阶级思想家出现，说不行，不能你一人说了算，不同阶级、派别都可以表达和维护自己的利益，这就是政党政治、民主政治。总之，政治一是为公，去努力代表最多数的民众；二是公开，透明、竞争、监督，好争取到最多的人自觉跟你走。

关于为公和公开这一点，梁漱溟批林彪堪称一例。1971年，林彪出事，全国批林，梁在政协会上说：“一个政治家为国家、民族之前途而提出的公开主张，才称得上是路线。林彪不是路线，是阴谋，政变夺权而已。刘少奇有许多公开的主张，彭德怀有给毛主席的公开信，都是为国家、民族，只是政见不同。”他说这个话的时候，刘、彭还正在被打倒，戴着反党、反革命的帽子呢。而梁自己也不避斧钺，敢于公开说出，他是在讲政治。随着世界政治的进步，这种公开、公平的竞争会越来越多地取代专制和阴谋。

四

政治是由人，由组成集团的人来具体实施的，需要监督。从理论上讲，政治是民众把自己的权力出让，委托公共机构去代为行使。但这个机构不是一座办公大楼，不是一个会议室，而是由人组成的管理集团，是一群人，包括这群人的领袖。他们的活动是政治活动，他们是政治人物。政治人物不是神，不是机器人，是活着的、有血有肉、有情有感、有私有利的人。这就生出两个问题：一、人孰能无错，他们在办事过程中，因知识、能力、经验所限，可能会犯错误。二、人孰能无私，他们可能碍于私情，动了私心，为集团或个人之利办一些损公利己的事。这样就会有工作的失误或吏治腐败，有贪有诈，这是古今中外一切政府都不可避免的，是政治运作中一个永远的难题。于是就需要监督。权力与监督如人之双腿，鸟之两翼，失去一方就不平衡。要做到政治清明，只有两种情况。要么，当政者自制力极强，觉悟极高，修养极好，不用监督；要么有一套有效的监督机制。过去，中国的老百姓总是盼望能出一个好皇帝，幻想中的尧舜。领袖人物中也会有清教徒式的自我约束力极强的人。但这只是个别的、短暂的现象，从来没有什么自觉的政治，只有监督下保持平衡的政治。监督的办法包括权力机构的相互监督、法律监督、舆论监督等。如果监督无效，当权者就失误、腐败，矛盾就激化，最后就要更换管理集团，更换领袖。千百年来就这样演绎着权力更迭、改朝换代的故事。

五

怎样依据这个道理去实践政治。对政治家、公务员的最低要求是守住四条底线：

一、要干事，干一点大事。本来老百姓给你权力是要你办实事，办大事的。你看他们是怎样评价政治家的：“毛主席让中国人站起来，邓小平让中国人富起来。”“要吃粮找紫阳，要吃米找万里。”这些政治人物都曾在自己掌权时办过大事。一般来说，给你千里之地、百万之众，两年之内应有政绩。“滕子京谪守巴陵郡，越明年，政通人和”，谪贬之臣都能出政绩，何况我们多是提拔的新秀呢？可惜现在平庸的官太多，升也平平，去也无名。官升人去后，去后悄无声。

二、为公不要营私，更不要贪污腐败。一朝为政，就要准备奉献、牺牲。周恩来所谓“我不下苦海，谁下苦海”，范仲淹所说的“先忧后乐”“居庙堂之高则忧其民”，都是讲的为公为民这个理。政治本来就是借民之权，为民服务，姓公不姓私。按孙中山的说法是“管理众人之事”，不是“苟营私人之事”。不要让你保管一下玉玺，就以为自己是皇帝；给你一张任命书，就以为是尚方剑、免死牌，胆大包天，滥用其权，谋私舞弊。

三、光明正大，公开透明。虽然政治斗争离不开策略、方法、保密等，但玩阴谋却要不得。因为政治说到底是看你能代表多少人，如毛泽东所说，把我们的人搞得多多的。而搞阴谋终会失人心，虽胜一时，终输历史。

四、勤政敬业，勤学多思，尽量少犯错误。政治家以个人之身担天下之事，其压力可想而知，这就更要如履薄冰，虚怀若谷。以毛泽东这样的伟人，稍一不慎都会犯“文革”这样的大错，何况我们这些普通公务员呢？

对一般人来说，也不要鄙视政治，不要存偏见。不要与己无关，高高挂起，不要以远离政治为清高，不要把政治家都看成阴谋家。政治毕竟是大事，是大家的事、国家民族的事，天下兴亡，匹夫有责。而且我们的生活好坏，确实也脱离不了时局，脱离不了政治。无论是从前老百姓盼望能有一个好皇帝，还是现在人人议论政治改革、经济改革，包括议论物价、治安、环境等，这说明人们心里还是有政治，从来也没有忘记政治。

说官德

德是人的行为规范，头上三尺有神明。现实生活中每个人都有一种无形的道德约束，而官员又更多一层，这就是怎么用权。因为他比普通百姓拥有更多的权力。权对官来说有两重性。一是可以为百姓办事，服务社会；二是可以为自己牟私利，甚至欺压百姓。好官坏官由此区分而来。

官的政绩决定于他的能与德，但主要是德。有德无能至少不会办坏事，无德有能却可大大地办坏事。德是基础，是软实力，是一个无形的大磁场。所以中国封建社会初期汉武帝选官时首重德，举孝廉；隋唐开始科举考试，重能亦重德；到明清更总结出“公生明，廉生威”，出现曾国藩等这样的道德榜样，又回到道德上来。大凡一个政权，在开创之初，德和能都不成问题。替天行道，为民请命，自然大得民心，且自戒甚严，德风感天下。至于能，更是在战火中打出来的，无往不胜。而麻烦在于掌权之后，德渐松弛，能亦下降。

1940 年 2 月 1 日毛泽东在延安民众大会的讲演中自豪地说，边区有“十个没有”：“这里一没有贪官污吏，二没有土豪劣绅，三没有赌博，四没有娼妓，五没有小老婆，六没有叫花子，七没有结党营私之徒，八没有萎靡不振之气，九没有人吃摩擦饭，十没有人发国难财。”这“十个没有”确实反映了当时延安良好的党风、政风、民风，令人羡慕，使人向往，这种风气一直延续到建国初期。周恩来“文革”之初到学校视察，就在学生食堂里吃饭，一个菜两角五分钱也要如数交上。中南海里开会，每个人主动交五分钱的茶水费。但现在生活好了，官员的“胃口”也大了，贪个千百万很平常。

改革开放之后，第一个因贪伏法的省部级以上干部是江西副省长胡长清，2000 年 2 月贪污五百万元，死刑；第二个是全国人大副委员长成克杰，2000 年 9 月贪污一千万元，死刑。后来就多得数不过来了，数额也高得惊人。高官贪贿再多也只能判个无期。虱子多了不怕咬，法不责众了。去年的公开数字，只外逃贪官卷走的钱有说五千亿，有说八千亿。高官贪，小官亦贪，辽宁省大连市检察院公布，大连街道办下面一小区居委会主任王仁财，职务在科级以下，2007 年至 2009 年期间贪污九千余万元。此外还联同当地黑社会，犯下了多宗故意伤害、非法采矿、寻衅滋事等刑事案件，2011 年 12 月 21 日被判处死刑。以至于出现这样的怪现象，小偷专偷贪官，网上流行词“小偷反腐”。原因很简单：1. 贪官有钱；2. 是不义之财；3. 失主不敢报案。这样想来小偷的“偷”倒是一种客观上的义举了，类似当年土匪的劫富济贫。而且因破小偷小案牵出不少大贪大案，成语“小巫见大巫”又多了一个姊妹词，“小偷见大盗”。国之大盗，监守自盗。这还只是贪财之腐败，其余还有买官卖官、弄虚作假、阿谀奉承、结党营私、吃喝嫖赌等等，不一而足。

没有约束的权力必然走向腐败。对权力的监督可以使官员变成一匹奋蹄腾飞的千里马，而对权力的放纵亦却可以使他变成一个为所欲为的魔鬼。任何一个政权的兴起都是先从干部准备做起；而它的衰落也是先从吏治腐败开始。治国先治吏，国败吏先衰。治理的办法当然是有的，如领导带头，使有楷模；严刑峻法，使不敢犯；民主监督，使不能犯；还有就是道德教育，使之良心发现，自我约束，不该去犯。这几条中，制度约束、民主监督是最重要的，对官员个人来讲，自我约束，正确对待权力则是内因。

那么从道德上来说，近年来官场有哪些变化呢？或者说出现了哪些坏风气呢？现在官场道德之坏主要表现是：私、贪、假、惰、媚。如何惩治其害并重整新风，笔者在官场已观察多年，对症下药开了十味药方，这就是：为公、为民、诚实、敬业、廉洁、独立、坚定、谦虚、坦荡、淡泊。有些是老生常谈，但官场总是旧病复发，有的还是顽疾难除，虽是常谈也只好再说再谈了。恰逢有出版社来约稿，就辑为《官德》，这十个方面主要是针对官场的现状和时下官德的种种表现，也兼顾总结古代为官的伦理道德。十讲又可大致分为两组，前五讲主要是围绕权力和工作，是以德施政，以德辅政；后五讲主要是围绕个人修养，以德自立，处世待人，“以吏为师”，给社会一个榜样。

孙中山临终遗言说，他致力于革命凡四十年，革命尚未成功，同志仍须努力。现在改革开放眼看也要奔四十年而去了，小平若在世当会叹息道：贫富不均世风日下，同志仍须努力。

开会与讲话

党政部门的日常工作是大量的开会和讲话，它就像我们吃饭和喝水一样平常。但是在这最平常的事情中却最能体现出我们的作风和效率。因此，很有必要重新审视一下我们平时开会与讲话的质量,以改进我们的工作作风。

开会是在酿造新思想

会议有各种类型，传达会、报告会、汇报会、研讨会等等，但不管有多少种名堂，一律要有新思想。与会者到会场来就像人肚子饿了进食堂，总不能再空着肚子回去。但是很可惜，我们的许多会议就像一张没有上菜的餐桌，大家只能拿着筷子空比画。会议是酿造新思想的，是制作精神之餐的。一个好的会议，连会场中的空气中都充满着思想。一个好的报告会，报告人要能牵着人的思维走，就像一面聚焦镜，能将人的思维从会场的各个角落聚拢来又发射出去，使每一个与会者都感到一种共鸣的力量，整个会场有一种共振的效果。

一个好的讨论会，会场像一场无形的足球赛，每个人的思维之足都伸向那个唯一的球，激烈地争夺，充分地交锋。如果与会者言不及义，言不由衷，就像一场没有球的球赛，有什么踢头？一个好的汇报会，每一个汇报者就是一团吐着新焰的火苗，听者是一锅平静的冷水，得用你的温度去激动他、沸腾他，直到整个会场万焰跳动，热气腾腾，思想气化、升华，充满会场的每一个角落。开会是一件很严肃、很郑重的事。新中国成立前我们在根据地开一次重要会议，常常要让干部冒着生命危险从敌占区回来，有的同志就牺牲在来开会的途中。但是没有办法，不开会就不能统一思想，革命会损失更大。现在世界上每年不知道有多少双边、多边甚至全球性的会议。人们总是带着原来的想法来到会议室，又带着新的想法离开会议室，去工作，去实践。可以说是会议推动各方面的工作，推动这个地球。

人类文明史的进程只记录那些新的创造、新的思想，而把重复的东西统统甩掉。比如科学史上记住了牛顿、爱因斯坦，社会科学史上记住了马克思、恩格斯等，因为他们有创造。一个会议也是这样，历史只记住了那些划时代的有开创意义的会议，比如中共党史上的一大、七大、遵义会议，因为这些会议产生了新思想，这些思想形成了党的路线，胜利地指导了党的实践。大会如此，小会也是这样，我们开一次会总要能产生一点新的思想，对工作有一点推动，这样的会议才值得开。可惜就像大吃大喝已经失去了吃饭充饥的意义一样，现在许多会议也早已失去了酝酿新思想的意义。会议的浪费是一种更大的、隐形的浪费。

要想切实提高会议的质量，有两条应该做到。一是主持者要精心选题，要摘熟瓜，不要摘生瓜。会议既然是酿造新思想的，就先要看酿造的时机是否成熟，先找到突破口，选准题，会前要做细致的调查准备工作。会议题目选准了，这个会也就成功了一半。会议应急社会之急、工作之急和与会者之急，有的放矢。党的历史上的八七会议、遵义会议、十一届三中全会等许多重要会议都是因为时局危急，不开不行。这种会绝不会空泛，不会说旧话、套话，它逼着我们必得产生一个新思想、新方案，这才是真正意义上的开会。现在有些会议所以质量不高，就是因为它不急，不反映工作发展到此时此刻的话题，是一种四季歌式的例会。于是就空谈、就旅游、就吃喝，到时散会走人。

二是要调动与会者积极参与。开会如打仗，既要选战机又要鼓士气。会议开得好不好最终要看与会者的思想变化。与会者的思想就是会议的原料，主持人的本事就是博采众料，善掌火候，把与会者的各种想法掏出来，再酿出一个统一的新思想。如果做不到这一点，只能水过地皮湿，会议也就走了过场。本来每一个人都有自己的观点、想法，大家凑到一起，总会有新思想、新方案，许多突然召集的会议也有开出效果的。可惜我们的许多主持人就是“武大郎开会”，听不出、发现不了每个人的新思想，更不能像好厨师一样巧用料、善掌火，变出一个新菜，而是像典礼上的司仪，只会刻板地宣读程序。过去，农村搞极“左”，农民出工不出力，“人哄地皮，地哄肚皮”，产不出粮食。同样，言不由衷，你哄我、我哄你的会议也产不出新思想。凡开会，会前没有急切之心，会上没有求新之心，这样的会议是开不好的。

讲话就是在做工作

就像写字和说话是我们表达思想的两种方式，发文件和讲话也是我们工作的两种方式。但是常常有一种错觉，好像正襟危坐、宣读文件才算是工作，而讲话就常被当作应酬、客套、例行公事，于是空话、套话甚至假话到处可见。现在干部的文化水平高了，我们可以通过文件、报刊来工作。新中国成立前我们动员打仗、搞“土改”，大多数时候都是靠讲话。那时基层干部文化水平低，不少还是文盲，他们就只带着一双耳朵来开会，听了我们的讲话，回去一传达，工作就轰轰烈烈地干起来了。那时候要是也像现在这样打官腔，哪有这个江山？检验我们讲话质量的最好办法，就是问一问群众记住了多少。如果一句话也没有记住，说明你的话没有用，没有入脑、入心，没有起到工作效果，或者你原本就没有想到要通过讲话来做工作。

工作是什么？就是改变现状。原地踏步不是工作，重复不是工作，有突破、有增减、有改进才是工作。欲改工作之状，先变工作之人，要先武装他的头脑，改变他的思想。所以我们讲话时要给人新信息、新知识、新思想，要通过这三把钥匙开启听者的心扉，开启他头脑里紧闭的大门。他接受了你的新东西，精神变物质，去创造新的工作，这也就证明你的讲话有了作用。

现在为什么一些干部讲话人们不爱听？一是旧，没有新信息。不调查研究，捕捉不到新情况，总是在说老话，举老的例子。甚至比群众知道的还要少，就像局外人给当事者讲故事，听者不好意思捅破，只好耐着性子听。

二是浅，没有知识度。知识是在实践中获得的认识和经验。知识比信息又进了一步，已不是事物的皮毛，开始反映事物的规律。凡从事某一种工作，就必须有这方面的知识，就像一棵百尺之树必须有十丈之根。知识是某种专业、某种工作的根。而我们一些同志对自己所干的事察之不深，吃之不透，讲话讲不到根上，常抓住一点自以为得意的枝叶、花絮哗众取宠，而听的人却早在暗暗叫俗、叫浅了。毛泽东在延安时就给这种人画了像：墙上芦苇，头重脚轻根底浅；山间竹笋，嘴尖皮厚腹中空。这样怎么能做好工作？

三是死板，没有新思想。讲话的内容不但要有信息、有知识，还要有新思想。信息和知识是死的，是垫在脚下的阶梯，思想是活的，是拿在手里的工具。给人以知识和信息好像替人打开窗户，吹进清风；给人以思想则是让他自己推窗望远，吐故纳新。“鸳鸯绣出从君看，‘又将’金针度与人”，工具比产品更宝贵。讲历史唯物主义比讲历史更重要，讲辩证法比讲故事更重要。有思想的语言人们才能记得住。为什么毛泽东、邓小平乃至孔子、老子这些哲人的话我们现在还记得，就是因为其有深刻的思想，是工具，是指南，起作用的时间长。我们平时讲话不敢企求有多么深的哲理，但既然指导工作，总要超出现象说一点道理，好让人家举一反三，去想去做。而不少同志讲话就是一架复印机，省里传达中央的，县里传达省里的，乡里传达县里的。上面的精神虽好，还得要加上我们创造性的劳动才能落实。每一个负有一定责任的干部，一定要找到上面精神与自己工作的结合点，在这里生根发芽，结出自己的工作之果。这才是你的思想，才是活的东西，你只有讲这一点时，群众才爱听。

最后还有一点，就是语言。我们许多同志讲出的话，就像隔日的蔬菜，干涩软蔫。信息、知识、思想都可以是转承过来的，唯有语言只能是自己的，它像笔迹、指纹一样有个性。说的过程也是创造，同样一句台词，不同的演员念出来，效果就不一样。清代学者李渔说：“同一话也，以尖新出之，则令人眉扬目展，有如闻所未闻；以老实出之，则令人意懒心灰，有如听所不必听。”比如，他这里就故意把“心灰意懒”用成“意懒心灰”。讲话如穿衣，不能一年四季总是一身衣服。人不变，衣常换，也有新鲜感。语言不新没有个性，人们听起来就“意懒心灰”，稍一转换，就“眉扬目展”。比如我们平常说不能讲空话，说多了这词也不新了。一位领导同志视察山区，听到一件事。山区多野猪，常于夜间糟害庄稼，农民先以锣鼓惊吓，后将喇叭悬于电线杆上放录音。野猪开始不敢来，后渐渐靠近，最后干脆将电线杆都掀倒了。这位同志说：讲假话连野猪都骗不了，谁还爱听？这就是“以尖新出之”，就有了新意，人们也容易记住。

关键是要有责任心和创造心

我们的讲话和会议如何才能不平淡呢？一是责任心要强，主持者不能例行公事。一般来讲，当我们的工作亟须突破时，这会议和讲话就有实效，因为这时不允许你敷衍。时势逼你尽职尽责。就像我们饭后在平路上可以漫不经心地散步，爬楼梯时就得认真出点力了。没有听说饭后在楼梯上散步的。散步的本意是走路，但它已被异化为一种休息；开会、讲话的本意是工作，但也能被异化为一种过场。如果我们时时有重任在身、如履薄冰的责任心，会议和讲话的质量就高得多了。

二是要有创造心。作家追求“语不惊人死不休”，艺术家追求技压群芳，运动员追求破纪录。他们都把自己的专业生命定位在创造出新上，不新不如不做。工作也是这样，开会必得形成新思想，讲话必得有新效果，不新就没有必要去做。当工作没有新意时，会议就没有生气，讲话就没有新词；当工作找不到新问题时，会议就没有焦点，讲话就讲不到点子上，就像拿眼药水往腿上抹。当一个人有很强的责任心和创造心时，他就会把每一次会议、每一次讲话都当作是一次创造，力求有新的效果。同时许多没有必要的不出新思想的会议，许多不起作用的只是应酬的讲话可以统统省掉，这样我们工作的效率也不知可以提高多少倍。

为什么不能用诗作报告

报载某地开人民代表大会，所做的报告却是一首五言顺口溜长诗，凡六千字，一韵到底。这到底是工作创新还是亵渎职守？媒体议论纷纷。深究其理，值得玩味。

我们先分析一下“形式”。形式与内容本是对立统一，合作共事的。但是人们常记住了“统一”，忘了“对立”。原来形式本身有独立存在的价值，比如诗歌这个形式，就有句式、节奏、音韵的美，这是形式的资本，所以它总时时想逃离内容，闹独立。就像一个美女，不想与穷汉厮守，总想换一个有钱人过日子，她有这个本钱。这就是为什么年年反形式主义，却总是反不掉，就如年年扫黄，总是扫不尽，本性使然，规律所在。

形式爱表现，但它自己不能实现，必须借助于使用形式的人。天下的人可分两类：一类是干实事的，虽也会用到形式，但内容第一。如经商、从政、军事等等。另一类是玩形式的，专门开发形式的审美价值，如音乐、美术、语言等艺术家，形式第一。人各有好，术有专攻，本无可厚非，最怕的是乱了阵营。你是要干事还是要从艺，鱼和熊掌不可兼得。比如，宋徽宗、李后主，本是当皇帝的，但坐在龙椅上不办公，一个爱画画，一个爱写词，虽也出了名，但都成了亡国之君，当了俘虏。还有那个爱作曲、会编舞的唐明皇，也招来了天下大乱，自毁江山。我们有些干部总是分不清自己的身份和责任，想要两头沾，既当有才的宋徽宗，又当有为的唐太宗；既要政界的光环，又要艺人的光彩。无数事实证明，于公，这是亡国之象；于私，这是身败之症。只有放弃一头，才能保住一头。共产党第一代领导人中，有大才艺的人很多，但他们都知道孰轻孰重，毅然割爱才艺，献身革命。陈毅参加革命前先参加了文学研究会，曾与徐志摩论诗；张闻天是第一个发表长文把诗人歌德介绍到中国的人；周恩来的话剧才能更是尽人皆知。但他们都不敢“以才害政”，也从不借政坛炫艺。

再说形式与内容相搭档也是有一定之规的，就像穿衣服要讲场合。或可称之为“形式伦理”。如果是纯玩形式，有艺术界的行规；但要做事，特别是政事，就有政界的规矩：以事为主，选取适当形式。什么叫“适当”？突出内容，淡化形式。比如穿“三点式”是健美比赛的形式，为突出肌肉的美；穿古装，是演古装戏的形式，为突出古典氛围。人大工作报告重在时政阐述，要严肃、鲜明、直白、缜密，用长于浪漫、抒情、吟唱、夸张的诗歌形式去表现，就像参加晚宴时穿着古装或“三点式”，那是怎样的一种尴尬！就是单从语言表现来说，诗歌有格律管着，也不能尽达政治之意。闻一多说写诗是“戴着镣铐跳舞”，用诗去做工作报告则是镣铐之外又加了一层面具。比如，这篇六千字的报告，一色五言，一韵到底，你就是想“此处有掌声”也会受到一层限制。历史上曾有人以诗写论文，唐代的司空图用四言诗写了一本《二十四诗品》，是学术名著，但也没有超出以诗说诗的范围。现在以诗来写工作报告，这确如马克思所说，是“惊险的一跳”，如果跳跃不成功，那摔坏的一定不是形式，而是形式的拥有者。

形式是有逃离内容的本性，其实还是因为背后有一双看不见的腿，有一个不专心正业的人。奇怪，在其他行业，如商业，就没有人敢用诗歌来签合同，军界也没有人敢用诗歌来下命令。因为，一是他的权力有限，二是立即就会碰钉子。而政界却能出这种怪事，这也从一个侧面说明我们政治的不成熟。

让形式不再只是形式

中央提出反形式主义，很得民心。我们要干工作自然会诉诸某种形式，但如果总是重复形式而无实效，就招人烦。最近到陕北府谷县采访，却意外地收获一点惊喜，聊慰烦心。

评“百强”是一种形式，全国各种“百强”已不知几多。府谷是全国“百强”县之一，但他们没有借此形式来招摇，反倒自找其弱，自补其虚。全县还有三万贫困人口，他们决心三年解决“富中贫”问题，类似城市消灭“城中村”“棚户区”。而且高标准，全国农村贫困线是两千三百元，他们提到三千元，以缩小差距，共同富裕。

“领导送温暖”是一种形式，最常见的是春节慰问。在府谷，腊月三十、正月初一，干部不去“骚扰”群众过年，而是等春节过后，就入村落实当年的生产规划。他们不叫“送温暖”，叫送项目和措施到村、到户、到人“三到位”。而且从书记、县长到乡、镇干部，扶贫“三到位”发文公布，年底验收。

人民代表大会、政治协商会议、党代会，是我国政权建设和党的建设的一种形式。代表、委员应切实参政、议政。可惜基层的代表、委员经常被“形式”为一种空头荣誉，开会才露脸，平时找不见。在当地我也惊喜地看到了其内容的回归。全县的“两代表、一委员”必须对自己所代表的群众履行扶贫之责，人人有联系点、帮扶对象，并与党政干部同在一张表上向全县下文公布。

移民建新村也是这几年常用的扶贫形式。但常常进了新村，丢了老根，无法生存。他们吸取教训，除坚持群众自愿外，还有几条“留老根，扎新根”的硬规定：每户留一亩口粮田；离原村五公里到八公里（农民与旧村还有许多割不断的联系），离集镇不超过十公里，可享受集镇公共配套服务；有新的收入来源（务工、“三产”、政策补贴）等。真正移得动，留得住，贫变富。类似还内容于形式的还有很多。

事物总有形式和内容两个方面。但是形式可以独立存在，而且往往有摆脱内容去顽强表现自身的价值取向。如诗词的格律、语言的修辞、音乐的旋律等都有独立的美学价值。于是就有了绕口令、风景画、无标题音乐等艺术形式。但我们的干部是为人民服务的，不是表演艺术家，不能陶醉于自己的工作形式，专门“作秀”。不能总是在那里画风景画，奏无标题音乐，说绕口令。大凡一个政党、一个团体，在革命、改革的上升阶段，总是借新内容打破旧形式；而当有了成绩、有了权力时，就开始保守、骄傲、自恋，借形式来粉饰工作，自欺欺人。形式主义是一个团体僵化、老化的表现。所以中央在“八条”之后又提出反形式主义。反形式主义就是回归内容，让形式不再只是形式，是“革自己的命”，像一棵树，不断退掉身上的老皮，抽出新枝。共产党人能够做到这一点，因为马克思主义是开放的哲学，总在寻求革新和自我革新。延安整风反过形式主义，改革开放之初邓小平带领我们反过形式主义，现在党中央又提出反形式主义，我们的事业在波浪式前进。

先让家门口美丽

十八大提出建设美丽中国牵动民心，人民要什么样的美，先从哪里美起？这是口号之后要回答的现实。我们理解美主要是视觉感受，先得让人能看到美，而且要美得实用。

大会之后十天，我到南方一个县采访。这里仍是国家级贫困县，穷而求美，从哪里下手？农村烧火煮饭是最普遍的事，他们全部推行了做饭用电化，保住了青山不遭斧砍，山山都青翠，这是一美；饮水是最基本的问题，他们修了水库，库周村村上了污水处理站，处理后的水又提灌上山，长管如龙，碧湖如镜，这是二美；当地为喀斯特地貌，水土流失严重，县里和中科院共建治理实验站，山顶草原如毡，路边集雨池如珍珠成串，这是三美；深山不宜民居，就搬迁扶贫，建新村，种花果，生态旅游，这是四美。这些都不是刻意求之的美，是在生产、生活建设中自然产生的美，是每一个人家门口的美。当地人行之实用，外地人看着养眼，不勉强，不作秀。是真美，是实美。

再反观一些大都市的“美丽”建设，报上经常见到城外新增造林多少，郊外某地又建一个大园林，地下又新增多少交条通线，电视广告每晚必炫示城市夜景，高架如虹，灯光如海，宣传我们正在迈向国际大都市等等。这些“美丽”与市民的日常生活不是无关，但直接关系不大。倒是和官员的政绩有关，或者外星人看地球时会显得美丽。对市民来讲，远美不解近愁，他每天看到的是马路成了停车场，人在车缝里穿行，这是一不美；路越修越宽，两边的大树越来越少，旧时的林荫道不再见到，这是二不美；凡是大医院门前和大厅里必如闹市，要看病如进自由市场，这是三不美。去年，我居住的小区施工，把一个院门暂封一年，一年后工程完工，门却再无法打开，门外的路早已被车占满。规划管不住违建，或本来就没有科学的规划，人生活在水泥森林里，冬天走路不见阳光，夏天上街又躲不开烈日。真是满眼风光人车楼，举步维艰使人愁。这就是我们正实实在在享受着的“负美丽”。北京倒是有一座美丽的香山，十几年前市民还可以随意去爬，现在人满为患，秋高气爽时，市民只能在心里回忆一下它的美丽。

所以我想，要建设美丽中国，治理江河，改造沙漠，建大都市当然重要，但要以人为本，当务之急先要扼制美丽的退化，不要一面规划伟大的美、将来的美，一面又听认传统的美、实在的美在身边失消失。要先从家门口美起来，从与人民生活相关的美做起，逐渐地美开去。

用其心还是用其力

康熙时黄河泛滥，经年不治，工程上马后又众说纷纭，意见不一。治河老臣靳辅在黄河上滚了十几年，因与皇上看法不一被贬。后事实证明他的意见正确，又召他回来。他上书说："我已 70 岁，心有余而力不足了，还是请皇上另选他人吧。"康熙说："我知道你老了，我是用你的心，不用你的力。"黄河于是得治。

类似的故事还有一个。1949 年新中国刚成立，我们没有海军。十八万公里海岸线基本没有船舰。毛泽东召长征老将、12 兵团兼湖南军区司令员萧劲光，要他任海军司令，组建海军。萧急了，说："我是个旱鸭子，哪懂海军？这辈子总共坐过五六次船，每次都晕得不敢动，怎么当海军司令？"主席说："就看上你这个旱鸭子。"结果他主持创建了一支强大的海军。毛主席很满意，说："有萧劲光在，海军司令不易人。"他成了世界上任职最长的海军司令。

这让我们思考一个问题：用人是用其力，还是用其心？其力，当然要考虑，但前提是他的心，即他的思想、品德、意志。思想是管方向的，即做什么，怎样做。品德是操守，要能把握住自己，处理好公与私、个人与事业的关系。意志是坚持力、毅力、攻坚能力。人才学研究表明，人与人之间的能力相差不多，成功与否常在意志方面。靳辅以 70 岁暮年之身，萧劲光以外行之人，结果都不负重托，卓有建树，是心在起作用。

古人有阅人之术，就是观察人，曾国藩就自信精通此道。有时一个人的好坏，并不需要多么复杂的考察，可管中窥豹，一叶知秋。很奇怪，近年来落马的一些干部，群众早有议论，其恶行丑闻，就是做邻居也要回避三舍的，却照升、照用。最近公布处理的一位副地市级干部，做县委书记时写了一本他与本县名人的书，好借机出名。封面上他挺胸叉腰，雄视河山。十几个“名人”如指甲盖大的头像，环衬在他的身后。他到中央党校学习，用“换头术”假造了一张中央领导给他发毕业证的照片，到处吹嘘。有中央领导去当地视察，他本不在现场，又如法炮制一张与领导人的合影。其父母过生日，用公款大摆宴席，请剧团唱戏。他最后翻船是因为查出贪污数百万。但如果没有这些经济问题呢？这种瞒天过海、欺世盗名的做派，就是拿一般的阅人术，一看也知是个坏人，倒退一百多年，曾国藩也不敢用他。这种人格在封建社会、资本主义社会，也是被人嗤之以鼻的。但在出事前，此人还又提了一级。

用其心，用什么？用其公心，忧国忧民，不以权谋私；用其诚心，不弄虚作假、招摇撞骗；用其忠心，负责敬业，恪尽职守。这用不着多么复杂的考察，稍一了解，或谈一次话，就能阅其大概。正如一张粗劣的假币，一看就知，用不着再上什么验钞机。人格的高下，是放之四海、求之古今都一样的。君子、小人、忠臣、奸相、清官、污吏，早有定格。我们现在只要回到最低门槛，把住其心就行，也就是老百姓说的良心。有了这个良心，力不足，可以勤补拙，以诚撼天。没有这个良心，力有余，则正好以权谋私，以能售奸。用人还是用心为上。

地震教我们如何说话

"5·12"汶川大地震后，国内外只有一个呼声：抗震救灾。过去常不绝于耳的几种声音，如老百姓对政府的批评，西方媒体对我们的挑剔，社会上的谣言和猜测，统统没有了。大地这一发威，把舆论都震住了。

舆论是比军事的、经济的、物质的等一切硬实力还难对付的软实力。俗话说众口难调，各人有各人的看法；又百口莫辩，任你怎样解释，人家总是不信。但有一样东西可以对付，这就是事实。要学会用事实说话，用重要的事实说话，用真诚的口吻说话。抗震救灾，检验了我们的经济实力、组织能力，也检验了我们的说话能力、把握舆论的能力。

大道无形，强不言兵，最好的说话方式是不必再说。过去群众对政府的工作有意见，如腐败、效率等等。这次收到地震消息时，总理还在外地回京的路上，立即掉转车头直奔机场，就在飞机上发表抗灾动员。四个小时后，已落地在废墟中指挥救灾。当日就近调帐篷五千顶，十天后又在全国再增调九十万顶。救援队水、陆、空并进，三天内，来自数千里外不同方向的，挂着北京、广州、青岛、沈阳等不同牌子的白色救护车，已按划定分工出现在灾区各县、各镇。这时百姓还有什么话说，无论是灾民，还是全体国民，只有一句话：政府效率高，政府想着百姓。什么是政治？国家、民族的全体大事就是政治，这几天救灾是最大的事，就是政治。儒家的思想“民为邦本”，孙中山说政治是管理众人之事，毛主席说“站在最大多数人一边”，不管是哪一个时代的政府，能给老百姓办事的政府就是好政府。这是人类长期积累的共同的政治文明。此时此刻的政府就是最好的政府，最得人心的政府。全国人民高高举起的双手既是对灾区的支援，也是在对政府的致敬，哪里还会有什么牢骚？

信息公开是现代政治文明的表现。最好的工作形式就是无形式，这次救灾工作及其报道，最大的特点就是透明。地震突发后，相关部门每天都召开新闻发布会，电视台二十四小时滚动报道，各媒体都有记者深入到灾区的每一个角落和后方的每一条生产线、运输线实时播报。一时，人们的脑子里只有两个概念，一是灾难，百年不遇的大难；二是救灾，一刻不停地救灾。事实的透明带来思想的统一。这场救灾检验出了我们的两个进步，一是政治进步，政府坦诚，没有什么可保密的，欢迎监督，每一笔资金、每一项物资都可跟踪调查。二是科技进步，通信、电话、网络提供了全程、全方位的服务和监督。或捐赠救灾，或寻找震后亲友，或监督举报都可。在一次记者招待会上，记者问及有救灾帐篷流向市面，怎么解释。民政部立即答应查办，谣言止于信息公开。这样，小道消息还有什么市场？我们要感谢在地震前不到半个月出台的《中华人民共和国政府信息公开条例》，虽然这比美国 1976 年出台的《阳光下的政府法》晚了三十多年，但我们还是追上了世界政治文明，百年不遇的大地震就遇上了这个刚刚出台十多天的法规，这也是天意。

过去西方媒体最喜欢做的文章就是中国的人权。我们常对他们说，最大的人权是生存权，也许他们没有什么体会。当温总理在废墟上大喊，第一是救人！当连续三天，全国都为死难者下半旗志哀时，全世界都看到了中国政府是怎样尊重生命。而近来在西方，无论是政府、国会还是媒体都一片声地称赞中国政府的救灾行动。谣言止于透明，偏见化于诚恳。当年朱镕基访问美国，示威者围着他下榻的宾馆闹人权，朱第二天讲话说，你们急什么，我们自己的事，我是总理，我比你们还急。温家宝总理访问美国，耐心地解释，中国有自己的国情，什么事一乘十三亿太多，一除十三亿又不够。这都是诚恳的态度。这次抗震救灾我们向全世界再次显示了这种诚恳。就在一个月前，西方还有人借“藏独”说人权，地震后却出奇的平静。诚恳再加事实，总会理解，总能沟通。

毛泽东同志说，战争是洗涤剂。灾难也是洗涤剂，这次地震帮我们洗掉了许多旧方法、旧作风。让我们的工作，特别是宣传工作大进了一步。我们不敢说以后有多好，但再遇到困难时，听到批评时，我们就想一想这次地震。就像过去常说的想一想战争，想一想长征。

对国家领导人不要称爷爷

政治就是“一大二公”：是国家大事、公家的事。讲政治就是要分清大小，分清公私。大事不能乱，公私不能掺。报纸宣传犹要注意，一些细节，虽一时无大碍，但潜移默化，事关规矩。社会运转自有一套大规矩、大程序，是公共程序。在这套程序中，从国家领导人到平民百姓各有定位，各尽其职，各尽其责，这就是政治生活。政治是严肃的，唯其严肃，才有效率。政治生活之外，还有人情、人伦的私生活，但两者不能混淆。北宋名臣富弼出使辽国，一走数月。有人捎来家书，他不拆，直接放灯上烧掉，曰：徒乱人心。当此时也，他如无家、无妻儿，只有使臣身份。我们一些报纸、一些记者，常用孩儿语、私家情去写严肃的政治，弄得不伦不类。如报纸上报道孩子们对国家领导人的称呼常用“爷爷”。到过“六一”儿童节，整版通栏大标题喊爷爷。个别稿子，可以动笔改一改。但对这种风气，便只有认真向有关部门反映，提请研究改正。下面是我当时写给中央有关部门的一封信，并得到重视，已通知各媒体注意改正。

某某同志：

您好！

最近的“六一”报道中，许多报纸提到孩子们对国家领导人称呼时都用“胡爷爷”“温爷爷”等，以前也有这种情况。我觉不妥。一方面欠严肃，另外，也涉及未成年人教育的一个问题。从晚辈尊老的角度讲称爷爷当然是对的，但更重要的是要从小培养孩子们的国家意识、领导人意识和社会观念。一个看似简单的称谓，实际上是在潜移默化地对孩子进行爱国主义和宪法、法律的启蒙教育，是个政治问题。孩子一懂事，除了让他们懂得家庭、亲情、尊老爱幼外，还要逐渐让他们懂得自己是生活在社会上和国家中，这样才会有责任感和纪律性，进而有爱国心。像“主席”“总理”这样的职务是代表国家的，在媒体上的公开宣传报道中还是称职务好，比较严肃。20世纪幼儿园、小学里教育孩子也是称“毛主席”，而不是称“毛爷爷”。我们提倡党内称同志，但在报纸上对国家领导人还是称职务好。

不知妥否，谨供参考。

官不扰民民自富

一日，与京城几位领导相聚，谈及农村工作，有地方来的同志说，官不扰民民自富。此言极是。内中有分管农业者接道：“我们常说要增加农民收入，试想哪一次农民告状是来向你要高收入的？都是不堪其扰来要安静的。”这使我想起去年电视上公开批评的一件事，某乡强迫农民种烟叶，村头墙上赫然写着大标语：“净化种植”。并组织工作队将农田里已长出的玉米、豆苗等拔掉。采访镜头下，几个农民跪在田垄间，以手捧苗，愤然拍地，潸然泪下。记者问乡干部为什么这么做，答曰：烟叶能卖钱。能不能卖出钱，应让农民自己去算账，再说都种烟叶又吃什么？这样发展下去，恐怕就要干预村民每日三顿饭怎么吃了。也许那时又会有个堂皇的理由：这样吃有营养。

官者，保境、安民、维护社会发展之用也。民心唯求安居乐业，犹草木唯求生态平衡。封山育林，草木自长；民不受扰，其业自旺。汉代政治家贾谊说：“天下牧民之道，务在安之而已。”其理两千年未变，可惜不少人，一日为官，其情也虚，其心也躁，抓耳挠腮，指手画脚，总想干点什么，以逞其能，以示其绩，便以民为戏了。殊不知，民可保、可导、可安，唯一的是不可扰、不敢扰；企图靠扰民弄出点热闹来升官的，其乌纱帽迟早是要掉的。

好山好水更求好官

在南方某城出差，这里是有名的花城、太阳城。雨水充沛，真是插根扁担都成林。但是几条主要街道的两边就是没有树，水泥马路接着水泥楼房，噪声中灰蒙蒙、冷冰冰的。导游兴奋地说此地如何山好水好，风景迷人。我沉重地应曰：“好山好水就是缺个好官，举手之劳，甚至动口之劳就可满城绿荫，可惜没有。”自然风光好，只能说明是上天所赐，城市风光却要靠当家人，靠这个市的官员组织市民去干。官者，管也。管什么？管百姓的生活，生活条件的创造，生活环境的管理。官就是一个公务员、管理员。大者管好一省一市，小者管好一城一乡，民居乐，官心安。我还亲闻一事，西北某省，气候恶劣，常年干旱。人们盼雨望眼欲穿。一日突降小雨，省委书记推门而出，在省委大院里兴奋地大喊：“下雨了！下雨了！”其忧民喜雨之情殷然跃然。为几滴雨而狂呼高喊，像一个当大官的形象吗？然唯此才足以见其真，百姓的冷暖他是真想、真管，真正是个管事的官。可惜，这个好官没有遇上好山好水，英雄无用武之地。也可惜把南方某城那样好的山水给了一个不干活的官。若以此省官易彼市而为长，他一定会拼命地栽树，让百姓出门走路、室内推窗都生活在绿荫中，不是树之荫，是官之荫。若以彼市长易此省而为官，他该想，当初那么好的条件，我为什么就没有去好好干呢？

假奶粉拷问真道德

食品卫生出了一件大事，有人将化学物质三聚氰胺掺入牛奶，只为提高检测指标，卖个好价，却危及到人命。成千上万吃了有毒奶粉的婴幼儿发病，并有死亡。全国为之震动。此事看是质检不严，实为道德崩溃。

民以食为天，人命关天。天都敢欺，命都敢害，还有什么不敢为之？我们说以德治国，如果这样的道德行世，则人将不人，国将不国，社会将不社会，更谈什么和谐、安定。作案人何来此胆？一是利令智昏，只要能满足一点私利，就敢昧良心，敢害人命；二是愚不知法，窃喜于小利之得，不知法网难逃，正所谓无知者无畏。总之，是人的思想出了问题，不是奶粉质量，是人的质量，人的道德质量，社会管理质量。而且这种事情屡有发生，已不是一次两次。

五月份“汶川大地震”，让我们见证了人性中真诚无私的一面，这九月份的奶粉事件，让我们看到了人性中自私虚伪的一面。鲁迅一生以极大的勇气和精力与民族劣根性做斗争，看来，此事还远没有完结。奶粉掺假的背后是社会上假风盛行，久而久之，司空见惯，见怪不怪。

记得上世纪五六十年代，如果一个人说了一句假话，被人点破，羞得恨不能立即跳楼。如果发现别人有假，也必勇于揭露，愤而斥之。社会道德之失真，从“文革”始，后愈演愈烈。到现在，社会上公然卖假证件、假发票，出假票据。你若要报销，售货员主动问你怎样开票，会计帮你合法入账。大家都在阳光下运作，脸不红，心不跳。谁还怕人说有假，谁还觉得是造假。所以朱镕基任总理时，一次为某会计学院题词，愤而题曰：“不做假账”。可见做假账都已成了会计经常的业务。以图财害命，责之造假的奶农、药商，可也；而假风蔓延，则要拷问全社会的道德，拷问官员的管理教化示范之责。政治是什么，孙中山说是管理众人之事，我们说是管理国家大事，是为民办事。商场之假与官场之假深有其缘，治商须问政，正人先正己。

现在官场造假成风，虚伪成规。开会排座次，发言念稿子，写公文套框子，发表文章编句子，应付视察摆场子。就是内部开个会，正常接待上司，一发言，也要先说一句“尊敬的某某领导”，如旧时臣子喊“吾皇万岁”，天天演戏，乐此不疲。干部一提拔，先学会应酬，摆架子，装样子，哪有什么如履薄冰，先忧后乐之心。下级见上级，专拣好听的顺耳顺嘴的话说，哪有什么忠言逆耳，实事求是。本来一个社会的安定是百姓老老实实做人，官员勤勤恳恳办事，现在官员只顾演戏，不去做真人，怎么能教化百姓办真事？假不为错，伪不觉耻，官无个性，商无诚性，是社会安定和发展之大患。毒奶事发，冰山一角。

改革开放，让我们懂得了“商品经济不可逾越”，而商品交换必得有诚信，我们现在亟需要补上这一课。改革开放还让我们懂得政治文明要讲民主。在这方面，中国封建社会长，遗毒甚多。专制和集权需要伪装、造假，而民主政治则要透明，要监督，要务实。我们也要补上这一课。无论是政治道德还是商业道德，都要从诚实做起。道德是法律的基础，德不行则法不立，法不立则国难治。而一个社会道德的教化普及，大莫过于先立制度，然后官员勤勉，政风朴实，使上行下效，人人自律，自然河清海晏，夜不闭户，路不拾遗。

愿从假奶粉事件中反思治国大义。

大干部最要戒小私

干部是公家的人，是公务员，是为国家办事，不能有私。大贪大贿自有党纪国法管着，这里且说一说百姓眼中最无奈却又最鄙视的小私小弊。

人皆有私，但是私戏不能在公家舞台上演。就如任何人都可以在自己家的浴室一丝不挂地沐浴，可以在自己家夫妻共枕，但如果有人把此事演到大街上、舞台上，那将是怎样地难堪，怎样地不可理喻。

但许多事，换一种形式，便泾渭不分。我们有一部分干部就在干这种有违常理的事。有一位领导对下属单位说："为什么不先解决我老婆的职称？"下属面有难色，说评委不投票。他说："那我不管，你去办！"一次我在机场见某领导带团出国，各团员及送行人员早在机场恭候，他却姗姗来迟，且妻、儿、孙前呼后拥。这位领导一不问团员是否到齐，二不问手续办得怎样，三不向送行者嘱咐公事，而是与老婆卿卿我我，说不完的家事，又抱着孙子的脸蛋亲不够。时间一到，披衣出关。众人好容易才看完这出"十八相送"，脸上僵僵地挂着笑，想必心里凉凉地叹着气。他们就这样穿着一件"公"字牌的皇帝新衣，大裹其私，大摇大摆地登台走步、发指令、做演说，全然不知群众怎么看、怎么说。这是最失“人”格、失“领导”之格和“公务员”之格的。

北宋名臣富弼出使辽国，一走就是数月。有人捎来家书，富曰：“徒乱人心。”不拆书信，直接放在灯上烧掉。一个封建官吏都懂得身在公位，执行公务，百分之百地勤政，不敢有一丝懈怠，我们现在一些干公事的人却在公台上大唱私戏，私不知羞，私不觉耻。这样人格一丢，就一丑遮百俊，一丑压百能，就被人看扁了，就永无一点可用、可敬、可言之处了。可惜，许多身居要位者在这一点上，常没有一点自知之明、知私之明。

当官何必秀才艺

现在干部的文化基础水涨船高，大学本科已是起码的门槛，硕士、博士比比皆是。不像新中国成立之初的工农干部，胼手胝足，只会闷头工作。于是除工作之外便有了“才艺展示”。

胡长清人人皆知，是新时期第一个因贪污而处死刑的省部级高官。他选的才艺是书法。据说他在监狱里还对狱警说：“你善待我，我出去后给你写幅字。”可惜笔未落纸，人已伏法。还有一位地方官，治民无方，治地发生群体事件，他处理不了，化装逃出。但他却会弹钢琴，他常会客的宾馆里放着一架专用钢琴，每当酒酣之时，部下就会巧妙地暗示：我们领导还会弹琴呢！客人就赶快知趣地说：真的吗？愿闻其妙。他就半推半就，走上琴台，才艺展示一番。

多才多艺没有错，关键是分清主次，才当其用。大凡一个稍有文化、中等智力的人，身上总会有数种甚至十数种以上的才，这不足为奇。据说人的二十三对染色体，只有一对管起码的体力智力，其余二十二对管不同的才，人人有才，人皆多才。君不见随便一个民间二人转演员，从耍手绢到吹唢呐，都能在台上玩它一个眼花缭乱。但他真要成名却不容易，一是要有一个专门的才，二是这才还得是别人没有的绝才。这就难了，这里有个角色分工问题，也有人生态度问题。如果唱旦角的不攻旦功，而旁骛丑功，则“旦不成而丑不就”，为老实人、聪明人所不为。政治舞台与演艺舞台其理同一。

干部的主要角色是什么？是理政。孙中山说政治是管理众人之事，毛泽东说是为人民服务。首先你要有行政能力，心忧天下，心系百姓，把握大势，拆难解困，卒然临之而不惊，捧之宠之而不喜。老老实实把该管的事管好，勤勤恳恳为百姓谋一点福。如果还能有一点创造，比如有一点新政，那就更好。正如朱镕基答记者问所说，希望是个清官，干一点实事。我们常爱在官员前加“父母”二字，称父母官，暂不说其是否准确，但这却有强调责任的一面。父母者，首先要解决子女的衣食等事。如果父母每天拿不回粮米，进门就只会给孩子唱歌，子女也实在乐不起来，要这等父母何用？其实无论是百姓还是上级，直到中央，对干部并没有什么过多要求，干部考核表上也没有“才艺展示”这一项。但是为什么有些干部喜欢频频展示其才艺呢？原来花拳绣腿比真功夫既好看又省力。

才艺对政治家有没有用？有用，但那是锦上添花。有一点更见其彩，没有也不影响为官做人。毛泽东诗词写得好，中国人为有这样的领袖而自豪；邓小平不写诗，仍不失为伟人，人们照样尊敬他。政坛上人物的才气可分为四种。一是有政治之才又兼有艺术之才；二是只有政治之才；三是只有艺术之才，投错了胎，误入政途，如宋徽宗、李后主；四是既无政治之才又无艺术之才，阴差阳错，戴上了官帽。不管哪一类，既入政坛，就要一心务政。共产党的第一代领袖无不多才，周恩来年轻时就演话剧，张闻天写小说，海军司令萧劲光还拉得一手好二胡，但从没有听说他们“露一手”。官者，管也，管好老百姓的事，同时也管好自己。有才艺可以，但不必频频展示，不要本末倒置，否则适得其反。宋徽宗好字画，李后主好诗词，明朝还有一个木匠皇帝熹宗朱由校，这些业余才艺反倒使得他们更快地人亡政息。共产党早期重要干部顾顺章会两下魔术，在执行秘密任务途中，过汉口码头时禁不住上台露了一手，结果身份暴露，被捕叛变。凡热心于小技小艺者，其心必浮，难有大成，亦难托大任，足为之戒。

工作不要挂在空挡上

一次在基层采访，听群众批评干部的作风说：“工作挂在空挡上。”此话很深刻，也很生动。

空挡者，马达轰鸣，只有声不做功。现实中这类事可谓不少。比如会议多，干实事少；会上的空话多，听者如风过耳；文章越写越长，读者不能卒读；文件简报多得看不过来，检查评比一拨又一拨；等等。时间一长，好像只要走走这些程序就算工作。其实，会议、文件、简报、讲话、文章、检查等，都是工作的形式，它还应该有更重要的内容。聚在一起开会，是为了碰撞产生新思想；讲话、写文章，是为了启示新思路，给人新目标、新方法；检查评比，是为了揭示新矛盾，解决新问题。如果没有这些内容，就是在挂空挡。

这几年有的地方，干部作风飘浮，练出了一批“空挡车手”，油门踩得震天响，就是不见车轮转。虽然我们有大庆、胜利等大油田，也经不起车辆日夜不停地空转；虽然我们经济发展，国力增强，也经不起这种无休无止地空耗。

让我们诚恳地记住群众的这一批评，自问自想，戒之慎之。哪个地方工作还挂在空挡上，赶快换成前进挡。

不患不均而患不明

又到新的财政年度结账时，其中有一项内容是世界各大国首脑纷纷公布自己的年度收入和家产变化。2013 年俄罗斯总统普京收入 367.2 万卢布（约合 64 万元人民币），美国总统奥巴马 40 万美元，德国总理年薪 25 万欧元，日本首相月薪 205 万日元（约合人民币 12.7 万元）。收入最高的是新加坡总理李显龙，年薪 170 万美元。

中国人的习惯，好像收入多少是个人的事，不该随便打听。记得前些年，时任俄罗斯总统的梅德韦杰夫访华，记者采访时很赞赏他公布收入，梅氏反而吃惊地反问："这有什么奇怪？领导人公布收入，全世界都这样。"全世界都这样，我们却没有，所以感到很新鲜。报纸就用这句话做了一个四栏大标题。看来在这一点上我们还没有与世界接轨。

老百姓过去把干部叫吃工资的，现在叫花纳税人钱的。因为你代表民众管理国家，人民就允许你从国家税收中拿出一点点来养家糊口，当然也允许你比一般百姓活得稍滋润一点。但是，花多花少你总要报个账。就像一个企业的经理每年要给董事会报账，因为那钱是董事们的投资，你不过是被聘来代管。

中国古代有一句政治格言："不患寡，而患不均。"就是说社会财富不能过度两极分化，否则要出乱子。现代经济学对这个"不均"取了个新名词叫"基尼系数"，还计算出了一个警戒值 0.4，而最大的极限是 0.5，超过就可能出乱子，近几年中国已到了 0.5。绝对平均不行，两极分化也不行。过去我们犯了平均主义的错误，所以邓小平主持改革开放，说要让一部分人先富起来，先富带后富。但这里有两个问题。一是官员特别是高官不能先富，更不能最富，因为你"富"的那些钱是人民的；二是你要富在明处，要受人民监督。共产党建军之初，物资贫乏，有一条治军格言：伙食公开，官兵一致。即使是每月只有几角钱的伙食尾子也要公布。新中国成立初期国家还不富裕，实行工资制，一是透明，二是领导人带头降收入。毛、周等国家领导人规定工资是一级，毛说我们不能拿，该让革命烈士去领这个一级。邓颖超该拿三级却只要六级。这种现象很普遍，所以上下团结，万众一心。现在国际政治日趋进步，也是实行的这个原则。2012 年 5 月法国新内阁组成，经济形势不好，就通过决定内阁成员降薪 30%，并声明政务活动一律公开。2011 年 3 月日本大地震后，首相工资立即缩水 30%。而今春普京签署命令，给公务员涨工资的同时给他和总理梅德韦杰夫涨薪 1.65 倍，这是对国内经济形势好的自信。不管降也好，涨也好，都说在明处，不藏不掖，为的是取信于民。可见无论中外，这是一条政治通则。因为不明比不均更可怕，不均还有个从 0 到 0.5 的可控度，不明则是直接的当下的信任危机，一票否决。

近年来在反贪中我们看到一个可笑、可憎的现象。贪官之暴露有各种原因，但无不与家产不明有关。有的是家中失盗，不能解释其巨额家产；

有的是偶然露富，如腕上的名表，被网友追踪挖出；有的是外包情妇翻脸供出；有的是被检举而公诉。来路不明的钱财想藏是藏不住的，天不容，法不容。但我们从制度上检讨，还是要强制官员主动公布收入和家产。人民公仆，何事不敢与民说？不能与民说？这关乎政治民主，关乎政权巩固。

老百姓怎么看政治

近翻四十年前的日记，有一段政治趣闻。1971年林彪叛逃，摔死在蒙古国。这个“接班人”“副统帅”，一夜之间成了叛徒、奸雄、大阴谋家，全国掀起“批林”高潮。当时我在内蒙古巴盟当记者，上面传达的文件里有一句话说：“林彪披着马克思主义的外衣。”生产队开批判会，队长向大家传达说：“这个林彪很坏，他还偷了一件马克思的大衣。”前几天我与一位宣传工作老前辈、中宣部的老部长吃饭，席间说起这个笑话，他很认真地说：“现在仍然是这样呀！到基层去，农民老问，你们那‘三个代表’还没选出来啊？”

前后相距近四十年的两则政治笑话，使我思考一个问题：“老百姓怎么看政治？”四十年了，我们的政治口号、中心任务已不知几变，而不变的是老百姓看政治的目光。马克思说，人们为之奋斗的一切，都同他们的利益有关。他又说，思想一旦离开利益，就一定使自己出丑。就是说，我们提政治口号并宣传解释时，一定要能和普通百姓的具体利益相结合。

什么是政治？政治学的解释是：政治是人民群众将自己的权力出让出

来，委托给一个公共权力机构来执行。这个机构可以是执政党，也可以是政府。这里有几点本质之处常被掩盖忽略：第一，这权力属于人民，执行机构不过是代行；第二，代行之时要能提炼、概括人民的具体要求，使之上升为一项方针政策，凝结为一个口号；第三，这口号必须为群众所理解，与其利益紧密关联。这三者哪一个环节缺失或欠完美，都将影响政治运作的效果。至少宣传工作者要懂得这个政治规律和宣传艺术。

其实这规律和艺术也很简单，就是能不能从老百姓的目光来看政治，能不能把一个政党、政府的大政方针翻译成群众语言，能不能把一个时期的政治任务的本质和群众关心的具体利益相联系。毛泽东说，政治就是把我们的人搞得多多的，把敌人搞得少少的。孙中山说，政治就是管理众人之事。反正，你的政治目标要与老百姓的利益相联系。联系得好就成功，联系得不好就失败，这已为无数历史事实所证明。

李自成起义，他的口号是“迎闯王，不纳粮”，一下就说到赋税重压下的农民的心里，从者如云。我们在解放战争时期的口号是“保卫胜利果实”，分得土地的农民就踊跃参军。而抗美援朝的口号是“抗美援朝，保家卫国”，八个字将国际义务、爱国精神和“保家”的具体利益都概括进来。这对新中国刚成立正在建设幸福家园的群众来说很好理解，很有感召力，堪称政治动员口号中的精品。改革开放之初，对农村大包干的概括是“交够国家的，留够集体的，剩下的全是自己的”，对推动农村改革也极具号召力。

其余各个历史时期，各种新政策出台时，都有一些好的动员口号，如环保方面的口号“要金山银山，也要绿水青山”，教育方面的口号“再穷也不能穷教育，再苦也不能苦孩子”，都很有号召力。一般来讲，越接近基层，宣传就越能联系实际。一次我到甘肃采访，车在无人的田野上行驶，路边埋着光缆。一条红色立地标语映入眼帘："光缆无铜，偷盗判刑。"它讲得再明白不过，光缆里面没有铜，你偷了也无处可卖，还要判刑，何苦呢？八个字，把最要害的利益说得清清楚楚，还宣传了科普知识。这虽是一条标语，却比站一个警察还有效果。

政治是什么？就是最大多数人的利益，老百姓的利益。让百姓知道自己的利益所在，自觉去行动，这是管理者的责任，也是管理的艺术。

有感于干部不会说话

在一次干部座谈会上，主持人一再提醒与会者讲实例，讲自己的理解和认识，但一天下来仍是千篇一律，个个如念文章、读文件。结果弄得听者呆坐，记者叫苦。现在某些干部学历挺高，文化不低，却为何“不会说话”了呢？

细细观察有三种“不会说话”：一是离了稿子不会说。某些干部张口就是拿稿来，讲话必要稿子，甚至主持会议的几句开场白、结束语，包括感谢、鼓掌之类的话也要打印工整。真不知道这样发展下去，请客宴宾是不是也要备下“请饭词”，与菜单同步置于桌面，每菜一句，直到“再见，慢走”。讲话不是不能用稿，重要的场合不仅必须用稿，而且还要反复讨论几易其稿。但如果没有稿子就不能讲话，这已不是说话的能力问题，而是为政者的为政资格问题。

二是交流性的话不会说。常见一些讲话者一念到底，听者反应如何、会场效果如何全然不管，讲完了就完了。讲话是一种交流，在会场上讲话虽不能如朋友聊天那样一来一往，但总要看看听者的眼神专注不专注，会场气氛集中不集中。现在科学已发展到人机对话、人机交流，连电脑都能感知人的情绪，根据人的要求应变，而我们一些干部反倒成了落伍的机器，许多会开得不生动，讲话不引人，就是因为讲者缺乏这种随机应变的本事，而这本是一个常人最普通的本能。成语“对牛弹琴”，就是说不看对象，不求效果。人家来开会，听你讲，是带着问题来，想解决问题。对这些不管不顾，只能说明讲话人或是官僚主义应付差事，或是不具备分析问题的能力和应变的智慧。如果考察干部，只看这一条，就能看出他的工作态度及智商的高低。

三是举例说明不会说。这说明他没有干多少实事。人总是在用思想指导行动，干部指导工作除了有思想，还要有典型，这叫有虚有实。但许多干部在讲话时却只虚不实，你让他举例说明，他做不到，即使做了，也例不证理，驴唇不对马嘴。因为平时本来就少调查研究，心中没有典型，没有自己的切身体验和悟出的道理，从来没有完成过一个实践——理论——实践的全过程。中央文件传到省，省到县，县到乡，等到向上汇报时，嘴上说的还是文件上的话。一个不会用自己亲力亲为的事例来说明问题的人，在思维上必然没有从感性到理性的转换功能，在工作上也绝对不会有什么新创造。

如果离开稿子不会说，回答问题不会说，举个例子不会说，还会说什么话呢？就剩下官话、套话、虚话、假话，工作也成了演戏、念台词、走过场了。这种干部要之何用！

官场说官

因为一直在媒体工作，随手写下一些谈干部工作、生活的文章，出版社集为《干部修养谈》，其实名“官场说官”更合适。我先是当记者，接触官场；后自己也更进了官场，有了直接体验；退下来后又在一旁静观。总之，都是近距离观察，亲身经历。

近距离看到了什么呢？涉及法律的贪腐大事不说，道德、作风修养方面较普遍的有三类。一是假大空，搞形式。如会议多、文件长、讲话空、摆场面等，形式主义已经到了自己也分不清是真是假的程度。有一次采访，听官员汇报，只是低头念稿。我实在忍不住，提出一个简单的要求，能不能不看稿，请抬起头，眼睛看着我。对方立即手足无措，不会说话。干部成了演员，离开台子就不会演，这是很可怕的。书中《开会与讲话》《老百姓怎么看政治》就是谈这类问题。

二是私心难除，虽也吃苦耐劳，办了不少好事，但总留有一个“私”字的尾巴，要表现自己，好虚名，要回报。如给自己立碑、出书，如卖弄才艺，好表演。这也可怕，一个身担重责的干部，虚名都不舍，何谈牺牲？书中《大干部最要戒小私》《碑不自立，名由人传》属此类。

三是人格不独立，这是封建遗毒。人格上的低头弯腰，必然发展到组织上的拉帮结伙，这也很可怕。习近平讲，党内不能搞人身依附关系。干部都是党的干部，不是哪个人的家臣。近来揭发出来的高干结帮犯罪就是这种性质。书中《对国家领导人不要称爷爷》《一把跪着接过的钥匙》是谈这个问题。当然主流方面是好的，书中还有许多正面论述，如《老祖宗不能丢》《朱镕基不修传》《李瑞环的文风》等。

治国先治吏，无论是党务、政务，干部队伍的建设一直是头等大事。干部者，骨干、干练部分之谓也。它是一个团体、一项事业的核心，也是一种信仰、一种理想的示范者。中国古代提倡“以吏为师”，我们讲榜样的力量。遵纪守法是红线，思想修养是功底。过去讲修养主要讲党性修养，现在看来还不够。这一方面是因为事业发达了，党外干部增多；另一方面，党性是最高要求，而修养则需要一个更宽大的基础，塔基要大，修养才稳。所以，除过去讲的党性修养外还要加上三条：一是理论修养，需要重温马、恩、毛、邓的书，结合新实践读懂原理。因为我们是从这个基础上发展起来的，从这条路上走过来的，老祖宗不能丢，历史不能割裂。二是知识修养，应多读点社会科学方面的书。有的错误是私心、虚荣、好大喜功造成的，有的是无知使然，如《为什么不能用诗作报告》。三是人格修养，干部、党员，首先是一个普通人。在一个团体中，人格独立，才能民主团结；一个社会上，人格健全，才能政治清明。这不只是共产党的要求，古今中外都如此。干部修养实际上是社会文明的标志，是社会风气的先导。

朱镕基不修传

《朱镕基讲话实录》出版了，里面一则资料很有趣。有人要为他写传，他就给人家写信说："我必须明确表态，千万不要这么做。国事艰难，舆论纷杂，飞短流长，诚惶诚恐。如再授人以柄，树碑立传，罪不可逭。千祈停止撰写一切涉及我的回忆或评论材料，并代我广告亲友，不胜感激之至。"

借权出书立传在各级官员中已成趋势。方式有两种：一是自己写回忆录、日记，亲自立传；二是动用权力、财力，组织他人为自己立传——或二者并举。于是书市就多了一些垃圾，历史就多了一些包袱，同时也多了一点幽默，留下了一些笑话。

凡有资格立传者，必是干过一点大事，在社会上有一定的影响，有一定的知名度的人。传者，传（chuán）也，能传给后人一点东西才有价值。既然是为后人而立，那就让后人去做，从来都应是政声人去后。你看，凡史上有价值的传记都是经过岁月的沉淀，由后人从容道来。但急于立传者不这么看，理由是"趁我在世好核实材料"。说是核实却常是隐恶扬善，添枝加叶，自为粉饰。还有一个潜台词是“有权不用过期作废”，趁着在任，何不享受一下吹捧的泡沫？说到底是私心加虚荣。

过去帝王和权贵常在生前大修陵墓，为的是死后再延享生前的荣华尊贵。生前立传有如活人修墓，也是此意。但这实在靠不住。陶渊明有诗：“亲戚或余悲，他人亦已歌。死去何所道，托体同山阿。”陶渊明比今人还懂得唯物辩证法。连亲人也只有短时余悲，外人能念你几时？如果你没有干成一点大事，有何理由让人记住？如果你干了大事，历史又怎能忘记？再说既为官就是以身许国，还要这点虚名干什么？你看第一代领导人，毛、刘、周、朱等，没有一个人生前修传，周恩来连骨灰都不留。方志敏为敌所俘，敌兵搜遍全身并无分文。他当然也没有想到此生要为自己留一本传记。开国将帅，许多人身上都留下了累累弹痕，但谁也没有想到要给自己留本传记。再往上推，文天祥被俘九死一生，在狱中写了一首《正气歌》，他没有想到去写自传；司马迁是中国传记文学的鼻祖，写了许多至今还熠熠生辉的人物列传，却没有为自己写一个小传。封建社会的皇帝也懂得这一点，在位时不给自己修传，而是听由后人根据他的行迹来评说。传者，写人不写己，传世不娱时。

朱镕基不让人为自己修传的理由有二：一是“国事艰难”，顾不上干这种事。一个高官“居庙堂之高则忧其民”，有心忧天下，无心抹脂粉。二是干这种傻事必将“授人以柄”，传为笑话。他说，我脾气不好，就以“有容乃大，无欲则刚”为座右铭。朱的严厉是出了名的，性格直率，容易冲动，在任上骂人无数。朱说：“你没有贪欲，你就刚强，什么也不怕。”其实，不贪让人刚强，更让人冷静。朱镕基在修传这件事情上就不肯上当。他说：“千祈停止撰写一切涉及我的回忆或评论材料，并代我广告亲友，不胜感激之至。”你看，又求人家，又感激人家不要给他写传，真是每临大事有静气，只缘心中无私欲。其实老百姓对公务人员的要求就是少点私心，多点真话，这是底线、最低要求。但不少官员硬是连这一点也做不到，反而私随权增，利令智昏，授人笑柄。

宋子文怒辞外长

民国时期宋子文在蒋政权里任外交部长。国民党政府从成立到垮台几乎都是在风雨飘摇中，内忧外患，焦头烂额。弱国无外交，在这样的时候出任外长，应该说没有什么故事，但故事恰恰在他的身上发生了。

1945年世界反法西斯战争接近尾声，美、英、法三巨头在雅尔塔开会，决定苏联出兵东北，同时默许外蒙古独立，实际是投入苏联的怀抱。国民党政府大惊，派宋子文带团赴苏交涉。斯大林态度蛮横，绝不让步。蒋只得去电指示，以苏支持国民党、不支持共产党等为条件，同意外蒙独立。1945年8月14日《中苏友好同盟条约》在莫斯科签字。宋子文认为，日寇未退，外蒙又失，怎么向国人交代？拒不签字，并提出辞职。后来这个条约由新接任的外长王世杰代表中国签字。

弱国无外交，但不一定没有硬臣。当一国之势较弱又无法立即扭转时，吃点亏是没有办法的。但至少在外交上要伸张正义，要有人来出来表现一股正气，以存民族精神的火种。楚虽三户能亡秦，只要这口气在，国失亦可复得。历史上也有许多弱国强臣的例子，最著名的是蔺相如使秦。秦强赵弱，秦王以势压人，既想要和氏璧又不给土地，蔺就做持璧撞柱状说：“你不践约，我人玉俱碎！” 秦王无法，蔺完璧归赵。当此时也，席前柱下，已与秦强赵弱无关，只有正邪之辨、曲直之别和使者的胆量大小、人格高低之分了，这时赢的是一口气。其他如文天祥使元，曾纪泽使俄莫不如此。外交上有一句话：“不辱使命。”就是不辜负重托，不丢国格。相反，有时强国也有懦臣，虽理在势在，还是要奴颜婢膝。儒家修养中有一句话：达则兼顾天下，穷则独善其身。这个“独善其身”不是保官、保命、保妻子、保既得利益，而是保住人格的底线。宋子文在外长任上没有签这个条约，虽没有保住疆土，但保住了正气，保住了外交的面子。当然，形格势禁，作为弱国总得有人去低头来签字。但让别人去签好了，我这个外长不能签，而且立即就辞，羞于留任其职。相信他做出这个决定是仔细权衡过的，辞去外长是件大事，这一要冒舆论压力，二要得罪蒋和政府，三要丢了饭碗。但这对个人来说是一种守节，对国家来说也是一种对外的抗议。高官、厚禄、大权，苟非吾意之所合，一刻而不留。虽然，宋子文完全可以不这样做，他已尽了力，又是受命而为，不辞职也没有人指责，但是他良心上过不去。

在民国精神中有一个亮点，就是人格精神的独立，不合我意就辞职而去。这在此前的封建社会不多，君臣纲纪甚严，还没有这个氛围；在之后的新中国也不多，先是无限服从，驯服工具；后又跑官保官，保既得利益。民国正当旧专制之打破，如“文革”之新专制还未成，大局虽乱，精英层的人格精神却还颇有几分靓丽。1929年，刘文典任安徽大学校长，恰逢学潮，蒋介石召见却不让座，问：“你是刘文典么？”刘怒：“‘文典’是长辈叫的，不是哪个都有资格叫的！”蒋拍桌子道：“无耻文人！你怂恿赤党分子闹事，该当何罪？”刘大喊：“宁以义死！不苟且生！”欲向蒋介石撞去，幸被侍卫挡住。那时，无论是政界还是学界一言不合便辞职而去是平常事。本来，人一落地就有了生命，以后为了生活又谋一份职业，对官员来说这就是政治生命，一个官原来有两条“命”！但是人在官场身不由己，矛盾复杂，诸事纷繁，常逆我心。为表明心迹，到关键时刻除申明立场，据理力争外，有两个极端之法：一是辞职，自绝政治生命；二是自杀，宁死不从。一不要官，二不要命，还我清白，守住人格。“文化大革命”中自杀的多，辞职的却没有。因为政治生命这张牌早被人收走，你连以职相拼、相抵的资本也没有了，只剩下以死明志。刘少奇在被斗之初就提出带着家人回湖南或延安种地，但不得批准。政治猛于虎，宦海难自主。一个人，当你能自由表达意见时你不表达，就被绑上了战车；当你还能辞职跳车时你不跳，就被紧紧挟裹；当你连自杀的可能都没有时，就只有任人折磨了。

本来，这做官与做人说是一回事，又不是一回事。当官职之事符合自己的做人标准时就做官，这时官是实现人格精神的道具，做人做官是一回事；当官职之事有碍个人的做人底线时就去官辞职，保持人格独立，这时做人与做官就是两回事。而人格精神总是超时空的，它会大大超越官职这个道具，而永留史册，任人评说。宋子文是曾跟着蒋政权反共反人民的，也曾留下骂名，但他绝不卖国，一事不合就愤而辞职，不保官求荣，只这一点就振聋发聩，足可存于青史了。试看现在的官员，虽然嘴上常发着牢骚，可有哪一个肯辞职明志？当然也有“辞职”的，但多是因贪污、失职的“被辞职”，真正坚守自己的做人操守，有思想而主动辞职的鲜有所闻。可见官风日下，独立人格精神之式微。

普京走在空旷的大街上

网上视频播出，普京参加完自己柔道启蒙教练的葬礼后，拒绝记者、警卫的跟随，一个人行走在圣彼得堡空旷的大街上。

他紧贴着临街的窗户，走在窄窄的有点老旧的人行道上，一会儿又跨过一条马路，跃上对面的人行道，偶有行人看他一眼，也各行其道。

以我们的习惯思维，这首先有安全问题，其次还有老百姓的围观。我老觉得那临街的窗户里会随时伸出一把手枪，或者路边会有人下跪上访，给一个难堪。但是没有，普京只是自顾自地走着，别的行人也没有大惊小怪。官不觉官，民自为民，这是一种多么平静的政治生态。微风吹起普京西服的下摆，他扬起头，甩着一副摔跤手的臂膀，目光向前。我不知道他在想什么。是想安静一会儿，还是想看看这片他治下的土地？他难道就不怕安全不保？不怕有人来纠缠？但从画面看，他一身胆气，淡定自然。这不只是因为他柔道出身，有一身好武艺，还因为他别有一种政治上的自信。

这场面又令我联想起几个镜头。毛泽东当年也常这样一个人走在延安的大街上，不时和迎面而来的农民打招呼。这有斯诺的《西行漫记》为证，也曾有一张他双手叉腰与人说话的照片。周恩来喜好话剧，20 世纪 50 年代他常去看“人艺”的戏，夜戏散后就和回家的演员一起，同行在北京后半夜空旷的大街上，热烈地讨论着剧情和演技。德国女总理默克尔下班后就到超市买菜，还排队交钱。法国总统希拉克是个大个子，也爱一人漫步巴黎街头。一天他发现一个小孩紧随其后，便回身问：“是要签名吗？”孩子说：“不，不需要签名。天热，我走在你的影子里凉快些。”童言无忌，他大惭，人民不看重他的虚名，而是要他给民以实惠。当晚，他写了一篇《我愿给你们带来阴凉》的讲稿，后来引入他的施政纲领。

这里引出了一个问题：政治家或者我们的干部，与群众应该是一种什么样的关系，他自己应该是一种什么样的常态心理？中国人经历了“文化大革命”的特殊岁月后，深刻地懂得了一个真理：领袖是人不是神。不但一般人从政治现实中深切地明白了这一点，党也将此作为一种政治经验总结成文件。1980 年 7 月 30 日中央通过少宣传个人的五条规定，同年 10 月 20 日又通过决定，二三十年内不挂现任中央领导人像，防止个人迷信。可惜，中央带头了，基层却很“牛”。有些人经常表现为无事忙，有事慌；对下欺，对上瞒；对内硬，对外软；无事拿架子，有事扶不起。我出差就不止一次地遇到“清街”“闭景区”等。共产党本来是为人民服务的，一个服务员去服务的时候怎么能让被服务者回避呢？当然更不能敲锣打鼓，像刘邦还乡那样。正常地生活在人民群众中，这不仅仅是对共产党政治家的要求，一些进步的资产阶级政治家，甚至封建政治家也能做得到。但现在我们却还是不得不从最基本的说起，时时提醒干部不要脱离群众，不要害怕群众，不要画地为牢，不要“作秀”，也不要哗众取宠。要学会先自自然然地做人，再兢兢业业地做事。

但政治家毕竟不是一个普通的人，他要有特殊的机敏和坚定的信念，虽不“作秀”，却必须做事。几乎与这个独步街头的画面同时，电视台还有一个画面是普京怒斥日本记者的挑衅。日本首相安倍与普京会谈后共同举行记者招待会。这应是一个严肃的场合，安倍在喋喋不休地讲话，普京在一旁无聊地玩着手中的一支笔。我立即想起奥巴马对普京的印象：“他很随便，就像一个坐在后排的懒散的学生。”但是，当一个日本记者问普京：“为什么俄在‘北方四岛’继续修建地热发电站？这是日本绝不接受的举动。俄什么时候能停止推行这一十分令人气愤的政策？”普京，这个打盹的老虎，立即犀利地回答：“我发现您是在认真地读写在小纸条上的问题。我想请您向指示您提问的人转达以下内容：这些领土问题不是我们制造出来的，这是一百年前就有的历史遗留问题。如果您想捣乱，继续直接提出强硬的问题，那您也一定会直接得到强硬的答案。”这是打狗给主人看，在一旁的安倍如坐针毡，但也无可奈何。普京是无事散，有事强；对内柔，对外刚。这又使我想起当年毛泽东在中国还不得不依赖苏联的情况下，在谈判桌上痛斥赫鲁晓夫：“是不是想把我们的沿海都拿去？”还有，邓小平在人民大会堂对因香港问题来访的英国首相撒切尔夫人说：“主权问题绝不能谈判。”震得“铁娘子”出门就跌了一跤。还有陈毅那段有名的外交逸事。有外国记者问及陈毅“中国是否好战”，陈毅拍着桌子怒道：“我们等候美帝国主义打进来，已经等了十六年。我的头发都等白了。或许我没有这种幸运能看到美帝国主义打进中国，我的儿子会看到，他们也会坚决打下去。”

我曾有诗言：“宠而不惊，弃而不伤。丈夫立世，独对八荒。”政治人物算得上是有作为的大丈夫了，切不要自宠、自伤。他要独对的是各种复杂的问题，是整个国家、整个世界，是一片空旷的未来。为了对得起这个职位、这个局面，他首先内心得自然坦诚，宁静致远。古人言“居官无官官之事”，就是说不要走路坐卧总把自己当个官。无论是毛泽东在延安的街头，周恩来同演员谈戏，还是希拉克与儿童对话，普京逛街，默克尔买菜，他们都有一个坦诚的我，不是总拿自己当个官。然而，他们又随时不忘自己的责任，该变脸时就变脸，敢变脸。无论是普京怒骂记者还是邓小平斥“铁娘子”，都是为国家利益而担当，这时又没有了自我，只有官身、官责。这大概就是毛泽东评价自己时说的“一半猴气、一半虎气”。能公能私，能我能国，或猴或虎，是为真男子。普京脚下踩着一片坚实的土地，行走在一条空旷的大街上，任我行，不“作秀”，不回头。

官员答记者问的十四个不要

因为长期从事新闻工作，经常采访官员和参加各种官员举办的记者招待会，总觉得我们官员答记者问的水平还待大大提高。这首先是一个认识问题、态度问题，然后才是技巧问题。答记者问是现代政治的一种运作手段，是政治文明的一部分，是主动提供信息、表达沟通意愿、争取民心、获得支持和改进工作的重要途径。切不可有应付、对抗的心理。以低标准来要求，起码须做到十四个“不要”。

1. 不要做报告。答记者问是有问才答，不问不答。虽有时也可借题发挥，但不可太多。常见的毛病是不管人家问什么，只管念自己事先准备好的稿子，做了一个小报告。甚至是故意占住时间，怕人多问。

2. 不要抖家底。一些地方官，不管回答什么，总要不厌其烦地将自己所辖地的土地、人口、物产、产值，甚至山川、历史、气候，全都抖落一遍。这些并不能见报，也无人关心。

3. 不要居高临下。答记者问就是答客问，对客人要尊重、客气。和气生财，谦虚生威。

4. 不要环顾左右而言他。这样不礼貌，人家觉得你心不诚。相反，答问时你最好始终看着对方的眼睛，人和人的交流主要靠语言，而无言的交流主要靠眼睛。语言加眼睛，诚恳而生动。

5. 不要以不变应万变。不要用外交辞令，否则会给人“滑”的感觉，自以为得计，其实有损形象，吃大亏。

6. 不要有对抗心理。所提问题有时可能尖锐，但不必介意，不要立即摆出一副防范、抵抗状，这样问答将无法进行。

7. 不要念稿子。凡问答都是即时的，试想，你与亲人、朋友谈话，或者你年轻时谈恋爱，是否也先有一份稿子？有稿子，就有其心不诚、其人无能之嫌。

8. 不要上专业课。答记者问就是通过媒体普及你的思想、你的观点，你讲得又专又深就等于白说。钱学森要求大学毕业生交两篇论文，一篇专业论文，一篇科普文章。真懂是能深入浅出。官员也要有两种本事：一是起草文件，写工作报告；二是动员群众，包括回答记者。

9. 不要假装幽默。幽默是宽余的表现，是达到目标的同时还有一点花絮，如篮球的空中扣篮，足球的倒钩射门。没有真本事，不要幽默。许多官员以为答问时幽默就能得分，结果身子能倒钩，球却进不去，弄巧成拙。

10. 不要借机捧上级。大型记者招待会，有时是各级官员出场，由最高官员主持。常有低级官员借答记者问捧上级，让人肉麻。虽面向记者，却心系领导，这是封建政治、奴性人格的表现，无论民主政治还是现代传媒都无此内容。

11. 讲话的前奏不要太长。答问，是接问作答浑然一体，如太极拳之借力发力，四两拨千斤，一开口即要接上记者的问话，不要自加前奏，自泄其气，反招人烦。

12. 讲话不要超过五分钟。长则有水分，长则惹人嫌。

13. 不要讲空话、套话。你要明白这些话统统不会见报，所有的记者都是挑最有个性的材料和语言来写稿。

14. 不要向记者发脾气，更不可动粗，否则弄不好会身败名裂。就算已看出是对方设的圈套，也要机智地、有风度地绕过去。

这十四个“不要”所否定的行为，都是我在记者招待会上屡屡看到、现仍在发生着的。特整理奉上，以资官资政。

申遗中发现的另一份遗产

报载中国向联合国申报的丹霞地貌世界自然遗产通过，媒体一片欢呼。广东丹霞山管理局的老总给我打电话说："邀请你来丹霞山一行，好好地为我们写一篇文章，扩大宣传。"我接完电话却神情黯然，怎么也高兴不起来。此时我心里挥之不去的却是另一份遗产，一份沉重得让人喘不过气来的遗产。

丹霞山处于广东与湖南的交界处，在韶关市郊，名声在外已有些年。我与丹霞山失之交臂有两次。第一次是近五十年前的 1966 年 10 月，那时还是学生，乘火车南下，在韶关车站小停，仰望山顶，很奇怪那整座山体的火红。又传说山顶有太平天国时洪秀全的妹妹率女兵营驻扎的遗址，很想一游，这一念竟在心中埋藏了近五十年。

今年我参加了全国人大的一个检查团到广东，听说此行要到粤北韶关，心中暗暗高兴，想或许可以了却这个宿愿。一下车，省人大工作人员中有一位老张主动和我拉呱说，他是中学语文教师出身，曾在课堂上教过我的课文《晋祠》。又说此行日程中有韶关，可顺便看看刚申遗成功的丹霞山，一定要为当地留一篇文章。我说，已多年不写山水题材了，怕写不出。话虽这么说，心里却痒痒，便留心收集资料。正好我们用的车是从旅游局租来的，车上有一本介绍韶关丹霞地貌的大画册，十分详细。长途行车无事，别人闲聊或打瞌睡时，我就细读画册，并做了摘记，甚至还画了几张草图。山区公路颠簸，我本子上的字和图就成了蝌蚪文，老张坐在我的侧后，高兴地说："看来这次梁总是一定要写了。"我却还是不敢应承，只说："长途无事，顺便翻翻这本资料。"他说："明天是此行的最后一天，公务一结束，就安排上山。"我想这回真要了却五十年的心愿了，这么想着心里倒有一丝的甜意。

第二天上午，检查工作结束，大家都觉得下午要去丹霞山了。但下午车队一出城却兵分两路。团长，连其家属、秘书、警卫一行，去丹霞景区，其余的人被随便安排去看一个普通山洞。问之原因，说是为了首长的安全。天啊，这个检查团，团长是副国级，主要团员是副部级以上，会有碍团长的安全？有碍她的方便？况且全团出京已走了两个省，工作半个月，朝夕 相处，开会、座谈、看点，前呼后拥，怎么不觉得有碍？今日倒突然生分起来？车出城后，两队各自东西，我忽想起曹植的《七步诗》，但默念时却是这样的句子："本是一个团，参观各东西。行旅未结束，相分何太急。"这里特别有讽刺意味的是：这是一个人大工作团，大家在身份上都是平等的人大代表，如果从社会知名度上讲，可能有的还高于团长。这几个人都不得接近首长，那普通工人、农民又将如何？这几个人都要回避，整个景区清场，当然更是"自然"的事。这样，还一路侈谈什么实践民主，做人民的公仆。但是，接待者只认级别，拍好首长的马屁是唯一的原则。我们几个人一时无言，车里一阵沉闷。我不知道那个车上的人此时怎么想。

五十年后我又一次与丹霞山失之交臂，心里一阵隐隐作痛。那一次没能上山，是因为还是个穷学生；这一次是因为首长在此，请勿靠近。

晚上，老张专门到我的房间说：“很对不住，没能去看丹霞遗产。以后一定专门请你一次，还由我们接待。”我知道他一个普通工作人员的无奈，便说：“请转告你们领导，这样的安排有损你们的‘省格’。这次我没能看成丹霞遗产不是我的损失，恐怕是你们的损失。你们失去了一次向外宣传、推介景区的机会。更可怕的是让人看到了一种弯腰示上、奴颜屈膝的人性在我们的官场涌动。这正是当年鲁迅奋力扫荡的中国人的奴性。这才是你们真正继承了的‘最好遗产’，怎么没有拿到联合国去申遗？”

作者附记

这本是多年前的一段笔记，不准备发表。但这种社会现象有增无减。读最近出版的《十八大以来重要文献选编》，收录了习近平同志在中纪委的讲话，痛斥这种特权现象，指出：“这些特权现象严重损害了社会公平正义，引起了群众极大不满。我们决不能见怪不怪啊！否则，群众是要戳脊梁骨的！”又强调，不能把党组织等同于领导干部个人，对党尽忠不是对领导干部个人尽忠，党内不能搞人身依附关系。干部都是党的干部，不是哪个人的家臣。说得何等的好啊。于是想到将这篇文章整理发表，以佐证开展党风教育之必要。

说学问

说经典

什么是经典？常念为经，常说为典。经典就是经得起重复，常被人想起，不会忘记。

常言道“话说三遍淡如水”，一般的话多说几遍人就要烦。但经典的话人们一遍遍地说，一代代地说；经典的书，人们一遍遍地读，一代代地读。不但文字的经典是这样，就是音乐、绘画等一切艺术品都是这样。一首好歌，人们会不厌其烦地唱；一首好曲子会不厌其烦地听；一幅好字画挂在墙上，天天看不够。甚至像唐太宗那样，喜欢王羲之的字，一生看不够，临死又陪葬到棺材里。许多人都在梦想自己的作品、事业成为经典，政治的、文学的、艺术的、工程的等等，好让自己被历史记住，实现永恒。但这永恒之梦，总是让可怕的重复之手轻轻一拍就碎，它太轻太薄，不耐用，甚至经不起念叨第二遍。倒是许多不经意之说、之作，无心插柳柳成荫，一不经意间成了经典。说到“柳”，想起至今生长在河西走廊上的“左公柳”。一百多年前，左宗棠带着湘军去平定叛乱，收复新疆。他一路边行军边栽柳，现在这些合抱之木成了历史的见证，成了活的经典，凡游人没有不去凭吊的。“统一战线，武装斗争，党的建设”是中国革命的三大法宝，是中国共产党打天下的经典，1939 年陕北公学的一批学生毕业要上前线，毛泽东去讲话说：“《封神演义》里姜子牙下山，元始天尊送他三样法宝：打神鞭、杏黄旗、四不像。今天我也送你们三件宝：统一战线、武装斗争、党的建设。”经典就这样产生了。莎士比亚有许多话，简直就是大白话，比如，“是生还是死，这是一个问题。”还有托尔斯泰《安娜·卡列尼娜》的开头，“幸福的家庭都是相似的，不幸的家庭各有各的不幸。”这些话被人千百次地模仿。就是《兰亭序》也是在一次普通的文人聚会上，王羲之一挥而就。当然，经典也有呕心沥血、积久而成的。像米开朗琪罗的壁画《末日的宣判》，一画就是八年。不管是妙手偶成还是苦修所得，总之，它达到了那个水平，后人承认它，就常想起它，提起它，借用它。它如铜镜愈磨愈亮，要是一只纸糊灯笼呢？用三五次就破了。

经典所以为经典，原因有三：一是达到了空前绝后的高度；二是上升到了理性，有长远的指导意义；三是经得起重复。

经典不怕后人重复，但重复前人却造不成经典。

文化的发展总是一层一层，积累而成。在这个积累过程中要有个性，能占一席之地必得有新的创造。比如教师一遍一遍讲数理化常识，如果他只教书而不从事科研，一生也不会造就数学或物理科学方面的经典。因为只有像牛顿发现了万有引力，像伽利略发现了重力加速度，像爱因斯坦发现了相对论等，才算是科学发展史上的经典。马克思创造了无产阶级专政理论，毛泽东创立了农村包围城市理论，邓小平创立了中国特色社会主义理论等，这都是无产阶级革命和建设的经典。它是创新，不是先前理论的重复。唐诗、宋词、元曲，书法上的欧、颜、柳、赵，王羲之的行书、宋徽宗的瘦金书，都是中国文学艺术史上的经典。因为在这之前没有过，实现了“空前”，有里程碑的效果。我们回望历史，就会看到这些高峰，它们是一个永远的参照点。

经典又是绝后的，你可以重复它、超越它，但不能复制它。

后人时时地想起、品味、研究经典的目的是为了吸收借鉴它，以便去创造自己新的经典。就像爱因斯坦超越牛顿，爱翁和牛顿都不失为经典。齐白石谈到别人学他的画说：“学我者生，像我者死。”因为每一个经典都有它那个时代、环境及创造者的个性烙印。哲学家讲，人的一生不能两次跨过同一条河流。比如我们现在写古诗词，无论如何也不会有李白、李商隐、李清照的神韵，岂止唐宋，就是郭小川、贺敬之也无法克隆。时势异也，条件不再。你只能创造你自己的高峰，唯其这种“绝后”性，才使它高标青史，成为永远的经典。

我们对经典的重复不只是表面的阅读，更是一次新的挖掘。

经典所以总能让人重复、不忘，总要提起，是因为它对后人有启示和指导价值。“绣出鸳鸯凭君看，莫把金针度与人”，经典不只是一双锦绣鸳鸯，还是一根闪闪的金针。凡经典都超出了当时实践的范围而有了理性的意义，有观点、立场、方法、思想、哲理的内涵，唯理性才可以指导以后的实践。理性之树常绿。只有理性的东西才经得起一遍一遍地挖掘、印证，而它又总能在新的条件下释放出新的能量。如天然放射性铀矿一样，有释放不完的能量。范仲淹说：“先天下之忧而忧，后天下之乐而乐。”司马迁说：“人固有一死，或重于泰山，或轻于鸿毛。”邓小平说：“不管白猫黑猫，抓住老鼠就是好猫。”这都是永远的经典，早超出了当时的具体所指而有了哲理的永恒。就是达·芬奇的《蒙娜丽莎》的微笑，朱自清《背影》中父亲饱经风霜的背影，小提琴曲《梁祝》中爱的旋律，还有毕加索油画中的哲理，张旭狂草中的张力，也都远远超出自身的艺术价值而有了生命的启示。

总之，经典所以经得起重复是因为它丰富的内涵，人们每重复它一次都能从中开发出有用的东西，像一块糖，因为有甜味人才会去嚼。同样，一篇文章，一幅画或一个理论，能经得起人反复咀嚼而味终不淡，这就是经典与平凡的区别。一块黄土，风一吹雨一打就碎；而一颗钻石，岁月的打磨只能使它愈见光亮。

说兴趣

过去一说某名人怎么成才，总讲如何坚忍不拔、刻苦努力，其实这些都是有了兴趣之后的事。他能有成就，首先是因为他对那件事有兴趣。兴趣是什么？就是人追求完美事物的一种本能，没有听说过谁专门对丑的、坏的、恶的、苦的有兴趣。孩子对糖块有兴趣，姑娘对打扮有兴趣，青年对恋爱有兴趣，老人对忆旧有兴趣。人们对休闲、娱乐、美食、华服、好房子、好车都有兴趣，因为这样活着就舒服。但只满足于此也不行，时间长了就要退步，要堕落，于是人们对学习、开拓、创造也有兴趣，这样人类才会活得更美好。有兴趣，有各种各样的兴趣，是人的天性，人要学会开发自己的天性，要发现兴趣、保护兴趣、扩大兴趣。这不用专门去教、去辅导，你只要不压抑、不干扰它就行。就像水，一打开闸门就自然往下流；像烟，你一点燃就自然往上走。

信佛者到处拜佛，佛经上说，你不必拜，佛就是你自己，只要你想成佛，就能立地成佛。如果你能发现自己内心深处对某种事物的强烈兴趣，你就立地成佛，你想成为什么样子，就能成什么样子，这才是一个最厉害的秘密武器。老师、家长总是怕孩子不学习，总嫌孩子不努力，“新松恨不高千尺”，其实，你不要急，也不必“恨”，更不要那么“狠”，搞得孩子们眉头常皱，心存压力。你只需细心地去发现他到底对什么有兴趣，就像发现落叶下的一棵春笋，只需浇一点水，一回头，它就蹿高好几米。园丁的作用不是用剪子把花草剪整齐，而是用锄头把杂草锄干净。

生物学、人才学研究已经揭示，基因决定了每一个人身上都有某种特殊的才能。“天生我材必有用”，李白这句话是没有错的。兴趣是寂夜里飘着的萤火虫，常在你不经意时灵光一闪，有人及时捕捉到了自己的兴趣，有人却在兴趣敲门时木然无应，花自飘零水自流，错过了机遇。歌德的父亲安排歌德学法律，他却对文学、科学有兴趣；伽利略的父亲安排伽利略学医学，他却对物理、天文有兴趣。每一届诺贝尔奖公布后，记者总要向得主提这样一个问题：“你为什么要从事这项研究？”大部分人的回答是：“不为什么，就是因为对它感兴趣。”

兴趣是人的天性，但要成就功德，还得将它转化为目标和毅力，不达目的绝不罢休。达尔文小时候对生物有兴趣，一次，他在野外看见一只从未见过的甲虫，就用右手捉住；又见一只，即用左手捉住。这时又发现第三只，情急之下他将一只放入口中，腾出手来去捉第三只。不想嘴里那只甲虫放出一种辛辣刺激的液体，他“哇”的一声大叫，三只全跑了。可以看出，这时他的兴趣还是一种孩童式的天性。但是，由此出发，他后来毅然参加了贝格尔舰的环球考察，一走五年。每到一地，就采挖生物标本，托运回国。五年后他定居伦敦郊外潜心研究这些资料，冷板凳一坐就是二十年。1859 年终于出版了《物种起源》，创立了进化论，是目标和毅力巩固和延伸了他的兴趣。

如果要想有更大的成就，兴趣还得转化为责任和牺牲，特别是从事社会科学，必得担大责，才能有大成。比如许多文学少年，当初只是因语言优美、情节曲折而对文学产生兴趣，但真正要成为大作家，如鲁迅、如托尔斯泰，则非得有为时代、为民众立言的责任心不可。至于说到社会活动家更是要心忧天下，以身许国。兴趣只有在注入了目标和责任之后才算成熟，才能抗风雨，破逆境，到达胜利的彼岸。

总之，兴趣是成就人生的一粒种子，种瓜得瓜，种豆得豆。你先得找见自己的基因，是瓜还是豆，然后再说培育之事。有的人从一开始就没有弄清楚自己是瓜还是豆，或因环境所迫，瓜秧爬上豆架，满拧着长；有的人知道自己是瓜是豆，春风得意，却耐不过夏的煎熬，等不到秋天的丰收。只有那些像达尔文一样，一开始就认定要收获一颗大瓜的人，栉风沐雨几十年，才能享受到秋收的喜悦。

笑谈真理又何妨

这个题目是我读初中时，在《人民日报》上见到的一篇文章的标题。文章引列宁的话意，说我们谈话写文章为什么一定要板着面孔？就是严肃的真理也可以笑着来谈，是讲宣传方式和效果。几十年过去了，我一直没有忘掉这个题目，因为天天读报，特别是读言论时，看到的仍是冷面孔多，笑面孔少。

一次参加作品评奖，有一篇题为《“揉屁股”现象及其他》的言论，终于使我笑了起来。文章说小时候惹了祸，父亲气得拉过来狠打一顿屁股，过后母亲又搂过来心疼地揉一揉。现在不少单位在报上挨了批评后，便要求接着发篇改正稿，甚至表扬稿，不发还不行，非得给“揉一揉”才算了事。此稿批评捧场、作假、护短甚至耍赖的社会风气入木三分，却又让人忍俊不禁，可谓笑谈真理。

真理的内容是一回事，表达方式又是一回事。许多重大的、艰深的问题，是可以通过轻松、幽默的方式来笑谈的。毛泽东一生大都在笑谈真理。重庆谈判，记者问：“和谈破裂，毛先生能战胜蒋先生吗？”他说：“蒋先生的‘蒋’是将军头上加棵草。不过草头将军而已。”说完大笑。又问：“那‘毛’字呢？”“我的‘毛’是毛手毛脚的毛，又是个反‘手’，代表大多数中国人民的共产党战胜国民党易如反掌。”这回连记者也笑了。这是何等的自信，又何等轻松。当大革命失败，许多人心灰意冷时，他说，革命高潮就要到来，是海上已露出桅尖的航船，是喷薄欲出的红日，是躁动于母腹的婴儿。革命快胜利了，我们要进城了，他说，这是万里长征第一步，要警惕糖衣炮弹。作为接班人的林彪突然叛逃，他说，天要下雨，娘要嫁人，由他去。科学家也在笑谈真理。有人向爱因斯坦请教相对论，他说，与老妪相坐日长如年，与漂亮的姑娘相坐时快如梭。法拉第做学术演讲，并表演磁变电实验，台下一位爵士说，可是这又有什么用呢？法拉第说，用不了多久它就会向你交税的。现在全世界用电创造的财富究竟有多少，谁能统计清楚？

真理是既深刻又平凡的。深刻是因为它反映了事物的本质，又常为表象所掩蔽；平凡是因为和人的切身利益有关，人人可以感受感知。新闻是不断通过信息（现象）的叠加，供读者分析认识事物；文学是通过故事的叙述让人认识社会的本质；理论是直接揭示规律给读者。笑谈真理则是借读者已经感受到的现象或道理喻知事物的本质，如诗歌艺术中的比兴手法，由此及彼，由浅入深，渐入佳境，更见效果。

真理而能笑谈，第一是作者拥有真理的自信，第二是他知识的渊博。笑，是胜券在握时表现出的轻松。两人辩论，理屈词穷的一方总是紧张得手心都出汗，而将胜一方可以一言不发，只以微笑来逼视对方的窘态。笑谈又是一种附加了形式美的对内容的阐述。像足球射门，可定点射入，也可凌空倒钩一脚射入，虽然都得一分，但后者更能博得观众雷动的欢呼。杂技舞台上的丑角恰是由水平最高的演员担任，他能在技巧之外又加进艺术（语言的、形象的），从而使观众获得轻松的享受。苏东坡词：“谈笑间，樯橹灰飞烟灭。”那是一种何等自信的实力的显示。

作者只有在吃透了自己所论的问题，同时在知识、语言、方法上又都绰绰有余时，才能笑谈真理，举重若轻，深入浅出，又真又美。

书与人的随想

在所有关于书的格言中，我最喜欢赫尔岑的这句话：书是行将就木的老人对刚刚开始生活的年轻人的忠告……种族、人群、国家消失了，但书却留存下去。

人类社会是一个连续发展的过程，我们常将它们比作历史长河，而每个人都是途中搭行一段的乘客。每当我们上船之时，前人就将他们的一切发现和创造，浓缩在书本中，作为欢迎我们的礼物，同时也是交班的嘱托。由于有了这根接力魔棒，所以人类几十万年的历史，某一学科积几千年而有的成果，我们都可以在短时间内将其掌握，而腾出足够的时间去进行新的创造。书籍是我们视接千载、心通四海的桥梁，是每个人来到这个世界上首先要拿到的通行证。历史愈久，文明积累愈多，人和书的关系就愈紧密相连。

现实生活中我们常常会发现一个新世界，比如海洋、太空、微生物等等，凡新世界都会给我们带来无穷的乐趣。但真正大的世界是书籍，它是平行于物质世界的另一个精神世界。有位养生家说："健康是幸福，无病最自由。”这是讲作为物质的人。大多正常的人刚生下来没有任何疾病，一张白纸，生机盎然，傲对现世。以后因风寒相侵，细菌感染，七情六欲，就灾病渐起，有一种病就减少一分活动的自由。作为精神的人正好与此相反。他刚一降生时，对这个世界一无所知，迷蒙蒙，怯生生，茫然对来世。于是就识字读书，读一本书就获得一分自由，读的书越多，获得的自由度就越大。所以一个学者到了晚年，哪怕他是疾病缠身，身体的自由度已极小极小，精神的自由度却可达到最大最大，甚至在去世之后他所创造的精神世界仍然存在。哥白尼一生研究日心说，备受教会迫害，到晚年困顿于城堡中，双目失明，举步维艰，但他终于完成了划时代巨著《天体运行》。到去世前一刻，他摸了摸这本刚出版的新书欣然离开了人世。这时他在天文世界里已获得了最大自由，而且还使后人也不断分享他的自由。

中国古代有人之初性恶性善之争。我却说，人之初性本愚，只是后来靠读书才解疑释惑，慢慢开启智慧。凡书籍所记录、所研究的范围，所涉及的东西，他都可以到达，都可以拥有。不读书的人无法理解读书人的幸福，就像足不出户者无法理解环球旅行者或者登月人的心情。既然书总结了人类的一切财富，总结了做人的经验，那么读书就决定了一个人的视野、知识、才能、气质。当然读书之后还要实践，但这里又用到了高尔基的那句话："书籍是人类进步的阶梯"，如果你脚下不踏一梯，你的实践又能走出多远呢？那就只能像一只不停刨洞的土拨鼠，终其一生也不过是吃穿二字。你可以自得其乐，但实际上已比别人少享受了半个世界。

一个人只有当他借助书籍进入精神世界，洞察万物时，他才算跳出了现实的局限，才有了时代和历史的意义。古语云“读书知理”，谁掌握了真理谁就掌握了世界。所以读书人最勇敢，常一介书生敢当天下。像毛泽东当年不就是以一青年知识分子而独上井冈，面对腥风血雨坚信必能再造一个新中国，他懂得阶级分析、阶级斗争这个理。像马寅初那样，敢以一朽老翁面对汹汹批判，而坚持到胜利，他懂得人口科学这个理。他知道即使身不在而理亦存，其身早已置之度外。

读书又给人最大的智慧。爱因斯坦在伽利略、牛顿之书的基础上，发现相对论，物理世界一下子进入一个新纪元。马克思穷读了他之前的所有经济学著作，发现了剩余价值规律，指出资本主义必然灭亡，一下子开辟了社会主义革命的新纪元。他们掌握了事物之理，看世界就如庖丁观牛，“以神遇而不以目视”，这是常人之所难及。所以从一定意义上讲读书造人，你要成为某方面有用的人，就得攻读某方面的书，你要有发现和创造就得先读过前人积累的书。毛泽东讲，从孔夫子到孙中山都要给以总结，历史也就真的产生了毛泽东、邓小平这样的巨人。这就是为什么一个民族的或者世界的伟人，必定是一个知识分子，一个读书人，一个读书最多的人。

我们作为一个历史长河中的旅人，上船时既得到过前人书的赠礼，就该想到也要为下一班乘客留一点东西。如果说读书是一个人有没有求知心的标志，那么写作就是一个人有没有创造力和责任感的标志。读书是吸收，是继承；写作是创造，是超越。一个人读懂了世界，吸足了知识，并经过了实践的发展之后才可能写出属于他自己而又对世界有用的东西，这就叫贡献。这样他才真正完成了继承与超越的交替，才算尽到历史的责任。写作是检验一个人的学识才智的最简单方法，写书不是抄书，你得把前人之书糅进自己的实践，得出新的思想，如鲁迅之谓吃进草，挤出牛奶。这是一种创造，如同科学技术的发现与发明，要智慧和勇气。小智勇小文章，大智勇大文章。唐太宗称以铜为镜、以史为镜、以人为镜，其实文章也是一面大镜子，验之于作者可知驽骏。古往今来，凡其人庸庸，其言云云，其政平平者，必无文章。古人云“立德立言”，人必得有新言汇入历史长河而后才得历史的承认。无论马、恩、毛、邓，还是李、杜、韩、柳，功在当世之德，更在传世之文，他们有思想的大发现大发明。我们不妨把每个人留给这个世界的文章或著作，算作他搭乘历史之舟的船票，既然顶了读书人的名，最好就不要做逃票人。这船票自然也轻重不同，含金量不等，像《资本论》或者《红楼梦》，那是怎样一张沉甸甸的票据啊。书的分量，其实也是人的分量。

不读书愚而可哀，只读书迂而可惜，读而后有作，作而出新，是大智慧。

书籍是知识的种子

一天，一位编辑给我送来一本大书，极好的画报纸，九寸宽，一尺三寸长，十五斤重，实在无法捧读。想放在书架上，插不进去，只好放在茶几上，压了八个月，茶几也不堪重负，不得已，将其请出了办公室。现在的书不求内容的凝练，却一味地追求形式的奢华，摆设功能正在悄悄地取代阅读功能。一次在大会堂碰见了出版界老前辈叶至善老人，他深有感慨地说："书是越出越多，越出越大，一些儿童读物也动辄几大卷，一厚本，孩子们怎么翻得动？"书出得多一些、好一些，本是好事，但徒求其形，不究其质，多而不精，就堪忧堪虑了。

既然读书的人都觉得太多太滥，编书的人为什么还一个劲儿地出呢？抛开经济利益不说，这里有一个贪大求名、以大为荣、大即有功、大可传世的大错觉。

一本书之所以成名传世，不是因为其字多大，而是因其内容之精，代表了当时某一领域的知识顶峰，后人可赖以攀登。历史上有没有大书，有。但它首先不是大而是精。《史记》是一本大书，从传说中的黄帝一直写到汉代，凡一百三十卷，五十二万字，作者整整写了十六年。它在记事、析理及文学艺术上都达到了一个精字，成了后人治史为文的楷模。《资治通鉴》是一本大书，但作者一开始就是从求精的目的出发，他深感到《春秋》之后到北宋已千余年，只主要的史书就已积存了一千五百余卷，书实在是太多了，一般知识分子一生也难卒读，因此有必要辨其真伪，撮其精要，写一本既存史实又资治国的好书。他精心工作了十九年，终于完成了这本以史为镜、明兴替之理的大书，大大影响了以后的中国历史。《资本论》是一本大书，但这主要不是因为它浩浩万言，而是因为它揭示了在这之前别人还没有发现的关于剩余价值的原理，从而揭示了资本主义必然灭亡的规律。无论是司马迁、司马光还是马克思，他们所完成的书虽然很大，但相对于从前浩瀚的书卷，却是精而又精了。

即使这样，一般读者对这种大书仍然不能通读，主要影响读者的还是其中精辟的章节和主要的观点。再大的书也只能把精髓集中于一点，就像关公的大刀再重，刀刃也是薄薄一线；张飞的蛇矛再长，矛锋也是尖尖的一点。精髓不存，大书无魂；精髓所在，片言万代。一篇《岳阳楼记》代代传唱，皆因其“先忧后乐”的思想；一篇《出师表》千年不衰，全在它“鞠躬尽瘁”的精神。文无长短，书无大小，有魂则灵，意新则存。所以，许多薄篇短章仍被作为宏文巨著载入史册，甚至有的还被史家以此来划分年代。

1543 年被认为是欧洲文艺复兴的开始，就是因为这一年出版了两本科学专著：维萨留斯的《人体结构》和哥白尼的《天体运行》。1905 年被认为是现代物理学的开端，因为这一年爱因斯坦发表了震惊世界的相对论。但这个宏论却是发于当年的《物理学纪事》杂志上的三篇薄薄的论文。

三十年后一支反法西斯志愿军缺乏经费，只求爱因斯坦将这杂志找出来将文章重抄了一遍，就拍卖了四百万美元，武装了一支军队，真是字字千金。这些书从字数来说比起我们现在动辄千万言的“大系”“全书”来，算是豆芥之微，但其作用之大却如日月经天。写书本来就是有话则长无话则短，现在却有点“学者不知书滋味，为成巨著强凑字”。

因常写东西，我有时也闭目自测，到底对自己的写作产生过重大影响的是哪些书，细想下来竟大都是一些短篇。中学时背过一些《史记》列传、唐宋文章，在以后的散文和新闻写作中，时时觉得如气相接，如影相随。打倒“四人帮”后，又得以重新细读朱自清、徐志摩，自觉又如被人往上推了一把。70年代末，无意中看到一本薄薄的新校点的《浮生六记》，语言之清丽令人如沐春风，一见就不肯放手，以后又研习再三，从中得到不少启发。写作《科学发现演义》时，知识和资料却全部来源于各种科普和科学人物的小册子。因为这些小册子都是从千年科海中打捞出来的最精的实货。大约一般人的读书心理总是寻找林中秀木、沙滩珍珠和羊群里的骆驼，总是想用最短的时间获得最有用的知识，所以小而精的书利用率最高。

本来书籍的功能就是积累知识，没有积累，不能把有价值的东西留传给后代，书籍就没有生命。前人论书的本质和功能大多集中于这一点。高尔基说：“书是人类进步的阶梯。”阶梯者，不断向前延伸也。赫尔岑说：“书，就是这一代对另一代人的遗训，就是行将就木的老人对刚刚开始生活的年轻人的忠告，是行将去休息的站岗人对走来接替他的岗位的站岗人的命令。”既然是遗训、忠告、命令，当然要尽量提炼出最重要的东西，然后再将其压缩在最精练的文字中，哪能像我们现在这样动辄百万言、千万言地拉杂。古人讲“立言”，言能立于世必得有个性，不重复，有创造。

所以杜甫说“语不惊人死不休”。我想顺着他的意思可以这样说：“语不惊人死不休，篇无新意不出手。著书必求传后世，立事当作空前谋。”牛顿说，他的成功是因为站在了巨人的肩膀上。那是因为巨人们用一本本的书搭成了一条台阶，托着他向上攀登。牛顿的脚下踩着哥白尼的《天体运行》、伽利略的《对话》，而爱因斯坦又踏着牛顿的《自然哲学的数学原理》，给后人留下了相对论。

书籍是什么？我觉得还可以说书籍是知识的种子。50 年代曾发生过这样一件轰动一时的事，我国考古工作者在东北某地挖掘出一粒在地下埋藏了千年的古莲籽，经过精心培育，居然发芽长叶开出了一朵新莲花。如果当时埋在土里的不是一粒种子而是一团枝叶呢？我们现在挖出的就只能是一团污泥。1865 年奥地利科学家孟德尔发现了生物遗传规律，他在一次科学会议上宣布后，竟无一人理解。第二年他将此写成论文发表，并分藏到欧洲的一百二十个图书馆，直到三十四年后才又被人重新发现和证实。若没有这些书籍做种子，埋种在先，科学不知要被推后多少年。今天，如果我们凑够字数就出书，那就是在田野里播种萎谷，看似一片茂盛，到秋天却颗粒不收。这样既浪费了今天的资源，又断绝了子孙的口粮，何必这样做呢？

好书耐抽读

要检验一本好书，我的办法是，任翻一页，读上一段，能把你吸引，这就是好书。如果一本书，非要等到全部读完才能说好，那么这本书实际上够不上好。

我的这种体验，第一次是从《毛选》引起。当时在中学读书，上历史课，不专心听讲，却去翻书中的插图，这一翻却翻到一页影印的《新民主主义论》，出于好奇，我趴在书上细细辨认那些小蚂蚁串似的影印字，一段文字跳入眼帘："抗战以来，全国人民有一种欣欣向荣的气象，大家以为有了出路，愁眉锁眼的姿态为之一扫。但是近来的妥协空气，反共声浪，忽又甚嚣尘上，又把全国人民打入闷葫芦里了。"我心中怦然一动，因为这文字十分有色彩、有个性、有扭力，这和我想象的硬硬邦邦的政治文字大大不同。我放学回家便翻出父亲的《毛选》，居然一读而不可收，将大部分文章读完了，那年我才 15 岁。现在说来可能人都不信，我读《毛选》竟是这样开始的。当时也还没有后来那样的学《毛选》运动。说实话，我读《毛选》，并不是学政治，而是当文学来读，是因为它的文字美。正是这种文字的美把我导向政治、哲学和历史。

第二次体验是读秦牧的《艺海拾贝》。现在我还记得清楚，那是在太原市解放路人民市场旁边的一家书店。那时口袋里的钱不多，不能买书，最好的办法是蹲书店。当时书店的服务态度也真好，服务员看着我们这群小"书丐"，看完一本又给取一本，就像一个农妇，很大度地看着一群麻雀欢快地啄食自家门前的谷米。我就是在这样的氛围中翻开《艺海拾贝》，看到了这样一段话："想象的羽翼可以把我们带到古代去，在一家家的门口，清清楚楚地看到他们在劳动，在饮食，在希望，在叹息，可惜隔着一道历史的门限，我们却不能和他们作半句的交谈！但怀古思念，想起了我们这个时代的农民是几千年历史中第一次真正挣脱了枷锁、逐渐离开了鬼神天命的羁绊的农民，我们又仿佛走出了黑暗的历史隧洞，突然见到耀眼的阳光了。"这就是那篇有名的《社稷坛抒情》。我一下被这美丽的意境所吸引，跟着作者去做了一次深沉而浪漫的神游。接着尽搜口袋里的零钱买了这本书。这是我的第一本自己在书店里买的书，没想到以此为契机，以后我也写起了散文。

一部好的书随便翻一页，就能留住读者的眼，一篇好文章任读一段，都能吸住人的心，这叫通篇锦绣，字字珠玑。就像一碗汤，不一定非得等到把一整碗都喝下去才知道它好，只要尝一口就行了。我到过九寨沟、张家界，这里风景的美，可以这样来形容：你用不着刻意选景，随便一抬手就是一幅好照片。一本好书要能经得起抽读，就像一种产品能经得起抽查。钱钟书的《围城》，我试过，可以闭上眼睛任翻一页。你看这些段落：

苏小姐才出来。她冷淡的笑容，像阴寒欲雪天的淡日，拉拉手，说：

“方先生好久不见，今天怎么会来？”鸿渐想去年分手时拉手，何等亲热，今天握她的手像捏着冷血的鱼翅……这时候他的心里，仿佛临考抱佛脚的学生睡了一晚，发现自以为温熟的功课，还是生的。

鸿渐没法推避，回脸吻她。这吻的分量很轻，范围很小，只仿佛清朝官场端茶送客时的把嘴唇抹一抹茶碗边，或者从前西洋法庭见证人宣誓时把嘴唇碰一碰《圣经》，至多像那些信女们吻西藏活佛或者罗马教皇的大脚指，一种敬而远之的亲近。

可怜他们这天饭都不敢多吃。吃的饭并不能使他们不饿，只滋养栽培了饿，使饿在他们身体里长存，而他们不至于饿死了不再饿。

这种幽默而美妙的比喻，全书比比皆是。

再比如朱自清的散文，他的《背影》《荷塘月色》等，这些是我们早已熟悉的。一天我新得了一套他的全集，又是这么随便翻开一页，是一篇从未看过的《谈抽烟》，有这样一段：

好些人抽烟，为的是有个伴。譬如说一个人单身住在北平，和朋友在一块，倒是有说有笑的，回家来，空屋子像冰一样。这时候他可以摸出一支烟抽起来，借点暖气。黄昏来了，屋子里的东西只剩些轮廓，暂时懒得开灯，也可以点上一支烟，看烟头上的火一闪一闪的像亲密的低语，只有自己听得出。要是生气，也不妨迁怒一下，使劲吸它十来口。

对人心的揣摩何等细致，对形神的描摹何等写意，我不由得又倒着看上面一段：

再说那吐出的烟，袅袅的缭绕着，也够你一回两回地捉摸，它可以领你走到顶远的地方去。即便在百忙当中，也可以让你轻松一会儿。所以老于抽烟的人，一叼上烟，真能悠然遐想。他霎时间是个自由自在的身子，无论他是靠在沙发上的绅士，还是蹲在台阶上的瓦匠。

仍然是非常精彩。

抽读一篇好文章好比是选一件做工精致的红木家具，你随便摸着哪个地方，轻轻敲一下，很满意，不由得再四处抚摸一下，就更证实了这种感觉。又像一块衣料，用手指捻一下，好；用手背贴一贴，手掌握一握，仍然好。文章的好，是说作者已经达到了一个基本水准，他的语言，他的思想，他的综合技巧。就好像盖房，一起手用的就是钢材、有机玻璃、铝合金这些高档建材，而不是土坯茅草。所以它就耐看，处处都好看，从头至尾都经看。作者的基本功不到家，玩一点花架子，也许能收一时之效，譬若用茅草搭了一个野味的小棚，或者在泥房子上镶了一个铝合金窗户。但这终究够不上高档，要想以这种作品传世就更是可笑。我们常说一本书或一篇文章不可卒读，就是因为它够不上这个标准。我也常用这个抽查的办法对付其他的艺术，比如看电视剧，盯住屏幕看五分钟，不能吸引人就换台。因为一个演员，有五分钟的时间足可以展示他的才华，如果展示不出来，说明他本来就没有。

学问不问用不用，只说知不知

近日去看望 96 岁高龄的季羡林先生，谈话间我提到：“您关于古代东方语言的研究对现在有什么用？”先生说：“学问不能拿有用无用来衡量，只看它是否精深。当年牛顿研究万有引力有什么用？”

一语如重锤，敲醒了我懵懂的头脑。

是的，对学者来说，做学问单单是为了有用吗？显然不是。不但牛顿研究万有引力时不这样问，就是哥白尼研究天体运动、达尔文研究生物进化、爱因斯坦研究相对论都不这样问。如果只依有用无用来衡量，许多人早就不做学问了。哥白尼直到临死前，他的《天体运行》才出版，这时他已双目失明，只用手摸了一下这本耗尽他一生精力的书便辞世了。开普勒发现了众星运动规律后说：“认识这一真理已实现了我最美好的期望，也可能当代就有人读懂它，也可能后世才有人能读懂，这我就管不着了。”类似的话许多学者、科学家都说过。

他们不管，谁来管呢？自然有下一道程序，由实践层面的人：技术人员、设计师、企业家、管理者、政治家等去管。社会这样就接续发展，科学技术、学术就这样不断进步。爱因斯坦发现了相对论后，又经过了四十年，这期间通过许多技术人员包括组织管理者的努力，第一颗原子弹才爆炸。社会科学与自然科学稍有区别，但也有一些看似无用的东西要人去静心研究。马克思本来身在工人运动第一线，当他深感工人运动缺少理论支持时，就退出一线去研究《资本论》等理论（当然，他还是同时关心着实践）。当时他已穷得揭不开锅，说：“从来没有像我这样一个最缺少货币的人来研究货币”。如果为了有用，他最应该去经商，先赚一把货币。他的经济、哲学、社科理论让后来实践层面的革命家、管理者演绎出一个轰轰烈烈的新时代。

原来知识是分上游、下游的。上游是那些最基本的原理，解决规律层面的问题；下游是执行和操作的方法，解决实践层面的问题。上游是科学，下游是技术；上游是学术，是思想；下游是方案，是行动。由于科学、学术的超前性，许多科学家、学者经常看不到自己学问的实用结果。但他们并不悲伤，并不计较，他们不管用与不用，而只管知与不知，只要不知道的事就去研究。就像煤矿的掘进队，只管掘进，而把煤留给后面的采煤人。梁启超说，做学问不为什么，就为我的兴趣，为学问而学问。他们虽说不问为什么，但他们坚信知识对人类有用。培根说：“知识就是力量。”事实上，每一项新知识都对人类产生了重要作用，有的简直是惊天动地。伦琴、居里夫人、卢瑟夫等一批研究放射性、原子能的早期科学家，并没有想到后来的原子弹及和平利用原子能。就是季羡林先生也没有想到他研究的梵文、吐火罗文，在四十年后让他破译了一部天书，补回了一段历史。

正因为这样，我们强调尊重知识，尊重人才，包括对未知世界、对自然界、对星空、对生态的尊重。因为一切未知中都藏有真知，也许哪一棵野草就是将来打开生命大门的钥匙。而面对茫然的未知世界，那些勇敢拓荒的人才是真正的英雄，他们治学时不问有用无用，正是因为他们讲大用而不计小用，看将来而不计眼前，为人类之大公而不谋个人小利。这些以学问为乐趣，为人类不断扩充知识边界的人是最值得我们尊敬的。而他们在探知过程中所表现出的淡泊名利、宁静致远的治学态度和做人准则，对后人来说比他们提供的知识还重要。

追求理性的美丽

北岳文艺出版社要出一套《当代作家散文随笔》丛书，向我约稿。十几年来我对北岳文艺出版社一直心存感激之情。因为我的第一本散文集《夏感与秋思》是十二年前由这个社出版的。十二年后，他们又来约稿，这倒提醒我，这些年我的散文创作有什么进展呢？如果说有，就是更多了一些思考。

当年出第一本集子时，我想起一个思考味较浓的名字，不想这一“思”就是十二年。这十二年间，前十年主要还是写山水，最近两年写点人物。但不管是面对山水还是人物，我发现自己越来越追求一个“理”字，追求理性的美丽。每当遇到一个新题材时，我总是如玉工面对一块坯料，要想很长时间，才敢下刀。如《永远的桂林》就想了一年，《觅渡，觅渡，渡何处？》一文想了六年，《大无大有周恩来》，1978年写过第一篇，1998年又写了第二篇，可以说想了二十年。有些题材，如西藏、九寨沟、张家界、黄山，到现在也没有想出个头绪，也不敢提笔。想什么呢？想悟出一点新道理、新说法。因为对一个作者来说，语言，这一篇或那一篇不会有多大的变化，对一处景或一件事来说，这个作家与另一个作家的叙述也不能有太大的出入。唯有理，同一个事物在不同人眼里会生出不同的理；同一个作者，见到不同的事物，会生出不同的想法。正如哲学家讲，在大自然所创造的世界上，找不出两片相同的树叶，所以大自然才丰富美丽。同样，我们人工所创造的精神世界里也不应该有两篇相同的文章，这样精神世界也才丰富美丽。

只有哲理才会永恒的美丽。

警惕学习的异化

近读《中国档案报》编辑出版的一本《解读尘封档案》，其中详细记录了“文革”中《毛主席语录》的编写过程，思考良多。1959 年 9 月，林彪接替彭德怀任国防部长，第二年提出军队要掀起学毛著高潮，并说训练、生产都不能冲击学习。1961 年 4 月又提出“毛主席有许多警句，要把它背下来”，《解放军报》要登语录。于是军报开始在头版登语录。1965 年 8 月 1 日，六十四开本《毛主席语录》发行，每个战士一本。地方上起而效仿，1964 年 5 月到 1965 年 8 月，军队为地方代印《语录》一千两百余万册。1966 年 12 月 17 日，全国各报发表林彪署名的《〈毛主席语录〉再版前言》。到“文革”中，《语录》已正式由新华书店发行，全国绝大多数省市都按人口印刷，几乎人手一册。1971 年“9·13”事件发生，《语录》热戛然而止。

应该说，当年的语录热，对普及毛泽东思想作用很大。我们这一代人的政治常识也是那个时候垫的底。但万事不可太过，过则走向反面。学习本是一种自觉的探求，冷静的辨别，科学的实践。求不得轰轰烈烈，更不能搞成运动。既成运动，便来如潮涨，去如潮落，就躲不开涨潮时的盲目和退潮时的寂寞。寂寞之后当然应该有思考。

其实，任何事物，除内容之外还有形式。形式这种东西有自身的价值，便总想脱离内容，闹出点动静来展示自己的独立。如诗词，人们发明了格律，它是形式，但只是诗词的一部分，于是就有人以为只要按格律填上字就是写诗作词。生活中许多人就这样求于形式，止于形式，因为这比内容要容易掌握。于是就本末倒置，就异化变味，生出许多有违初衷的事。如吃饭，当七碟八碗，桌上有鲜花，眼前有乐舞时，那早已不是为吃；如服装，当它变成了舞台上模特身上的奇装异服时，那也早已不是为穿了。而一个事物每当形式完全俘获了内容时，它也就走到了尽头，不再会有生命力。形式愈完备，愈烦琐，生命就愈僵化，愈近停止。八股文是这样，“文革”中的手捧《语录》“早请示、晚汇报”也是这样。过去，我们不知经过了多少学习运动，现在不少地方也在这“学习化”、那“学习化”，口号喊得震天响，什么领导动员、讲演比赛、有奖问答、开卷考试、辅导验收，不一而足。公款买的学习用书，发了一筐又一筐。学习已经被异化为一种形象工程或应酬行为。

近日纪念改革开放30年，重读邓小平视察南方时关于读书与学习的一段谈话。他说：“学习马列要精，要管用的。长篇的东西是少数搞专业的人读的，群众怎么读？要求读大本子，那是形式主义，办不到……我们改革开放的成功，不是靠本本，而是靠实践，靠实事求是。……我读的书不多，就是一条，相信毛主席的实事求是。”据家人回忆，小平确实没有读完《资本论》，但《列宁全集》是仔细读完了的，那是他在江西落难的时候，在那个被软禁的小院里，小楼上的灯光彻夜不熄，他在结合读书思考执政党如何治国的问题。据身边的人讲，小平在视察工作时总是多问少说，静静地听。在读书时，不勾画，不批注，静静地想。他是最不爱虚张声势、弄出点什么动静的人。在南方谈话中他还说："你们查一查，我们三中全会以来所做的决定，哪一条是从马列主义的书上抄下来的，没有。但是你再查一查，我们哪一条是违反马列主义、毛泽东思想的，没有。"

当年林彪硬把学习毛主席著作这件好事异化成狂热的个人崇拜，而他自己乘机篡权。而邓小平却因坚持实事求是遭毛主席一批再批，到主席去世前一年还在"批邓反击右倾翻案风"。但主席去世后，邓却力主搞一个《关于若干重大历史问题的决议》，并指出决议的关键是要肯定毛泽东思想和毛主席的历史地位，如果这一点做不到宁可不搞。诚如他说的，"我就是相信毛主席的实事求是"。这是真读书，真学马列毛泽东思想。有小平倡导的这种学习精神，我们才会有今天的好局面。

两类出版，两种阅读

“世界读书日”前后，不由地逛了逛书店，发现一个较为普遍的现象：课本、休闲、快餐式的消费型读物大都摆在显眼位置，占据了主要书架，而严肃的图书多放在偏僻处，数量也极少。一个老问题又回到了心头：一个社会该出版什么样的书、读什么样的书？

书籍有多种功能和分类，但是简而言之，可以分为两类。一类是消费型的图书，它们是为了满足当时的、短期的需要，服务于某一暂时的目的。如菜谱、旅游指南、礼仪、社交技巧等实用型读物；一类是积累型的图书，如政治理论、文学艺术、学术专著及各种专业图书。主要功能不是为了人们眼前的需要，而是为读者提供思想，为社会积累文化。这两种书籍都是我们生活中必须有的，但应有个适当的比例。

两种出版物的一冷一热，让人担忧。积累型图书的出版对于文明的传承、人格的养成、人的全面发展至关重要，应引起足够重视。这种积累又可分为两种：一种是事后积累，即对实践的成果进行总结，筑成新的台阶，让后人从这里起步。高尔基说“书籍是人类进步的阶梯”，讲的就是这个意思。例如李时珍的《本草纲目》，是在总结前人草药方面的实践后积累成书的。司马光的《资治通鉴》是总结前朝的兴替之后成书的。还有一种是超前的积累，主要是指思想理论、学术上的成果，特别是基础理论研究。以科学史为例，爱因斯坦1905年提出相对论，1945年第一颗原子弹爆炸，超前了四十年。李四光1952年完成了《中国地质学》一书，提出了构造体系地质力学新概念，十多年后，在其指导下发现了大庆、胜利等油田。马克思、恩格斯的科学社会主义理论也是这样。这些理论的提出，必须以书籍作为载体，积累下来，承载下去，才能指导当时和后来的实践。这是一种思想、理论的积累。人们已经注意到“把科研成果转化为生产力”。其实，还有一个更重要的“转化”，就是把思想成果转化为实践，传给后人。书籍就是这个转化的载体。我们常说，如果没有先哲的思想，我们不知道还要在黑暗中摸索多少年。但如果没有图书来承载，先哲的思想光辉很难流传。

与两类出版物相对应的，是读者的两种阅读。一种是消费型阅读，满足人们对日常生活知识的需求。一种是积累型阅读，它培养人的世界观、审美能力和创新能力，这对一个人的全面发展必不可缺，特别是对青少年成长，更为重要。两类出版物的冷热不均，折射出积累型阅读的不足，无论对个人还是对整个社会，将严重影响文化“后劲”，没有足够的“蓄势”，会影响创新，影响国家的创新能力和国际竞争力。

经济学上有个术语，叫“恩格尔系数”，指人们用于食品的最基本消费在消费总支出中所占的比例，反映人们的物质生活水平。一个国家或家庭生活越贫困，恩格尔系数就越大，反之，恩格尔系数就越小。一般说来，恩格尔系数59%以上为贫困。作为精神产品的图书消费，也应该有这样一个系数。根据消费型图书占整体图书的消费比例，可以看出社会文化的发达程度，比重过高，则说明社会的文化水平、创新能力较低。现在很多基层新华书店的销售收入绝大部分来自于消闲、娱乐和其他消费型畅销书。这个系数恐怕早已不是59％能打住的。

岁岁年年花相似，年年岁岁花不同。年年有个读书日，希望每年的阅读都能有一个新进步。

背书是写作的基本功

语文学习的方法固然很多，但我以为最基本的也是最简便的办法之一就是背书。

一切知识都是以记忆为基础的，语文学习更是如此。要达到一般的阅读、书写水平，你总得记住几千个汉字；要进一步使文字自然、流畅、华丽、优美，你就得记住许多精词妙句；如要再进一步使文章严谨、生动、清晰、新奇，你就得记住许多体式、结构。正像跳舞要掌握基本舞步一样，只有肚子里滚瓜烂熟地装上几十篇范文，才能循规为圆，依矩成方，进而方圆自如，为其所用。至于文章内容的深浅，风格的高下，那是其他方面的修养，又当别论。

当然，只有理解了的东西才便于记忆，所以教师指导学生学习时要尽量讲清字、词、文章的含义。但遗憾的是人脑的生理规律正好相反，年轻时长于记忆，稍长时长于理解，如果一切等理解之后再记便会"失之东隅"。因此有必要少时先背诵记忆一些优秀诗文，以后再慢慢加深理解。我国古代的幼儿语文教学多用此法，现在国外教育也很注意这点。前苏联在小学低年级教材中就加进普希金的诗歌，让学生背诵。这种知识的积累方法，好比先贮存上许多干柴，以后一有火种，自然会着。前不久，我在娘子关看瀑布，那飞泉后的半壁山上长满青苔葛藤，密密麻麻，随风摆动。我观察良久，总难对眼前景物加以描绘。猛然想起柳宗元《小石潭记》里“蒙络摇缀，参差披拂”的描写，何其传神！当初对柳文只是记住了，理解得并不深，现在通过对生活的观察、印证，便立即融会贯通。这有点像老牛吃草，先吃后嚼，慢慢吸收。但是假如牛事先不吃进草去，它闲时卧在树下，就是把自己的胃囊全翻出来，也是不会反刍出新养分的。

俗话说：“巧妇难为无米之炊。”这文章之“炊”，就是由字、词、句之“米”组成的。要使自己的语言准确、生动，便要有足够的后备词句来供选择，这就要记要背。比如那鸟的动作吧，小时作文只须一个“飞”字，就全部解决。后来背的诗多了，脑子里记下许多：燕剪春风、鹰击长空、雁横烟渚、莺穿柳带等，以后再遇到写鸟时，就很少以一“飞”字搪塞了。可现在也常遇到这种情况，那笔握在手里，却晃来晃去，半晌落不下去，好像笔干得流不出墨一样，其实是脑子里干得想不出恰当的词，这时就更恨当初记得少了。

强调背和记，绝不是限制创造，文学是继承性很强的，只有记住了前人的东西，才可能进一步创新。古代诗文中有许多名句都是青出于蓝而胜于蓝之作。宋词人秦观的“斜阳外，寒鸦万点，流水绕孤村”，就是从那个暴君隋炀帝杨广“寒鸦千万点，流水绕孤村”的诗中化来；王勃的“落霞与孤鹜齐飞，秋水共长天一色”，则脱于庾信的“落花与芝盖同飞，杨柳共春旗一色”。就是毛主席诗词中也有不少如“天若有情天亦老”等取于古人的句子。试想王勃肚子里如果不装有前人的那么多佳词丽句，决不可能即席挥就那篇《滕王阁序》。高明的文章家在熟读前人文章的基础上，不但能向前人借词、借句，还能借气、借势，翻出新意。文章相因，从司马迁到韩愈、柳宗元，再而苏武、欧阳修，总是在不断地学习、创造、再学习、再创造。你看，人们现在不是多记住了秦、王等后人的名篇佳句，倒忘了杨、庾等前人的旧作吗？这正说明文学在继承中前进。我们应该多记多背些最新最美的诗文，好去提高语文水平，到时也会压倒秦观、王勃的。

有阅读，人不老

大约在三十多年前，1984年，我的人生有一个小挫折。也许是境由心生，我注意到当时的一个社会现象。当年被打成右派的知识分子虽都落实政策回城安排了工作，但结果却大不相同。很多人身体垮了，学业荒了，不能再重整旗鼓，只有坐家养老，等待物质生命的结束。有一部分“右派”却神奇般地事业复起，演戏、写书、搞研究等，又成果累累，身体也好了，精神变物质。这其中有一个原因，就是在最困难的时候他们没有停止读书，反而趁机补充了知识，补充了生活。我又联想到“文革”中很多学者都是靠读书挺了过来，并留下了著作。如季羡林的《牛棚杂忆》，杨绛的《干校六记》。我当时有感写了一首小诗以自勉：“能工作时就工作，不能工作时就写作。二者皆不能，读书、积累、思索。”也就是那两年，我完成了四十多万字的《数理化通俗演义》和重读了一些理论经典。我的一位官场朋友，受挫折后就去读书，他说读书可以疗伤，后来也很有学术成就。毛泽东在病床上一直读书，直到距去世七十多个小时的时候还在阅读。只要有阅读，人就不会倒，不会老。

什么是阅读？阅读就是思考。阅者，看也。但是比看要深一些，它不是随意地、可有可无地观看。是有目的地、带着问题观看，是一个思维过程，边看边想。比如，我们说：阅兵、阅卷、阅人、阅尽人间春色，就不说“看兵、看卷、看人、看尽人间春色”。而对不须太动脑子的，浅一点的东西，消遣、娱乐的，则常说看，不说阅。如看电影、看风景、看热闹、看耍猴，不说“阅电影、阅风景、阅热闹、阅耍猴”。所以当我们说阅读的时候，心境是平静的、严肃的，也是美好的、向往的。

广义来说，人有六个阅读层次，前三个信息、刺激、娱乐，是维持人的初级的、浅层的精神需求，可以用“看”来解决。后三个知识、思想、审美，是维持高级的、深层的精神需求，则只看不行，还要想，这才是真正的阅读，可称为狭义的阅读。现在电子读物盛行，主要承担提供信息、刺激和娱乐的任务。它的特点是快捷、方便、形象，但也带来另一个问题，浅显、浮躁，形象思维多，逻辑思维少。这有点像计算器的普及，很多人就不再费力心算。电视上播放德国的一个街头测问，多数人背不出九九表。这作为生活实用可以，但作为人的思维训练、生命进化，却是一大缺陷。钱学森年轻时在美国读书，几个好朋友相约，大家都不看电视。他到晚年还自己剪贴报纸。文字有一种神奇的诱导人思考、丰富人精神的功能。我注意观察，很多干部家里没有书架，好像既然有了饭碗就不用再读书，这是一种精神缺失。一次给某地机关干部讲读书，我说阅读是为了精神生命的成长和延长，要把这种精神生命延伸到下一代去。就算你自己实在不爱看书，为了后代，也希望你能在家里装出一个爱读书的样子。散场时，有人边走边说：“今天回家后，不读书也要装装样子了。”一说到为了后代，这个道理一下就明白了。

家里摆钢琴不如买一本好诗集

人生不能无诗，童年更不能无诗。条件好一点的家庭注意对孩子专门的选读古诗和辅导，差一点的也会教一些俚语儿歌。这是一种审美启蒙、情感培养和音乐训练。

我大约在小学三年级开始背古诗，中学开始读词。除了语文课本里有限的几首外，在父亲的指导下开始课外阅读。最早的读本是《千家诗》，后来有各种普及读本《唐诗一百首》《宋诗一百首》及《唐诗选 》《唐诗三百首》，还有以作家分类的选本如李白、杜甫、白居易等。这里顺便说一下，我赶上了一个好时代，中学时正是“文革”前中国社会相对稳定，重视文化传承的时期，国家组织出版了一大批古典文化普及读物。由最好的文史专家主持编写，价格却十分低廉，如吴晗主编的《中国历史小丛书》，几角钱一本；中华书局的《中华活叶文选》，几分钱一张。那是一个书本廉价、知识尊贵的时代。我现在还保存有一本中华书局 1963 年版的《宋代散文选注》，九十六页，只有两角八分钱。不要小看这些不值钱的小书、单页，文化含金量却很高，润物无声，一点一滴给青少年“滴灌”着传统文化，培养着文化基因。这是我到了后来才回头感知到的。

和一般小孩子一样，我最先接触的古典诗人是李白，“床前明月光，疑是地上霜”，诗中总有一些奇绝的句子和意境（意境这个词也是后来才知道的），觉得很兴奋，就像读小说读到了武侠。如：“日照香炉生紫烟，遥看瀑布挂前川。飞流直下三千尺，疑是银河落九天。”“一为迁客去长沙，西望长安不见家。黄鹤楼中吹玉笛，江城五月落梅花。”并不懂这是浪漫，只觉得美。后来读到白居易《卖炭翁》《琵琶行》，“浔阳江头夜送客，枫叶荻花秋瑟瑟”，又觉得这个好，是在歌唱中讲故事，也不懂这是叙述的美，现实主义风格。总之是在朦胧中接受美的训练，就像现在幼儿学钢琴、学跳舞。后来读元曲，马致远《天净沙》：“枯藤老树昏鸦，小桥流水人家，古道西风瘦马。夕阳西下，断肠人在天涯。”他不说人，不说事，只说景，推出九个镜头，就制造了一种说不出的惆怅的味道。这就是王国维讲的“一切景语皆情语”。当然这也是后来才知道的。但要想后来能够领悟，就要预先播下一些种子，这就是小时候的阅读。

一说古诗词，人们可能就想到深奥难懂。其实古人的好作品恰恰是最通俗易懂的。如李白的“举杯邀明月，对影成三人”，杜甫的“两个黄鹂鸣翠柳，一行白鹭上青天”，李清照的“花自飘零水自流，一种相思，两处闲愁”，都明白如话，但又不只是“白话”，这里面又有音乐，有图画。因为诗的功能是审美，并不是难为人。

古诗词的阅读价值至少有三个方面：一是思想内容，二是意境的美，三是音韵的美。后两个都是审美训练。这是每个人的写作都要用到的。我们常说，文章美得像诗一样，就是指文章的意境和韵味。在所有文字写作中，只有诗词，特别是古典诗词是专门来表现意境和韵律的美感的。为什么强调背诗词，就是让这种美感一遍又一遍地濡染自己的心灵，浸透到血液里，到后来提笔写作时就会自然地涌流出来。除了古诗我还抄写、背诵了很多新诗。这都变成营养，直接影响了我后来的文章写作。现在一般人家节衣缩食给孩子买钢琴，倒不如备一本精选的诗集。因为成人后，一万个孩子也不一定出一个钢琴家，倒是有一千个人工作后要写文案，一百个人会当作家，而且每个人在成人前都得先当学生写作文。

读经典，收获的是“种子”

什么是经典？常念为经，常说为典。经典标准有三：一是达到了空前绝后的高度；二是上升到了理性，有长远的指导意义；三是经得起重复引用，能不断释放能量。由于长期的文化积累与筛选，每个领域都有各自的经典。而更高层次的是理论和学术经典，特别是政治与哲学方面的经典。

一般人，特别是文学爱好者常误认为政治、理论枯燥乏味，干瘪空洞，不如文学那样水灵、煽情。这是因为文学与理论属不同的思维体系，一个是形象思维，一个是逻辑思维。他虽感觉到了这个不同，但不知道作为形象思维的文学只有借助理性的逻辑思维才会更深刻，从而更形象、更生动。就如我们常说的只有理解了的东西才能更好地记忆。这中间有一道门槛，翻过之后，就是一片高地。

我们这一代人赶上“学习毛泽东著作”高潮。这是一个半被动、半主动的经典学习运动。说它被动，是因为那是一个特殊时期，一场运动，人人学，天天读，你不得不学；说它主动，是因为毛的文章确实写得好，道理深刻，文采飞扬，只要一读开，就能吸引你自觉地读下去。

我第一次接触毛泽东的文章，是在中学的历史课堂上，不认真听课，却去翻书上的插图。有一张《新民主主义论》的影印件，如蚂蚁那么小的字，我一下子就被开头几句所吸引：

抗战以来，全国人民有一种欣欣向荣的气象，大家以为有了出路，愁眉锁眼的姿态为之一扫。但是近来的妥协空气，反共声浪，忽又甚嚣尘上，又把全国人民打入闷葫芦里了。

“欣欣向荣、愁眉锁眼、甚嚣尘上、打入闷葫芦”这么多新鲜词，我不觉眼前一亮，有一种莫名的兴奋。这是一种从未见过的文字，说不清是雅，是俗，只是觉得新鲜，很美。放学后，我就回家找来大人的《毛泽东选集》读。我就是这样开始读毛文的，并不为学政治，是为学语言，学文章。

我对马、恩著作的阅读也是半主动、半被动的。可分两个阶段。第一阶段是“文革”以前，囫囵吞枣，如私塾背书一样，只是储存了下来；第二阶段是改革开放之后，结合形势重新验证马恩的观点，又去主动温习。因为我是学文科的，后来又做新闻，一方面是专业要求，一方面是工作需要，所以读了不少也忘了不少。留下印象的有《共产党宣言》《自然辩证法》《家庭、私有制和国家的起源》《在马克思墓前的讲话》等，一些原理是刻骨铭心的。比如，“环保”这个概念是近二三十年的事，可是恩格斯在一百多年前就发出警告：“我们不要过分陶醉于我们对自然界的胜利。对于每一次这样的胜利，自然界都报复了我们。每一次胜利，在第一步都确实取得了我们预期的结果，但是在第二步和第三步却有了完全不同的、出乎预料的影响，常常把第一个结果又抵消了。”（《自然辩证法》）这种深刻、彻底，你不得不佩服。又如，“人们为之奋斗的一切，都同他们的利益有关。”（《第六届莱茵省议会的辩论·第一篇论文》）“思想一旦离开‘利益’，就一定会使自己出丑。”（《神圣家族》）多么朴素的真理。一部经典不可能全部背下来，只要做到读懂原理，知道观点，记得一些警句，要用时能很快查找出来就够了。

经典作品里总是有原理体现。马恩作品里有一般社会原理、哲学原理；毛泽东作品里有中国社会的政治原理；黑格尔的作品里有美学原理。哪怕每一个小的学术分支，只要它够得上经典，就必然会揭示出某一部分的原理，或者可以说，只有含有一定原理的作品才能够得上是经典作品。比如陈望道先生的《修辞学发凡》，当年我二十多岁，读它时还没有从事新闻工作，书中也不讲新闻。但是它关于积极修辞与消极修辞的原理，却指导了我后来几十年的新闻写作与新闻管理。这也反过来说明，阅读，不管读哪一类作品，一定要读经典，这样你收获的就不只是粮食，而是种子；不只是几条鱼，还有渔具、渔法。当然，再经典的作品也只能作为客观的阅读对象而存在，要收到好的阅读效果，还得发挥阅读者的主观能动性，利用这颗种子，种出一棵属于自己的树。

黑箱·灯笼·灯塔

我认为写文章有三法，简称之：黑箱、灯笼和灯塔。

“黑箱法”是科技术语，指我们平时从事某项工作，可以知其然，但不必知其所以然，只了解它的结果就够了。如开汽车不一定要知道汽车的全部构造及生产过程；品酒员不一定会造酒。我们从事某项工作时，可以把以前的工序都看作是一个“黑匣子”，而不必管它里面装着什么。写文章也是这样，有的人文章通顺、风趣、情节曲折生动，但并不一定懂得多少文章作法，只是看得多了，心里又有话要说，发而为文。我自己曾偶然写了一篇山水散文《晋祠》，不想被收入中学课本，归入说明文单元。有人说这不是说明文，是散文；有研究教材的论家说这不是散文，是说明文，艺术性说明文。而我在写作时，确实早忘了还有说明文这一文体，更不知什么叫艺术性说明文，算是瞎猫碰着死耗子。现实生活中用“黑箱法”写作的人是多数。

“灯笼法”是指不完全摸黑走路，手中有个灯笼照明。作者确实研究过语法、修辞、文体，懂得一些为文的技巧和规律，知道文章的风格类别。

比如：读李白，“楚山秦山皆白云，白云处处长随君”，便知这是“顶真”，求蝉联之趣；读鲁迅，“‘雷峰夕照’的真素我见过，并不见佳，我以为”，便知道这是倒装，以加强语势。以后写文章就不只是照着样子写，而是按规律写了。写作除了多读书、多实践使文章有内容外，还要知道一些写作的基本路数，有一个灯笼照路。相当一批作家是达到了，但又只停留在这个水平。

“灯塔法”是指高瞻远瞩，其光亮不只照脚下一片，还可远及周围相当的距离。即不只懂一点文章写作知识，而且对文学和其他门类的艺术也都熟悉，对哲学、社会科学、自然科学都有涉猎，古今中外都有研究。这样就不是手握灯笼只照眼前，而是四野八荒了了在目，尽可纵横驰骋。群峰迭起，透逸不绝，随时都可借来他山之石。

中国近现代有一批文章大家，如梁启超、鲁迅、徐志摩等正是这样。他们学贯中西、博古通今，又处在历史的接口处。所以，无论为诗、为文，总能让人感到诗文后面那广博的学识，那深远的背景。文章要做到这种程度算是最高品位了。

用“黑箱法”写出来的文章是一棵没有根，或根须很浅的树，用“灯笼法”写出的文章是只有主根而侧根不多的树，而用“灯塔法”作出的文章则是一棵根深百尺、须达数里的参天巨木。唯有这种巨木才经得起历史的风雨，有极强的生命力。我们要扎下深深的生活的根须，才能培植起自己文章的大树；要架起高高的知识的灯塔，才能使文章之舟冲出死寂的港湾，搏风击浪，扬帆远航。

说文章

说文风

在中国历史上，凡社会变动都会伴随着文风的变化。这也好理解，文章、讲话、文艺作品都是表达思想的，形式要服从内容、表现内容。一个人在戏台上穿戏服，在球场上就穿运动服，服装随着动作内容变。正当十八大闭幕不久，十二届全国人大召开之际，各方面的工作都待一变，文风亦有一变。

文风从来不是一股单独的风。它的背后是党风、政风、官风、民风、商风及社会、时代之风。一个社会，经济在下，政治在上，文化则浸润其间，溢于言表。凡一种新风，无论正邪，必先起于政而发于文，然后回旋于各行各业各阶层人众之间，最后才现于文字、讲话、艺术及各种表演。如宋玉所说："风生于地，起于青苹之末。"所以，当我们惊呼社会上出现某种文风时，它早已跨山越水，穿堂入室，成了气候。文风这个词虽是中性的，但通常只要一单独提出，多半是出了问题。所以党史上治理文风从来是和治理党风、政风连在一起的。影响最大的是 1942 年的延安整风，"清算"和反对"党八股"。

远的不必说，新中国成立以来就有三次大的文风问题。一是1958年及之后两三年的浮夸之风，上面讲大话，“赶英超美”“跑步进入共产主义”，报上登亩产几万斤，机关炼钢铁，公社办大学，文艺作品口号化。二是“文化大革命”的极左之风，全民处于个人迷信、政治癫狂的状态，报纸成了政治传单，文学作品“高、大、全”，舞台上只剩下样板戏。三就是我们现在面临的文风了，习近平同志概括为“长、空、假”，他说：“当前，在一些党政机关文件、一些领导干部讲话、一些理论文章中，文风上存在的问题仍然很突出，主要表现为长、空、假。”

“五八之浮”“文革之左”“现在之假”，这是我们六十多年来的“文风三痛”。正如恩格斯所说，人对自然的每一次破坏都要遭到报复。1958年的报复是饿肚子、死人；“文革”的报复是国家濒临崩溃；对现在“长、空、假”的报复是信任危机，离心倾向加重。所以十八大新班子一上台就疾呼整顿文风，当然也还有其他方面的工作作风。

文风，望文生义，一般地可以理解为文字之风、文艺之风、文化之风，凡是经文字、语言、艺术等手段之传播而成为一种时尚的，都可以算作文风。文风的范围可分为三大类：与政治、行政关系密切的文件、讲话、会议及政要人物的文章、著作；大众传媒中的文字和节目；出版或上演的文学艺术作品。由于文风与社会政治走向，特别是与主政者的好恶关系极大，所以文风的倾向最先反映在与施政相关的第一类文字中，再从第二类到第三类。

“长、空、假”的要害在“假”。虽然坏风无有不假，但与前两次相比，现在的假风已深入骨髓，更加可怕。无论1958年吹嘘经济方面的高产，还是“文革”中歌颂“红太阳”，人们内心还有几分真诚，哪怕是在蒙蔽中的真诚。连毛泽东听到钱学森的理论推算，都相信土地能够高产。“文革”中红卫兵真的可以随时为革命、为领袖去献身。“文革”后期曾有“牛田洋”事件，一群军垦大学生和战士手挽手迎向海浪，相信下定决心就能争取胜利，当然全部葬身大海。这当然是一幕悲剧，但说明那时还是有一点愚忠、愚真的。现在没有人这么“傻”了，学会了伪装、弄假。如习近平同志所说，“有的干部认为讲大话、空话、套话、歌功颂德的话最保险，不会犯错误”“言行不一，表里不一，台上台下两个形象，圈内圈外两种表现”。没有了“天真”，却假装真诚；没有了“迷信”，却假装服从，这才是最可怕的。

“长”和“空”是为“假”做掩护的。习近平同志说：“假，就是夸大其词，言不由衷，虚与委蛇，文过饰非。不顾客观情况，刻意掩盖存在的问题，夸大其词，歌功颂德。堆砌辞藻，词语生涩，让人听不懂、看不懂。”为什么开长会、讲长稿、发空文、争版面、抢镜头及急着个人出书呢？是在作秀，是装着在干活，要弄出点动静来，好显得有才、有政绩。已在位的树碑立传，未到位的借机要官；没有政绩的玩花架子遮假，没有真本事的靠秀才艺壮胆。把工作、干部、群众都绑架在他借公谋私的战车上。邓小平指出：“我们开会、作报告、做决议，以及做任何工作，都为的是解决问题。”这些“长、空、假”的人心里从来就没有想到过要解决问题，都是在为自己捞资本。工作为轻，我为重，工作都是假的，文风焉能不假？我们可以对比一下，1958年人人头脑发热，“文革”中全体个人迷信，但还很少有哪一个干部为了个人目的去出书、争版面、抢镜头、发长文。文风之堕落，于今为烈。

这种“长、空、假”怎么治呢？上有所好，下必甚焉，文风是末，官风是本。治文风要先治党风、政风，特别是官风。习近平同志指出：“各级领导机关和领导干部要起带头作用。文风问题上下都有，但文风改不改，领导是关键。”“要增强党性修养。坚持以德修身，努力成为高尚人格的模范。只有自己的境界高了，没有私心杂念，才能做到言行一致、表里如一，讲出的话、写出的文章人们才愿意听、愿意看。”

文风后面是政策，是制度。纵观历史，每当一种不好的文风得到治理时，社会也就大前进一步了，我们期待着。

教材的力量

人民教育出版社建社六十周年了，约我以课文作者的身份谈点感想，我首先想到的是教材的力量。

中小学教育就是要教学生怎么做人，而教材就是改变人生的杠杆，是奠定他一生事业的基础。记得我小学六年级时，姐姐已上高中，我偷看她的语文书，里面有李白的《静夜思》、白居易的《卖炭翁》，抒情、叙事都很迷人，特别是苏东坡的《赤壁赋》，读到里面的句子，“清风徐来，水波不兴”“纵一苇之所如，凌万顷之茫然”，突然感到平平常常的汉字竟能这样的美。大概就是那一刻，如触动了一个开关，我就迷上了文学，底定了一生事业的走向，而且决定了我缘于古典文学的文章风格。

我高中时又遇到一位名师叫李光英，他对语文教材的诠释到了出神入化的境界。至今我还记得他讲《五人墓碑记》时扼腕而悲的神情，和讲杜甫《客至》诗时喜不自禁，随手在黑板上几笔就勾出一幅客至图。他在讲韩愈文章时说的一句话，我终生难忘。他说：“韩愈每为文时，必先读一段《史记》里的文字，为的是借一口司马迁的气。”后来在我的作品中，随时都能找见当年中学课堂上学过的教材的影子，都有这种借气的感觉。好的教材无论是给教者还是学者都能留出研究和发挥的空间，都有一种无穷的示范力。我对课文里的许多篇章都能熟背，直到上大学时还在背课文，包括一些数千字的现代散文，如魏巍的《依依惜别的深情》，这些理解并记住了的文字影响了我的一生。近几十年来，我也有多篇作品入选语文教材，与不少学生、教师及家长常有来往，这让我更深地感觉到教材是怎样影响着学生的一生。

我的第一篇入选教材的作品是散文《晋祠》，1982 年选入初三课本。当时我是光明日报驻山西记者，地图出版社要创办一种名为《图苑》的杂志，报社就代他们向我约稿，后来杂志中途下马，这稿子就留下，在 4 月 12 日的《光明日报》副刊发表了，当年就入选课文，算是阴差阳错。那年我 36 岁，这在“文革”十年内乱之后青黄不接的年代算是年轻人了，我很有点受宠若惊。多少年后我在人民日报社任副总编，一个记者初次见到我，兴奋地说，我第一次知道“璀璨”这个词就是学你的《晋祠》，他还能背出文中“春日黄花满山，径幽而香远；秋来草木郁郁，天高而水清”的对仗句。这大大拉近了我与年轻人的距离。我一生中没有当过教师，却常被人叫老师，就因为课文里的那几篇文章。

一次，我在山西出差碰到一位年轻的女公务员，是黑龙江人。我说，你怎么这么远来山西工作？她说：“上学时学了《晋祠》，觉得山西很美，就报考了山西大学，又嫁给了山西人，就留在这里工作。想不到一篇文章改变了我的人生。”那一年，我刚调新闻出版署工作，陪署长回山西出差去参观晋祠，晋祠文管所的所长把署长晾在一旁，却和我热情地攀谈，弄得我很不好意思。原来，他于中山大学毕业后在广州当教师，教了好几年的《晋祠》，终于心动，调回家乡，当了晋祠文管所的所长。他说，感谢我让他与晋祠结缘，又送我一张很珍贵的唐太宗《晋祠铭》的大型拓片。他说上午中宣部长刚来过，我都没舍得送他。《晋祠》这篇课文一直到现在还使用，大约已送走了三十届学生，这其中不知还有多少故事，可能以后还会改变一些人的人生轨迹。

而我没有想到的另一个结果是，晋祠为此也大大增加了游客，带来了更大的知名度和经济效益。常有北京的一些白领，想起小时的课文，假日里就自驾游，去山西游晋祠。有了这个先例，不少风景名胜点，都来找我写文章，说最好也能入选课文。最典型的是贵州黄果树景区，我曾为他们写过一篇《桥那边有一个美丽的地方》，他们将文章印在画册里，刻成碑立在景区，印成传单散发，还不过瘾，一定要活动进课文。我说不大可能了，他们还是专门进了一趟北京，请人民教育出版社的同志吃了一顿饭，结果也没有下文。可见教材在人心目中的力量。

时隔二十一年后，2003年我的另一篇写瞿秋白烈士的散文，《觅渡，觅渡，渡何处？》，又被选入高中课本。对我来说，从山水散文到人物散文，是一次大的转换，这在读者中的反响则更为强烈。后来我的母校人民大学出版社就以《觅渡》为书名出了一本我的散文集，发行很好，连续再版。秋白是共产党的领袖，我的这篇文章却不是写政治，也不是写英雄，是写人格，写哲人。我本来以为这篇文章对中学生可能深了一些，但没有想到那样地为他们所喜爱。我们报社的一位编辑的朋友的孩子上高中，就转托他介绍来见我。这个稚嫩的中学生跟我大谈党史，谈我写马克思的《特利尔的幽灵》。北京101中学的师生请我去与他们见面，他们兴奋地交流着对课文的理解。一个学生说："这是心灵的告白，是作者与笔下人物思想交汇撞出的火花，从而又点燃了我的心灵。”在小礼堂里，老师在台上问：“同学们，谁手里有梁老师的书？”台下人手一本《觅渡》，高高举起，红红的一片，当时让我眼睛一热。原来这已形成惯例，一开学，学生先到对面的书店买一本《觅渡》。人民大学出版社的同志说：“我们得感谢人民教育出版社，他们的一篇文章为我们的一本书打开了市场。”这篇课文还被制成有声读物发行，又被刻成一面十二米长、两米高的大石碑，立在常州瞿秋白纪念馆门前，成了纪念馆的一个重要景观，因此也增加了更多瞻仰者。前来参观的国家领导人也驻足细读，并索要碑文。研究人员说：“宣传先烈，这一篇文章的作用超过了一本传记。”纪念馆旁有一所小学就名“觅渡小学”，常举行“觅渡”主题班会或讨论会，他们还聘我为名誉校长。因此还弄出笑话，因这所小学是名校，入学难，有人就给我写信，托我这个“校长”走后门，帮孩子入学。总之，这篇课文无论是传播秋白精神，还是附带提高当地的知名度都起了很大的作用。

我还有其他一些文章入选从小学到大学的各种课本和师生读本，有山水题材的，如《苏州园林》《清凉世界五台山》《夏感》，但以写人物的为多，如《大无大有周恩来》《读韩愈》《读柳永》，还有写辛弃疾的《把栏杆拍遍》，写诸葛亮的《武侯祠》，写王洛宾的《追寻那遥远的美丽》，写一个普通植树老人的《青山不老》，等等。而影响最大的是写居里夫人的《跨越百年的美丽》，分别被选进了十三个不同的教材版本中。其次是《把栏杆拍遍》入选华东师大版高中语文等七个版本，上海一个出版社以此为契机，专为中学生出版了一本我的批注本散文集，就名为《把栏杆拍遍》，已印行到第十一版。（我真的应该感谢《光明日报》，以上提到的十二篇入选教材或读本的文章，其中有五篇是任《光明日报》记者时所写，或后来所写又发在该报上的。）这些文章主要是从精神、信念、人格养成方面指导学生，但读者面早已超出了学生而影响到教师、家长并走向社会。我的其他谈写作的文章被选入各种教师用书，有的老师从外地打长途来探讨教学。一个家长在陪女儿读书时看到课文，便到网上搜出我所写的文章，到书店里去买书，并激动写了博客说："这是些充满阳光的、让孩子向上、让家长放心的文字。"有的家长把搜集到的我的文章寄给远涉重洋、在外留学的孩子，让他们正确对待困难、事业和人生。这也从另一方面反衬出目前社会上不利孩子成长、让家长不放心的文字实在不少，呼唤着作家、出版社的责任。

同样是一篇文章，为什么一放到教材里就有这么大的力量呢？这是因为：一、教科书的正统性，人们对它有信任感；二、课文的样板性，有示范放大作用；三、课堂教育是制式教育，有强制性；四、学生可塑，而且量大，我国在校中小学生年约两亿。教材对学生的直接作用是学习语言文字知识，但从长远来看，其在思想道德方面的间接作用更大。这是一种力量，它将思想基因植入到青少年头脑中，将影响他们的一生，进而影响一代人，影响一个国家，一个民族。

每一篇评论都要有一个真靶子

前段时间有个电视剧《亮剑》，剧中一个将军的一句话给我印象深刻，他说："每一个将军都要有一个假想敌。"确实，头脑中没有假想敌，你一个将军带几十万兵马干什么。一军之将，没有了带军的目标和动力，不可想象，这样军队也将不叫军队了，这个将军肯定不是好将军。由此我想到，我们写言论时应该，"每一个评论都要有一个真靶子"。

2005 年 9 月，我带记者组到贵州采访，省委一位负责同志请吃饭，席间他说读过我的一些评论，并随口举出一些段落。比如三年前发于 2002 年 4 月《人民日报》的《大干部最要戒小私》。他对文中那个私心重的高官印象很深，对大官要戒小私的理也很认同。类似的此种反映其他场合也常遇到。如发于 2004 年 4 月 9 日的《碑不自立，名由人传》，当天大连一位经商的先生即向该地记者站打电话说，言之有理，应痛刹此风。这两篇短文都是有生活中的实事作靶子的，这实事又很典型，有代表性。言论是议论文，说理为主，属务虚一类的文体，形象、情节不多，易空、易僵，怎么能打动人，并让人记住呢？

原来议论文的写作，虽为虚文却要有实靶，就像通讯必须有一条消息做内核，言论也必得有一件实事作靶子。不过你不是做小说，用实事去作模特，而是以这实事来推演阐发道理，回答读者的疑问，满足他们的关注，有的放矢，言之有物。这样你写出来的言论，虽句句是抽象之理，却又箭箭能中靶心，说到读者的心里。

言论要有靶子，主要体现在写作的准备、立论、阐述过程中，一旦完成写作，这个靶子大多已不存在，或者在文中也只是一个引子、一个符号，留下来的是那个服人的理。这时，文章已由个性上升到共性。这样才能指导实践。比如《出师表》是以当时蜀中的朝政为靶子，而上升到“鞠躬尽瘁，死而后已”的理。《岳阳楼记》得出了“先天下之忧而忧，后天下之乐而乐”的理，文中虽未具体写出针对哪件事，但作者实际是以大量的忠、奸、庸臣为靶子。有靶之文和无靶之文，一个结结实实、真真切切，一个虚虚囔囔、干干巴巴，天地之别。我们现在写言论经常是“要怎么样”“应怎么样”“必须怎么样”，一看就是上言亦言，人云亦云，心中无靶，在放虚箭，读者凭什么该这样、要这样呢？这文章当然不能打动人。

语言文字是民族的生命

十五年前因拙作《晋祠》入选中学课本，讨论教学，我与《语文学习》有一段缘。缘结心里时时不忘，但因工作繁忙，行无定所，以后就再没有什么联系。近日杂志社的同志忽上门，说《语文学习》已满二百期，希望说几句话。真是岁月无痕暗自流，花开花落几多秋。十五年来最大的变化是改革开放和商品经济的大潮对语言文字的冲击和推动。检点思绪，和当年比，我现在最想说的不是语文的艺术，而是语文的责任。

前不久看到一个材料，在亚洲某国刚开完一个出版问题研讨会。这个国家曾长期受殖民统治，外来语几乎取代了本国的母语，西方的书刊在国内可以很方便地流行。这样国外一些积压滞销的、黄色的，甚至有害国家发展的坏书刊就可以毫不费力地倾销进来，直接作用于读者，起到瓦解腐蚀、潜移默化的作用。所以在那个会上有学者提出：发展中国家必须以本土语言为市场屏障，这样才能弘扬传统文化，抵御文化入侵，否则将面临民族文化的毁灭。我当时心中不由一惊，语言文字问题竟这样重要，甚至关系到民族的生命。我们平常说有语言障碍不方便，但是当我们需要进行文化自卫时，这障碍就有了积极的意义。一次我在亚运村门口碰到一个把门的“坏小子”，对一位进门的外国人用客气的表情讲了一句骂人的话。这是恶作剧，要是中国人非跳起来不可。但这个外国人也客气地点了一下头，便进去了。“坏小子”以为占了便宜，其实他白费了唾沫。这个外国人头脑里有一道语言屏障。他不使用你的语言系统，你的语言武器就起不了作用。当然这是一件坏事，希望不要再发生。但它再次证明，语言是可以筑起一道屏障，从而有效地进行自身保护。

一个国家和民族能够在世界上自立，是因为它由许多自身个体的东西组合、凝聚成一个牢固的整体。如民族文化、民族习俗、民族经济，还有一个更重要的就是民族语言。这些都已成了民族生命的一部分。语言文字在这个组合中，对外是屏障，对内是血液，是黏合剂，就像一座大楼黏结各个板块之间的水泥。一次在国外旅行，同一个卧铺厢里，碰到一位黑发黑眼珠的青年，我很兴奋，但一张口，他神情木然，一句汉语也听不懂，原来从小就移居国外，这个黏合剂已经不起作用了，我心里好生遗憾。中华民族这样强大统一，我们得感谢在秦朝时就统一了文字。解放后全国又大力推广普通话，尽量做到语言统一。

语文既然是民族生命的一部分，我们就应该像保护眼睛一样地保护它。语言文字是工具，但这工具在为民族政治、经济、文化服务的过程中已渗进了民族的个性，成了民族的财富、民族的标志，从而有了积极主动的作用。我们决不能自毁长城，懈怠它，作践它，而是要纯洁它，发展它。可惜这一层意思并没有引起足够的注意。现在语言不规范的现象几乎到处可见：首先是洋文大量涌入，中西混杂；第二是随意编造，篡改词语；第三是繁简混用，有法不依；第四是文字粗糙，常有错字病句。这些与对外开放、电视普及、广告发展等有关，但这正是新形势给我们提出的新问题。语言首先是一种工具；其次是一种艺术；第三，在发挥工具和艺术功能的过程中，它又远远超出本能而有了全局的、政治的价值。语言质量的下降，一是将影响人际关系和工作交流的质量；二是将影响文化的积累提高，如果听之任之，多少年后我们的子孙将无好书可读，无好文可诵；三是语言质量的下降，就像用低标号的水泥盖楼，将会影响民族的凝聚力，影响本民族的独立个性和在世界民族之林的竞争能力。就像前面提到的那个亚洲国家的教训。这不是耸人听闻。这么想来，我们语言文字工作者，实在是任重而道远。

时代的变革必然带来语言文字的变革。中华文明五千年，其间经历了大小无数次的社会变革和文字变革，才有了我们今天这样丰富而优美的语言文字。远的不说，在“五四”那场伟大的新旧变革中，语言文字也曾出现过一定的混乱，但可喜的是，在那场运动中，一批思想解放的勇士同时也就是语言文字的大师，如鲁迅、叶圣陶、陈望道，他们关注社会的进步，同样也关注语言的进步，致力于语言文字的改革，从而使我们的语文既保有了优秀的传统，又吸收了许多新的东西，建立了新的规范，有了一次大发展。正是千百年来这种不懈的努力，才使我们的语言文字成了世界上最优秀的语言文字之一。以至于在计算机大量普及的现在，连外国人都奇怪汉字竟能这样惊人地适应这种现代书写工具。在当前这场空前的改革开放的高潮中，我们首先应该发扬民族语言文字的好传统，然后在此基础上吸收外来词语，创造新词语，并且严格遵守语言规律。语言是民族的生命，是民族的血液。当前语言文字是出现了一些混乱，但我们正满怀希望，抓住机遇。我们在经济、文化、社会等方面不是也都有一些转轨时期的混乱，但又同样有惊人的进步吗？相信只要唤起社会的广泛支持，经过语言文字工作者的不懈努力，我们的语言文字会更规范、更准确、更生动、更美丽。而语言文字质量的提高，将会进一步促进这场改革的胜利，提高我们民族的素质。

文章要当钻石磨

在澳大利亚访问新得到一个知识，原来钻石难能珍贵处，主要在加工打磨。澳也有矿，南非也有矿，但南非钻石更有名。因为澳的加工技术只能打出四十几个面，南非可打出四百六十多个面，面越多，折光就越多，无论从哪个细微的角度看，都能找到光彩夺目的新感觉。真是好矿诚珍贵，技绝价更高。

由此想到写文章。选材如挖矿，初稿是坯料，就像一块有纹理的花岗石。你只要从任何一个角度打磨一下，或者再打磨进任何一个深度，就会出现一种新的图案、色泽和纹路。随着角度的变换和深度的跟进，就产生一个一个的新结果，直到满意为止。这个过程可能要几十次、上百次。文章首先是打磨思想。开始你只是想到一个主题，一个方向，而在写作过程中常会在这里或那里闪出一个念头。就像一块花岗岩，开始加工时你只知道总的颜色、花纹，是猩红还是石绿，在打磨过程中会突然遇到一点好纹理、好色块，或是新奇的图案，这时就立即着意加工，突现它，丰富它。中国古代的名砚，除刻工精巧外，常常是能打磨出藏于石中的一团明月或一片绿叶，就让它浮现在柔润的青石砚边。我在云南见过一块极名贵的大理石，平光如镜，上面有一只花猫正伸出右前爪捕捉一只彩蝴蝶。天啊，这是怎样的一块奇石，又是以怎样的打磨功夫才尽现其奇的啊。就像一块貌不惊人的石头里能打磨出天下无双图案一样，你的文章坯子经过无数次打磨也能磨出一个最理想的效果。

我的散文《最后一位戴罪的功臣》，是描述林则徐在虎门销烟后被削职发配新疆的一段历史。在初稿中引用林的一句诗：“羁臣奉旨原非分”，是说他以罪臣之身被委派去勘测土地，是干着非分之事。同时，名不正，言不顺，处境很尴尬。在改到十数遍之后，不觉在“非分”上生出一段议论：“可知，世上之事，相差之远者莫如人格之分了。有人以罪身忍辱负重，建功立业；有人以功位而鼠窃狗盗，自取其耻，自取其罪。确实，‘分’这个界限是‘人’这个原子的外壳，一旦外壳破而裂变，无论好坏，其能量都特别的大。”自觉这段理性的升华使本是叙事的文章顿然拔高一截。但这是在修改到十数遍之后才打磨出来的，就像打磨一块青绿花岗石，突然露出点红，再一遍又一遍地磨下去，就是一轮破云而出的红日。

这只是就文中思想的打磨略举一例，要最后将文章变成成品、精品，还要做到语法准确、词语生动、结构新颖、修辞恰当、错落有序、情真意切、神形兼备等等。只要有一面打磨不到，就不能显出它的最佳光彩。而作者有时又很难兼顾，磨光这一面却又伤了另一面，这便需要选取最佳组合了。如果能使这篇文章的光彩到了极致，那就是一枚打磨出了四百六十面的钻石。

文章为思想而写

人们为什么写文章？可以有很多目的。比如，为了传递信息、传播知识，为了创造艺术、创造美感。但还有更深的一层，就像开矿一样，是为了开采新的思想，交流新的思想。当然，并不是每一篇文章都能有新思想，但有新思想的文章肯定是好文章。这也是写作人追求的理想。

我自己最早写文章是学生时代作文，那主要是为了学习字词句的组合，好比小孩学步，只要会走，还谈不上走的目的。再后来写文章是当记者，是为传播信息。新闻属平实一类的文体，以陈望道先生修辞学的分类法，是消极修辞，只求内容之实，不敢求形式华丽。但因采访之需，要接触各种人和事，感情常被感染，于是我又明白，文章是表达情感的。又因南北奔波常行名山大川之间，感于自然之美，再勾起肚子里小时读进去的那些美文，又明白文章是要表达和创造美感的。但随着年龄的增长和阅历的增加，许多事理在胸中冲撞、激荡和沉淀，许多想法从无到有，许多事从不懂到懂，我渐渐明白，文章还有更深一层的目的，它是用来开采和表达新思想的。

前些年，我曾写过一篇文章，提出散文美的三个层次。第一层是描写叙述的美，写景、状物、述事、传递信息、传播知识等，求的是准确、干净。第二层是情境之美，即要写出感觉、感情、美感。第三层是哲理之美，即要写出新的思想。这种美在文学作品中有，在许多政论、哲学和科学论文甚至讲话中都可找到。只要有新的思想，就有美的魅力（当然，兼有其他的美更好）。我们平时看报纸、读社论、听讲话，大部分时候留下的印象不深，就是因为这些文章讲话只到了传递信息、决定、指示这一层，还没有给人以新思想。而一篇文章或一篇讲话中有了新思想的火花，便如闪电划过夜空，你会有永久的记忆。

比如“文化大革命”十年我们已经习惯了一切按最高指示办，报上文章无不重复着这样的话。但突然 1978 年 5 月，《光明日报》冒出一篇文章说“实践是检验真理的唯一标准”，提出一个很有震撼力的新思想，所以至今人们对这篇文章记忆犹新。再细想一些古文名篇所以能流传下来成为经典，除有艺术之美外，大都是因为它首先说出了一种前人没有说出的新思想。如“业精于勤荒于嬉，行成于思毁于随”，如“天将降大任于斯人也，必先苦其心志，劳其筋骨，饿其体肤”，如“桃李不言，下自成蹊”，如“亲贤臣，远小人”等，这些哲理名言都让人常读常新，而这些文章也得以代代流传。

可以说裹藏在文章中的思想，是这些文章在人们头脑里代代繁殖的种子。当然，光有种子的颗粒还不行，还得有茂盛的枝干花叶，所以文章还得有文采，还得有前两个层次的衬托。作为文学作品，如果三个层次都达到了便是不朽好文。比如《岳阳楼记》，有洞庭湖景色的描写之美，有作者由此引发的情感之美，而最后又推出作者独自悟出的思想：“先天下之忧而忧，后天下之乐而乐”，达到了一种哲理之美。这篇文章所以能流传千古，气贯百代，老实说，主要是因为这句话，这一个新思想。

人们或许会问，社会上每天文章千千万，哪能篇篇都有新思想？是的，许多文章只是完成着传递信息、传播知识、讲述故事的任务，作为一般人，这就够了。但作为作家、思想者，这却不够，他必须使自己的文章有新思想，要挖出别人没有表述过的思想。对这种新思想的追求就像铸炼新词新句一样，务求个性，务求最新，“语不惊人死不休”，篇无新意不出手。因为你是“专门家”，弄文章的“专家”，当然就与其他人的文章不同。就像跑步，一般人快点慢点都无所谓。而运动员则不同，他必须跑出比别人快的成绩，因为他是专门干这个的。如果百米纪录是十秒，所有跑十秒零几的人都不算数，都不会被人记住，唯有跑到九秒几的人才会被人记住。这零点一二秒才是运动员生命的意义。同理，文章中的新思想才是作家生命的增长点。

历史老人将首先选择那些有新思想、有新鲜艺术感的文章传之后代，并根据其思想和艺术水平的程度决定它存留的时间。

用文学来翻译政治

时值建党九十周年，散文集《红色经典》再版，编辑约谈一点创作体会。

我一直认为文章写作主要有两个目的：为思想而写，为美而写。文章最后作用于读者的或是思想的启发，或是美的享受，可以此多彼少，当然两者俱佳更好。文章的题材可以是多样的，有的便于表现美感，如山水；有的便于表达思想，如政治。但政治天生枯燥、抽象，离普通人太远。其中虽含有许多大事、大情、大理，却不与人“亲和”，难免敬而远之。怎样既取其思想之大，又能生美感，让人愉快地接受呢？就得把政治翻译为文学——发扬其思想，强化其美感。文学是艺术，如同绘画、音乐一样，专门给人美的享受，但它又不像绘画、音乐那样是纯形式艺术，它有内容，有灵魂，内容美加形式美有更强的震撼力。

写政治题材的文章，不怕缺思想，因为那些经典的思想早已存在，它比作家自己苦想出来的不知要高出多少。怕的是翻译不好，转换不出文学的美感。而一般读者首先是为了审美而阅读，如果只是为了思想，宁可去看政治或学术读物。这种翻译是一个复杂的系统工程。其主要体会如下。

一、选择适合的典型

用文学翻译政治就是借政治人物、事件的光芒来照亮文学领地，照亮读者的心。文学是典型艺术，红色经典虽然足够宏大，但并不是所有的政治素材都能入文学，它还要符合文学的典型性。选材时我力求找到每一个人物或事件的最亮之点。如写毛泽东就选他延安时期最实事求是的那一段（《这思考的窑洞》），写周恩来就写他最感人的无私的品德（《大无大有周恩来》），写瞿秋白就写他坦诚的人格（《觅渡，觅渡，渡何处？》），还有选取西柏坡等这些能代表历史转折的关节点。而对人物又选其命运中矛盾冲突最尖锐的那一刻，而这多是悲剧的一瞬，却最易看到其生命的价值。如庐山会议上的彭德怀，“文革”中在江西被管制劳动的邓小平。历史又从来是现实的镜子，典型性就是针对性，这些已往的红色经典移入文学作品要能满足三个条件：一是已为实践所证明其正确；二是针对现在的问题仍有批判、指导、启发作用；三是为读者心中所想所思，有受众。我严格遵守这三个条件，这也是为什么作品一发表就反响较大，以后又被连连转载和再版的原因。

二、还神为人

政治是治国管人的学问，高高在上；文学是人学，有血有肉。文学所说的“人学”主要是指人的情感、性格和人格。曾经高高在上的“管人者”一下成了作家笔下解剖的对象，这好像很难接受。而我们过去又曾有过一段造神运动，把最高管理者，即领袖人物神化，作家不敢写，读者不爱看。

从文学的视角来看政治人物就要还神为人，要写出他们的情感、人格。一旦突破这一点，转过这个弯子，政治就贴近了读者。怎么转？一是淡化其政治身份，集中剖析他的人格；二是摆脱旧有形象，聚焦其真实的情感。写人格，如瞿秋白：

他觉得自己实在渺小，实在愧对党的领袖这个称号，于是用解剖刀，将自己的灵魂仔仔细细地剖析了一遍。别人看到的他是一个光明的结论，他在这里却非要说一说光明之前的暗淡，或者光明后面的阴影。这又是一种惊人的平静。

……项羽面对生的希望却举起了一把自刎的剑，秋白在将要英名流芳时却举起了一把解剖刀，他们都把行将定格的生命的价值又向上推了一层。哲人者，宁肯舍其事而成其心。

写情感，如小平落难时为受株连而身残的儿子洗澡：

多么壮实的儿子啊，现在却只能躺在床上了。他替他翻身，背他到外面去晒太阳。他将澡盆里倒满热水，为儿子一把一把地搓澡。热气和着泪水一起模糊了老父的双眼，水滴顺着颤抖的手指轻轻滑落，父爱在指间轻轻地流淌，隐痛却在他的心间阵阵发作。这时他抚着的不只是儿子摔坏的脊梁，他摸到了国家民族的伤口，他心痛欲绝，老泪纵横。

写周总理在毛泽东批评后被迫写检查：

从成都回京后，一个静静的夜晚，西花厅夜凉如水，周恩来把秘书叫来说：“我要给主席写份检查，我讲一句，你记一句。”但是他枯对孤灯，常常五六分钟说不出一个字。……天亮时，秘书终于整理成一篇文字，其中加了这样一句：“我与主席多年风雨同舟，朝夕与共，还是跟不上主席的思想。”总理指着“风雨同舟，朝夕与共”八个字说，怎么能这样提呢？你太不懂党史。说时眼眶里已泪水盈盈了。秘书不知总理苦，为文犹用昨日辞。

政治人物原来也有自己的酸甜苦辣。

三、“顺瓜摸藤”，还原形象

政治讲究结论，文学注重形象。用文学翻译政治就是还原结论之前的过程，你要告诉读者这“瓜”是怎么结出来的，描绘出它的藤和叶，这就是形象。是讲政治内容，但必须有文学形象。比如写毛泽东转战陕北：

胡宗南进犯，他搬出了曾工作九年的延安窑洞，到米脂县的另一孔窑洞里设了一个沙家店战役指挥部。古今中外有哪一孔窑洞配得上这份殊荣啊，土墙上挂满地图，缸盖上摊着电报，土炕上几包烟，一个大茶缸，地上一把水壶，还有一把夜壶。中外军事史上哪有这样的司令部，哪有这样的统帅。毛泽东三天两夜不出屋，不睡觉，不停地抽烟、喝茶、吃茶叶、撒尿、签发电报，一仗俘敌六千余。他是有神助啊，这神就是默默的黄土，就是拱起高高的穹庐、瞪着眼睛思考的窑洞。大胜之后他别无奢求，推开窑门对警卫说，只要吃一碗红烧肉。

毛泽东在延安窑洞里，一面指导战争，签发电报，一面还要从事理论研究，写文章。这种双重身份是用这样一个形象来表达的：

他只能将自己分身为二，用右手批文件，左手写文章。他是一个中国式的民族英雄，像古小说里的那种武林高手，挥刀逼住对面的敌人，又侧耳辨听着背后射来的飞箭，再准备着下一步怎么出手。当我们与对手扭打在一起，急得用手去撕、用脚去踢、用嘴去咬时，他却暗暗凝神，调动内功，然后轻轻吹一口气，就把对手卷到九霄云外。他是比一般人更深一层、更早一步的人。

这些形象读者印象深刻，读后还常常说起，它早已不是那个天安门上挥巨手的形象了。

四、含蓄表达，留出想象的空间

政治要明确，文学却要含蓄。政治是方针政策、法律，甚至可以是口号，但文学不行，它是艺术。相对来说小说还可以直白一点，大篇幅地铺排，散文不行。散文精短，要求含蓄，诗歌更短，就更要含蓄。这时反而要把明白了的政治理念翻译成含蓄的文学意境，本来可以一步到达偏要曲径通幽。人的思维就这么怪，朦胧和距离产生美感，这是美学规律。在散文创作就是要找到“意象”。意象是最能体现文章立意的形象，是一种象征，是诗化了的典型，是文章意境的定格。作家动笔之前，诗人先找韵脚，小说家先找故事，散文家先找意象。

散文名作中常有意象的运用，如朱自清的《背影》。政治题材天生宏大，找意象不易，可是一旦找见就顿生奇效。比如，用瞿秋白故居前的觅渡桥，来写瞿寻觅人生渡口而终不得的悲剧（《觅渡，觅渡，渡何处？》）；用一条小船来写共产党八十年的历程（《一个大党和一条小船》）；用红毛线、蓝毛线来写西柏坡时期党的战略转移（《红毛线，蓝毛线》）等。文章发表后像“觅渡桥”“红毛线、蓝毛线”等，已经成了纪念馆新的重要内容，而赋予了崭新的含义。参观者在举头敬仰之时，心中又多了许多美好的联想。意象在文章中的使用一是天然性，可遇不可求；二是要有“象”，即具体的形象；三是要有“意”，即有象征性；四是要“意”大“象”小；五是“意”“象”之间要有较大反差，以收奇险之美；六是唯一性，既要空前，也要绝后，收个性之美。这是散文与其他文学形式的不同之处，也是政治散文最难写之处。

五、善用修辞

政治严肃，用消极修辞，以内容的准确表达为度；文学浪漫，用积极修辞，不仅准确，更求生动。生动的文学碰上严肃的政治，全靠语言的转换。不但修辞方面的十八般武艺都要用上，古典、口语、诗句、长短句等各种风格都要灵活运用，以尽显语言的形式美。有时吸收口语所长，句式或整或散。如：

红毛线、蓝毛线、二尺小桌、石头会场、小石磨、旧伙房，谁能想到在两个政权最后大决战的时刻，共产党就是祭起这些法宝，横扫江北，问鼎北平的。真是撒豆成兵，指木成阵，怎么打怎么顺了。

《红毛线，蓝毛线》

有时或整齐严谨，暗用旧典，求古朴深沉的韵味。如：

当周恩来去世时，无论东方西方，同声悲泣，整个地球都载不动这许多遗憾，许多愁。

（李清照：只恐双溪舴艋舟，载不动许多愁。）

《大无大有周恩来》

对重大理论思想也可用幽默来表达：

可是我们急于对号入座，急于过渡，硬要马克思给我们说下个长短，强捉住幽灵要现形。现在回想我们的心急和天真实在让人脸红，这就像一个刚会走路说话的毛孩子嚷嚷着说：“我要成家娶媳妇。”马克思老人慈祥地摸着他的头说：“孩子，你先得吃饭，先得长大。”

《特利尔的幽灵》

为文第一要激动

我常听到这样的话，你看到此情此景又可写一篇好文章了。但我大多数情况下却心静如水，没有创作的激动。

写作就是一种感情和思想的喷发。你可以在学识、技巧各方面已有足够的准备，但是没有一个契机，它还是不能成文。就像一座火山要等百年千年才喷一次，也可能永远地怀抱岩浆，沉默不语。

文章之有激动和无激动大不一样。有激动为真文章，能感到作者想说话，说真话，读者就有新感觉、新启发。无激动，作者所写必抄袭、必重复、必说教，读来令人心烦。无激动之文有四种：

一是新手初学而为文，比如学生作文。这时作者的主要目标在掌握文字技巧，训练文字的驾驭能力，布局得当、文字通顺皆可，重在学形式，还不能一气贯文中，所以也多找不到什么激动之情。

二是外行为文。有一部分人并不是当作家的料，但是对写作十分爱好，十分投入，而且自以为找到了感觉，一篇接一篇、一本接一本地写。实际上他是在照样画葫芦。他从一开始就没有找到那个激动点，没有找到进山的路。如果他有发表的条件，就更促成了这种恶性循环。甚至他一生就这样穿着皇帝的新衣，出席作家会议，上台领奖，为人签名，等等。

三是匠人原地踏步为文。有的人确实写过几篇成名作，但是再找不到新突破，又不甘心被人忘掉，就在自己原有的高度上不断重复。像一个匠人，在熟练地工作，所提高的只是技巧与速度，设计造型没有新突破，上不到大师这个台阶。

四是老手敷衍为文。文章写多了就累人，名家也难篇篇激动，老手在为文债所逼时也会敷衍为文，并不去动真情。就像一个名演员，一生总演这一出戏，也有腻的时候，场场激动受不了。这四种人，第一、二种是根本不知道为文要激动，第三种是丢失了激动，第四种是懒得激动。

为文为什么要激动，就是为了产生一种爆发力、爆炸力，这样才能震撼人心，感动读者。读者捧读一篇新文章前，本来心静如水，全靠作者这一粒石子投入他心海之中，激起情感的涟漪。能不能投得准，是关键。而投之前，又要看作者是不是先激动，即先产生投的欲望。刘勰所谓“目既往还，心亦吐纳”。心不动，难为文。如果作者心如止水，怎么能期望读者其心如沸呢？激动者，情为所激，心为所动，实际上是一个由事物到作者、再到读者的连续过程，必得“双动”才行。作者不动情，不能为文。就算为文，读者不动心，不算好文。所以这个激动点一般要找在时代和最大多数人的共振点上，才能收大激动、大影响之效。比如，家家婚丧嫁娶，都有个人之喜、个人之悲。但这并不是社会全体之喜、之悲，这种文章写出来自己激动，别人并不激动。这就是为什么小情小景不足取，凡历史上留下来的名篇都是大激动之文。虽也有取之常情常景者，如朱自清《背影》，但实际上它是寓共性于个性，揭示出人伦之大情。

怎样才算有激动之文呢？简单说，就是无中生有，死中求活。无论是作者内心平静的世界，还是外部的客观事物，原本是孤立的，不成文章。只有两相一激，便无中生有，生出新的思想，便死寂之中忽然跃出活灵灵的情感。像春天第一声春雷，震醒冬眠蛰伏之物；像春雨浸润土中的种子，催生新芽。作家的修养学识经外部事物一激，就如原子辐射使生物变异，可以激发出想象不到的新思想、新情意、新文章。作家许多时候并不想为文，但忽遇外事外景所激，反会顺手写出一篇好文，正所谓“文章乃天成，妙手偶得之”。我写过许多山水文章，对象都是万年旧物，前人咏过何止千遍，但仍觉有可激动之处；也写过许多文章，都是古人故人，别人也多有抒写评点，但仍有激动我的地方。也还有许多的山水人物看过想过不知多少遍，但就是不想写，因为我还没有发现激动我的那个点。一个作品的成功，概括来说是“二次激动”“三点一线”，先要作者激动，并发而为文，像杜甫那样“感时花溅泪，恨别鸟惊心”，再用这种文章去激动别人，洛阳纸贵。作者、写作对象、读者三点一线，在激动这根弦上共振才行。鲁迅说写不出时不要硬写，不激动时，就不要提笔。

文章三美

散文既是一种艺术，其美是有层次的。我认为可以分为三层。

第一个层次是描写的美。作者能将要说的事物客观地、清楚地写出来摆在读者面前。要求如实，不走样，能显示事物本来的美。类似美术作品中的素描。

第二个层次是意境的美。作者在对某事物的描写，或某种思想的表达中能产生一种美的氛围、意境，将读者引到一个美的精神境界。这个境界是作者的主观境界，是别人无法替代创造的。类似美术作品中的写意。如果是素描作品，不同的画家画同一物互相可以很像。而写意画却不同，画家虽面对同一对象，画出的却大相径庭。可以看出画家在作品中加入了自己个人的思想、气质。这种美是以现实物为核心衍射出的一种光环，又好像一块糖刚开始溶化，糖连同靠近它周围的水滴（无形的糖）一起构成一种甜。如果说第一个层次是客观的美，第二个层次就是主观的心灵美。

第三个层次是哲理的美。作者在对客观事物做了描述，也抒发了自己的感情，并感染了读者后，又进一步升华到一种哲理思想上，并理出一种新理念，创造出一些警句哲言，将其“定格”下来。第二个层次的艺术力量主要是在人们的胸怀中鼓荡，以情动人，使读者或悲或喜激动不已。第三个层次的艺术魅力是一种冷静的思索，使读者在经过一番景的陶醉、情的激动之后，静思其中之理，并悟出宏观之道。而这种道理又是实实在在的客观存在，经你道破后人人承认。所以这一层次的美又返归到客观的美，不过更高一层。与美术作品比，它是抽象的、象征的画。还以那块糖比，这时糖已全部化完，我们找不见它的原形，但甜味是客观地存在着的。

第一个层次借助客观形象，其艺术力是暂时的，过目即忘；第二个层次袒露作者主观的心象，有个性，艺术力持久；第三个层次又返归到客观真理，点破天机，使人们永久地折服。列简表如下：

第一层次　描写美　客观形象 直觉暂时

第二层次　意境美　主观形象 情感持久

第三层次　哲理美　客观抽象 思想永久

当然在一篇散文中要同时达到这三个层次是很难的，每篇文章可以主要追求一种美。比如明人魏学洢的《核舟记》就是一种典型的描写美。我以为古文中范仲淹的《岳阳楼记》是三个层次兼备的好文章：大量的绘声绘景，“衔远山，吞长江，浩浩汤汤”，这是描写的美；由景而及情，“满目萧然，感极而悲”“宠辱皆忘，把酒临风”，这是意境的美；最后将这所有的景和情的积蓄一起迸发出来，点破一条哲理，“先天下之忧而忧，后天下之乐而乐”，读者读至此处没有不点头的。而且这千古至理名言，一读之后永远不忘。正因为这篇文章在这三个层次上都有完美的体现，所以千百年来人们传诵不衰。

我在前期的写作中并没有悟出这个层次，而且这样划分和解释也未必能得到文艺理论家们的同意。但我在自己后来的创作实践中是按自己的理论来走路的，较能体现这个思想的是《马列公园赋》。

文章五诀

一篇文章怎样才好看呢？先抛开内容不说，手法必须有变化。最常用的手法有描写、叙事、抒情、说理等。如就单项技巧而言，描写而不单调，叙事而不拖沓，抒情而不做作，说理而不枯燥，文章就算做好了。但更多时候是这些手法的综合使用，如叙中有情，情中有理，理中有形，形中有情，等等。所以文章之法就是杂糅之法，出奇之法，反差映衬之法，反串互换之法。文者，纹也，花纹交错才成文章。古人云：文无定法，行云流水。这是取行云流水总在交错、运动、变化之意。文章内容空洞，言之无物，没有人看；形式死板，没有变化，也没有人看。

变化再多，基本的东西只有几样，概括说来就是：形、事、情、理、典五个要素，我们可以称之为“文章五诀”。其中形、事、情、理正好是文章中不可少的景物、事件、情感、道理四个内容，又是描写、叙述、抒发、议论四个基本手段。四字中“形”“事”为实，“情”“理”为虚，“典”则是作者知识积累的综合运用。就是我们平常与人交流，也总得能向人说清一个景物，说明白一件事，或者说出一种情感、一个道理。所以这四个字是离不开的。因实用功能不同，常常是一种文体以某一种手法为主。比如，说明文主要用“形”字诀，叙述文（新闻亦在此列）主要用“事”字诀，抒情文主要用“情”字诀，论说文主要用“理”字诀。

正如一根单弦也可以弹出一首乐曲，只跑或跳也可以组织一场体育比赛。但毕竟内容丰富、好听、好看的还是多种乐器的交响，和各种项目都有的运动会。所以无论哪种文体，单靠一种手法就想动人，实在很难。一般只有“五诀”并用才能做成斑斓锦绣的五彩文章。试用这个公式来检验一下名家名文，无不灵验。

范仲淹的《岳阳楼记》是一篇“记”，但除用一两句小叙滕子京谪守修楼之事外，其余，“霪雨霏霏”“春和景明”都是写形，“感极而悲”“其喜洋洋”是写情，而最后推出一句震彻千年的大理，“先天下之忧而忧，后天下之乐而乐”。形、事、情、理四诀都已用到，文章生动而有深意，早已超出记叙的范围。梁启超的《少年中国说》是一篇讲国家图强的论文，但却以形说理，一连用了“老年人如夕照，少年人如朝阳。老年人如瘠牛，少年人如乳虎。老年人如僧，少年人如侠。老年人如字典，少年人如戏文”等九组十八个形象，这就大大强化了说理，使人过目不忘。毛泽东的《为人民服务》从张思德牺牲说起，是事；沉痛哀悼，是情；为人民服务，是理；引司马迁的话，“或重于泰山，或轻于鸿毛”，是典。特别是借典说理，沉稳雄健，是这篇文章的一个重要支点。

有人说马克思的文章难读，但是你看他在剖析劳动力被作为商品买卖的本质时，何等的生动透彻：“原来的货币占有者作为资本家，昂首前行；劳动力占有者作为他的工人，尾随于后。一个笑容满面，雄心勃勃；一个战战兢兢，畏缩不前，像在市场上出卖了自己的皮一样，只有一个前途——

让人家来鞣。”在这里，“形”字诀的运用，已不是一个单形，而是组合形了。可知，好文章是很少单用一诀一法，唱独角戏、奏独弦琴的。我们平常总感到一些名篇名文魅力无穷，原因之一就是它们都暗合了这个“文章五诀”的道理。

常有人抱怨现在好看的文章不多，原因之一就是只会用单一法。比如，论说文当然是以理为主，但不少文章也仅止于说理，而且还大多是车轱辘话，成了空洞说教。十八般兵器你只会勉强使用一种，对阵时怎能不捉襟见肘，气喘吁吁。不要说你想“俘虏”读者，读者轻轻吹一口气，就把你的小稿吹到纸篓里去了。前面说过，形、事为实，情、理为虚，“五诀”的运用特别要讲究虚实互借。这样，纪实文才可免其浅，说理文才可避其僵。比如钱钟书《围城》中有这样一句话：“（男女）两个人在一起，人家就要造谣言，正如两根树枝相接近，蜘蛛就要挂网。”这是借有形之物来说无形之理，比单纯说教自然要生动许多。

“文章五诀”说来简单，但它是基于平时对形、事、情、理的观察提炼和对知识典籍的积累运用。如太极拳的掤、捋、挤、按，京戏的唱、念、做、打，全在临场发挥，综合运用。高手运笔腾挪自如，奇招迭出，文章也就忽如霹雳闪电，忽如桃花流水。

影响中国历史的十篇政治美文

中国从古至今，以一篇文章而影响了中华民族政治文明、人格行为和文化思想的美文为数不多。我排了一下有十篇。

请注意，这里说的是“政治美文”，就是说既要有思想，还要文字美。要符合三个条件：一、文章提出了一个影响了中华民族政治文明、人格行为的思想；二、文章中的一些名句熟词广为流传，成为格言、座右铭，有的已载入辞典，丰富了民族语言；三、文章符合艺术规律，词、句、章，形、情、理都达到了美的要求。如果我们只是就文字“选美”，当然还会选出更多，如王勃的《滕王阁序》等，那是另一个范畴。

下面按这个标准一一分析。

贾谊的《过秦论》，探讨一个政权为什么会灭亡。为政必须施仁政，不能反人民。后来说到农民起义时常用的词“斩木为兵，揭竿为旗”，即出自本篇。

司马迁的《报任安书》，探讨生命的价值，提出一个做人的人格标准：“人固有一死。死，或重于泰山，或轻于鸿毛，用之所趋异也。”成语“士为知己者死，女为悦己者容”即出自本篇。

诸葛亮的《出师表》，提出忠心耿耿的为臣之道和勤恳不怠的敬业精神。名句“鞠躬尽瘁，死而后已”“亲贤臣，远小人”“受任于败军之际，奉命于危难之间”等广为流传。

陶渊明的《桃花源记》，以文学的手法描绘出一个理想社会的蓝图。从中可以看出老庄哲学与空想社会主义的影子。西方的政治名著《乌托邦》《太阳城》与其相类似。“桃花源中人”“只知秦汉，不识晋魏”，已成后人常用的成语。而“桃花源”已经是理想社会和优美风景的代名词。

魏徵的《谏太宗十思疏》，探讨一个政权怎样才能巩固，并且塑造了一个较理想的君臣关系样板。提出“居安思危，戒奢以俭”“载舟覆舟，所宜深慎”，提出“凡昔元首，承天景命，善始者实繁，克终者盖寡”。这就是 1942 年黄炎培与毛泽东在延安谈的政权周期律。后人常说的“居安思危”“水可载舟覆舟”，即出于此。

范仲淹的《岳阳楼记》，提出“先天下之忧而忧，后天下之乐而乐”的为人、为政理念。这句名言成了范之后所有进步政治家的信条。范的这篇文章和陶渊明的《桃花源记》都做到了形美、情美、理美，是用文学来翻译政治的典范。

文天祥的《正气歌序》，提出为人要有正气的气节观，鼓舞了历代的民族英雄，成了中国人的做人标准。“天地有正气”成了战胜一切邪恶、腐败势力的旗帜。

梁启超的《少年中国说》，反对保守，提倡革新。提出抛弃老朽的中国，创造一个少年中国，振兴中华。几乎通篇都是美言美句。

林觉民的《与妻书》，呼唤共和，敲响了数千年封建王朝的丧钟。再次响亮地喊出“老吾老以及人之老，幼吾幼以及人之幼”，牺牲个人，报效祖国。

毛泽东的《为人民服务》，提出的为人民服务的思想，成为共产党人立党立国的宗旨。

这些文章已经成为中华文明的经典。

好文章是替时代立言，是一个人在一定的时代背景下全部知识和阅历的结晶，是他生命的写照。这其中不知要经历多少矛盾、冲突、坎坷、辛酸、成功与失败。这非主观意志可得，只可遇而不可求。因此，一篇好的文章就如一个天才人物，一个历史事件，甚或如一个太平盛世的出现一样，不是随便就能有的，它要综天时地利之和，得历史演变之机，靠作者的修炼之功，是积数十年甚或数百年才可能出现的一个思想和艺术的高峰。

千军易得，一将难求；千年易过，好文难有。

“哇”字牌通讯

不知怎么，翻看着新闻参评稿，思维之车一下滑向感叹词这个轨道。古文感叹用“兮”，刘邦“大风起兮云飞扬”；用“噫”，范仲淹“噫！微斯人，吾谁与归”；用“哉”，梁启超“壮哉，我少年中国”。现代白话文用“啊”、用“呀”、用“哎”。古今文章不知读了多少，不管“兮、噫、哉”还是“啊、呀、哎”都觉得很自然，说话人在流露真情。近年来在都市人的口语中，悄然出现了一个“哇”字。这个字很有意思，妙在它所表现的情感，不但有七分真情，还有三分假意。“哇！真好吃。”“哇！我好开心。”好吃、开心是真，但真感叹之外还有三分的自我表演与自我欣赏。

现在一些记者不喜写消息喜写通讯，因为消息太简单不便发挥。写通讯又专爱写一种“哇”字牌通讯。一提笔就先“哇”一段感叹的话。你不把这十行八行，甚至几段的“哇”语读完，你真不知道这篇文字要说什么。写抗洪救灾的稿子就先说：“在我们这片古老的土地上曾出现过一个大禹……”要记一件事必先说：“历史记下了这个时刻……”要是记一个人可能这样开头：“人和动物的区别在于……”总之它的模式是一定不提事情本身，而是用最大的语气，从最远处大大地“哇”一声，然后才进入报道本身。毛泽东同志在《反对党八股》里批评那种“一国际、二国内、三边区、四本部”的报告模式。这种通讯是一历史、二哲学、三文学、四才轮到新闻。每次评奖都能遇到这种扯旗唬人、泰山压顶，近万字的大通讯。为什么非要从海外、天边不厌其远地扯起呢？据说是追求文章的气魄、力度，高屋建瓴。但这实在不必。

新闻不是抒情诗，像李白一开篇就“噫吁戏，危乎高哉！”不是论文，先摆论点；也不是小说，先设悬念或发议论，像《安娜·卡列尼娜》那个著名的开头。新闻是信息传播，要求直说，不能太长，不许绕圈子。所以这种所谓的气魄、力度是借机自我表现。就如自负又浮浅的姑娘见了好景好物先“哇”一声，其眼睛的余光却在扫着旁人：我的天姿、风度如何？这种通讯的作者开篇先“哇”一段时，也在偷眼看读者的表情：“我的知识、才气如何？”

过去我当记者时与一位青年作家同桌吃饭。他问：“记者与作家有什么不同？”我说：“你们是为自己的，我们是为他人的。”他大惑不解。我说：“比如碰到同一个题材，作家首先想，我能创作一篇好小说，得奖、成名。记者首先想，要将此事用最快的速度、最简洁的手法告诉读者。”文学作品力求有作者的个性，新闻作品则力避作者的影子，力求客观。文学有我，新闻无我。任你才高如山，情炽如火，凡读者不需，一毫而不赘。就是要这种目明如镜，心静如水。新闻又是历史，后人只看事实。作者的这些花腔、花絮不要说什么经历史的风雨，我们现在评稿，时隔不过数月，摆在桌上的“哇”段文字已做作得叫评委们如坐针毡了。好像在看大人表演儿歌，又像看小儿板着脸学大人朗诵，作者在场也会赧颜避席。

司马迁的《鸿门宴》一开头就:“沛公军霸上,未得与项羽相见。”地点、人物一下点出。毛泽东同志著名的渡江新闻稿，开头：“英勇的人民解放军二十一日已有大约三十万人渡过长江。”时间、地点、事件，一笔切入。这种文章时间愈久，愈见风骨。魏巍当年的朝鲜战场通讯要是也这样“哇”着写，我们的战士也就不可爱了。有一篇写抗洪中省、地、县三级领导在现场的通讯，第二节直取现场，写人写事让人落泪。可惜开头很长的一段“哇”文十分碍眼。这“碍”有二，一是在事实前插了一堆与事无关的垒块，二是在事实与读者间插进了一个作者的“我”。就像红娘促成了张生与莺莺的幽会，自己却又不走，非要站在中间插嘴不可。

虽是普通的感叹，一个“哇”字就比“啊”或“哎”有这么多的区别。每个词它周围都有一种无形的包蕴和气氛，如月亮的晕圈。陈望道的《修辞学发凡》称此为修辞的积极作用：“语言文字大抵都有它自己的历史或背景，形成它的品位和风采。”“哇”字牌通讯也是一种风采，也有一种作者的心理背景，但这是一种不务实、不全身心为读者、带有三分自我表现的风采，要不得。

“要”字牌言论

十多年前，我写过一篇《“哇”字牌通讯》，是批评通讯写作的华而不实。这几年看稿多了，又发现一种“要”字牌言论。这种言论，几乎是把文件拆分成段，“要”这，“要”那，要读者去照办执行。结构也简单，一“要”到底，有时一篇能数出十多个“要”字。“哇”字牌通讯，透出一种“嗲”气、“浮”气，有做作之态；“要”字牌言论则不用装模作样，是直截了当的横气、霸气，一股强迫命令之气。

报纸和读者的关系是一种自愿结合的我登你看、我说你听的组合，并表现为一种自愿的市场供求，读者在自由地购买或订阅报纸。这中间没有任何的上下隶属、行政约束。一份报纸好看不好看，有没有读者，全靠两样东西：第一，有没有事实信息，这主要靠消息、通讯来传递；第二，有没有思想内容，这主要靠言论表达。思想这个东西很怪，至少有两个特点：一是吃软不吃硬。一个人接受外来的思想时他只表现为理解、接受，而不是盲从。用“要”的方式来命令只会激起逆反和厌弃。就像男女结婚只能通过自由恋爱而不能逼婚。

报纸的力量是一种“软实力”，不是行政硬实力。所以它一是应有一种让人心悦诚服、自愿接受服从的思想魅力，二是必须有能表达这种思想的个性方式和风格。世界上的基本道理不论是政治、哲学还是科学，最基本的就那么几条，但是为什么还有那么多的人天天在讲，那么多的书、报、刊在阐述？原来这讲解、阐述的过程是在思考，而不是重复，是加进了个性的创造。比如我们宣传中央的一个政策，自然就加进了当地的实例、群众的实践、干部的体会、作者的理解，还包括不同于文件原文的新的语言表达等。这些个性创造一方面进一步强化、升华了普遍原理，另一方面因个性特点让读者对原理感知得更具体，更易接受。如果去掉个性的东西，只把文件拆成几段，多加了几个“要”字，说好听一点是传声筒，不好听是抄袭，因为这里并没有作者的新创造。就像搬来一堆砖头，硬说自己盖了一所房子；送人一斤面粉，就说我是送你一块面包。

写作常被称为“创作”，关键就在一个“创”字。创者，突破、新生也。你比原来的文件到底新了一点什么？是新例证、新理解还是新表达？文章五诀，形、事、情、理、典。一篇文章，除了理，总得有点具体的“事”或“形”吧，好引发读者的思考。“情”与“典”要求高了点，暂可不要。

为了强调言论写作的个性，我们可否用一个笨办法，提出这样一个最低的“四有”标准：每篇文章里有一个属于自己悟到的新观点（从中可看出你对原理的理解）；有一个自己精心挑选的例子（这证明你已能理论结合实际）；有一个贴近的比喻（这考验你是否吃透了原理，能深入浅出）；有与文件不同的语言。这个办法是比较笨，要求也比较低，但只要上这个线，你就可以从“要”字牌言论这根带子的捆绑中解放出来。

道理虽这样讲，可为什么报刊上“要”字牌言论还是这么多呢？细分一下，这种言论的作者有两类人：一是编辑记者，原因是一个“懒”字，应付了事，或许他在写稿时心里就在说，反正也没多少人看，自己对这文章便没有了兴趣。二是一些官员，坏在一个“权”字上。平时“硬实力”用惯了，行政思维，言出成令，现在把千百万读者也当成了他发号施令的对象。不管是源于“懒”还是源于“权”，都是既不尊重读者，也不尊重自己的劳动，这言论当然也就成了一件摆设。试想一个作家、画家或音乐家，敢这样随意去写文、作画、作曲吗？真这样去做，能被人接受而流传开吗？个性是一切作品的生命。有一个误解，以为理论没有个性，其实理论和艺术同样需要个性，而且除形式外，比艺术更多一份思想的个性。

一篇好的言论既能让读者得到一个新思想、新观点，又少用和不用“要”字，这叫“不战而屈人之兵”。恩格斯的名文《在马克思墓前的讲话》，无疑是要宣扬马克思，让人们学习他、接受他、继承他。但我数了一遍，全文没有一个“要”字。

李瑞环的文风

我在新闻出版署工作的时候，瑞环同志分管宣传工作，当面听过他的讲话，印象很深。现在读这本新书觉得很亲切。后来我在《人民日报》值夜班，为了画版面，定占位，编辑们就给领导人分别定了头衔：正国级、副国级。在中组部干部管理系统大概没有这些词儿，后来慢慢流传开了。瑞环同志属于正国级的干部，因为他当过政协主席。正、副国级的干部就是国家的领袖了。在我们这个年龄的人的头脑里，领袖就是毛、刘、周、朱，很高大又很遥远。以后正、副国级的领袖越来越多了，现在人大、政协正副主席、委员长动不动就几十个，有的既无大功亦无大名，大家记不住了。

对这些领导人（领袖）老百姓怎么看，对他们有什么希望？当然最大的希望是他们能带领国家走向富强，这是最基本的。这就说得深了，通俗一点，就是两条。第一就是干事。当然在其位总要谋其政，但是希望能主动干一点有个性的、创造性的事。我们第一代领导人有个性的创造很多。领袖就是带头，就是创造。第二个是说点新话，领袖首先是思想领导、思想创新。无论在言在实，都要领风气之先，不能领风气之旧。可惜在这两点上，前几年老百姓都不太满意。高官越来越多，套话越来越多，有个性的创造越来越少。毛、周已不能再，像瑞环同志这样的干部也不多了。

今天在座的有不少瑞环同志的老部下，白头公务员，谈笑说瑞环。虽是旧事，差可为鉴。在我的印象当中，瑞环同志是干了几项有个性的工作的。他在天津引滦入津，解决了一个大的民生问题。主持宣传工作的时候是比较求实、宽松。后来在政协这个务虚的部门，却干了很多实事。比如他在西北帮助老百姓改水，我到西北出差，很多人都念他的好，也由此念共产党的好。这本来是他可以不干的事。官不修衙，他主持政协的时候，却把政协礼堂重新修了一下，工、艺俱佳。上个月我到那儿去开会，不由得要拍拍栏杆。他爱说实话，这在社会上早有流传。有一次他到外地视察，别人说现在不好讲话，他说有什么不好讲，有什么说什么就好讲了。他一直是这么做的。

十八大以后新八条里有几条特别涉及文风，呼唤新风归来。文风问题实际上是党性问题、人心问题。这里有两点要特别说一下。在党、在官（我们的官大部分也在党）的要扪心自问，是不是合党性，真为公为民；在普通干部，要问一问是不是合良心、真心。要敢说，有什么，说什么（当然还要有合适的环境）。

第一点，居庙堂之上者，在高位，担大责，只要讲党性，出以公心，心里就有底气。有底气，就用不着拉大旗，不必说空话。不用每次讲话甚至发个通知，也要讲在什么什么指导下，以什么为宗旨，一大串地穿靴戴帽。就是毛泽东说的“山间竹笋，嘴尖皮厚腹中空”。今年是毛泽东诞辰一百二十周年，毛泽东所有的讲话、电报、文稿，包括很长的著作和大会报告，如《新民主主义论》《论联合政府》等，都是开门见山。那一年我去广西参观百色起义纪念馆，文物柜子里有当年起义后小平给中央的报告，开头第一句话就是第几军情况如何。我很激动，没见过重要文件这样开头。小平南方谈话时说，你看我们三中全会决议里面有一句马克思的话吗？没有。但是句句符合马克思主义。那一代领导人就是这样，一心为党，为事业，心里有底气，用不着拉大旗，文风自然正。

第二点，作为普通干部、公务员要有骨气，对得起自己。你怎么想的就怎么说，用不着讨好、媚上、跟风。这是人心问题、人格独立问题，这是五四反封建就要解决的问题，新民主主义要解决的问题，现在又封建回潮。习近平同志批评现在的文风“长、空、假”，我在中国人民大学出版社刚出版的《文风四谈》中又加了一个字：“媚”。心有媚则风不正，就是毛泽东在《反对党八股》里说的“墙头芦苇”。伟人的口，如来的手，总之没有逃出毛泽东的预言。官无底气，心则虚，文就空；人无骨气，性则媚，文必假，要希望社会有好文风，难矣！我们从瑞环同志所出版的三大本书里面能看出他的文风。他为官是想干事，读马列，读哲学，心里有底气，有什么说什么。不但不去跟风，还有创造、敢带头、倡新风，这才是领袖之风，宋玉《风赋》里讲的大王之风。

瑞环同志这本书没出版前，社会上已流行他的很多讲话。记得有一次我当面听他说：“我是一个木匠，木匠是玩斧子的，斧子不听话我要你干吗？”这是讲宣传工作，讲舆论工具。类似这样的话，这本书里还有好多。他说报纸就是一面镜子，有人对报纸批评有意见，但你不能砸镜子啊！他说搞城建，盖房子，肯定是大部分人不懂。不懂的人说好，懂的人说出好在哪儿，这叫真好。不懂的人说不好，懂的人说好，摇头晃脑，很神秘，不叫真好。这段话很精彩，现在人们嘲笑的中央电视台的“大裤衩”楼就是这样，让他说中了。这些话都已整理成书，读者可以仔细去读了。我又想起前年人民出版社还出了一本《朱镕基讲话实录》，也很受欢迎。假风盛行，忽有真话，让人兴奋，尤其是在高层。

过去我在新闻出版署工作，现在自己也写书，和出版社也熟。出书，特别是领导干部出书，有三种情况：一是书出了没人看，直接化纸浆；二是书出了，人们抢着买；三是书还未正式出，人们就禁不住传看、传抄。实践是检验真理的唯一标准，读者是检验图书的唯一标准。出版不比新闻，图书不是报纸，不是易碎品。我们搞出版工作的，要站在历史的高度，以百年计或者以千年计来看问题，抓一些能经得起历史检验的好书。

说艺术

什么是美

审美文化，是艺术文化。回答美是怎么一回事，什么叫美，怎样才美，美有什么用，有这样几个要点。

美是人的本性

这个本性甚至可以追溯到动物性。你看孔雀的羽毛、老虎的花纹无不求美。公鸡好看，是因为母鸡爱美，对它长期追求、筛选的结果。爱美不要什么理由，也不受时代、阶级、环境的限制。原始人就知道用兽骨制成项链，还在岩壁上画画，后来又在陶器上画各种花纹、图案。只不过是随着文化的进步，人的精神世界的丰富，美的内容、层次也在发生变化。美是与人类的成长同步的，一部美学史即是一部社会发展史。人的爱美之心是人发展完善的一种动力，我们要承认这种本能，“文化大革命”把人的这种本能都批判了，美就是资产阶级，就是反动，“左”到否定人的本性。而人的本性是不能剥夺的，正如饿了就要吃东西的食欲，不懂就要学习的求知欲，看到美的人、美的物、美的作品就喜欢的审美欲。既然人人都爱美，都有这个本性，反过来就人人讨厌丑，不管是外表形式的丑，还是内在的精神方面的丑。当然谁也不愿被人讨厌。于是为了自己的美和欣赏外部的美，就生出一门美学，研究怎样才算美、才能美。

美的用途

农村里的一些老人常说年轻人："描眉画红（口红）有什么用？"从发展生产、多打粮食来讲，确实没有用。"文革"前，把绿化、美化环境都看作是资产阶级思想作怪。美这个东西，既不实用，也不深刻，只作用于人的情感，让你愉悦、兴奋、激动、忧伤，改善情绪；作用于精神世界，提高道德修养。就像人身上的经络系统，没有血管、骨骼那样具体，看不见摸不着，却在起很重要的沟通、维系作用。

美学老祖宗黑格尔把人与外界的关系分为三种：一是欲望关系。消灭它或利用它，以满足自己生命的需要，是针对一个具体的完整的事物。比如你又渴又饿，看见一个苹果就想吃掉它，这时需要的不是欣赏。他幽默地说，你要是想使用一块木材或吃一种动物，画一个就不能满足。中国成语有画饼充饥，就是说欣赏代替不了实用。二是思考关系。并不要消灭它，而是研究它，找出事物规律、概念。如我们研究数学、物理的公式定理，只是要弄懂它，并不想吃掉它，也不是欣赏它。当我们解剖一只老虎时，注意力在研究它的结构功能上，而不是如在野外欣赏它漂亮的花纹和奔跑的姿势。三是审美关系。既不吃，也不深入研究，只是满足求美的心理，欣赏它。黑格尔称为"满足心灵的旨趣"。所以，美针对的既不是具体事物的全部，也不是它内涵的、抽象的道理（概念、本质、规律），而是外表的、具体的形式（形状、颜色等），通过形式让人愉悦（不是具体的实用，也不是抽象的思考）。

男女找对象，都愿意找漂亮的，先要从形式上就让人看着舒服。有一个真实的故事，一美女与甲乙两男生为大学同学，女先与甲好，到毕业前又被乙挖去，后结婚。四十年后老同学聚会，都成白发老人。回顾昔日说了真话。甲对乙说："你知道吗，当时你娶走了她，我真想杀了你。"乙说："你不知道，这些年我差一点自杀，跟她生活这几十年不知多么痛苦。"恋爱时是审美，结婚后讲实用，用途不同。音乐、美术、诗歌都是形式艺术，不管实用，只管审美。专门调节人的观感、情绪，进而修炼人的道德。这就是美的用途。我们无论是看画、听音乐、游山水，都能产生或宁静、安闲，或激动、振奋的心情，这就是审美、享受美。它不像具体的食物让你长身体，也不像普遍的理性让你长思想，而是让你知道怎样把自己修炼得更美，好让别人喜欢，同时你也得到尊重和方便。也让你懂得怎样去欣赏和享受外部世界的美，尊重别人。

怎样才美

一是美在真实。审美既是解决人情感上的问题，而情感是最不能被欺骗的，所以美的前提是真实。有一个真实的故事，一美女爱一靓男，后结婚。男说，我从小就没有沾过厨房的边，不会家务，女说我侍候你，两人生活了十年。一次女出差，提前到家，发现他在厨房做菜，非常熟练。原来是为不干家务竟伪装了十年。女大怒，立即离婚。

生活中先真才会美。人喜欢真山、真水、真花，讨厌假景。有人说话时对你拿腔拿调，嗲声嗲气，你就浑身起鸡皮疙瘩。杨朔的散文，后来人不愿看，就是总要装一个光明的尾巴。一个政治家，民众对他的判断首先不是能力大小，而是行为的真假。许多作秀、表演已让人恶心，怎么可能再去服从和追随他。

二是美在结构，这要说到外美和内美。外美，指形式的美。当事物的外形构成一种和谐比例时，看着就舒服，这就是美感。人的美，首先是五官、身体四肢的结构合理、和谐。书法的美，先讲笔画的间架结构；图画讲构图、色彩搭配；音乐是音符音色的结构配合。山水美是青山绿水、红花绿叶、石硬水柔、天高地阔、风动枝摇、花香蝶舞等自然元素的搭配。但这结构不是平均分配，常会有主次，有个性。比如我们说那个姑娘有一双漂亮的大眼睛，这正是她的个性，她的亮点。书法中的行书、草书就打破了楷书的平稳，追求结构变化个性化，常一笔出人不意，于是美就变化无穷。

内美，指人的修养、精神之美。也是讲结构，文化结构，人的知识、思想、道德修养等精神方面的结构。从而分出高尚与卑下，丰富与贫乏，高雅与粗俗等等。知识丰富的人有一种从容与幽默的雍容之美，思想敏锐而有个性的人有一种勇敢与坚强的阳刚之美。但如果有一方缺失，也会结构失衡而立马变丑。历史上曾有诺贝尔奖得主跟希特勒办坏事，好莱坞影星偷东西，像周作人那样的大文人当汉奸，都是内丑而不是外丑。

漂亮不一定美。漂亮经常是指表层的感觉，而不涉及深层结构。比如一个人穿一件粗麻布衣服，当然不如绸缎衣漂亮，但是如果衣、裙、鞋、帽搭配恰到好处，仍然美。布衣荆钗，仍不失其美。如果她的知识、才艺、思想等内在结构更丰富合理呢，就有了风度美、精神美。经常有一些很漂亮的女人，如电影明星却过单身生活，别人奇怪，怎么这样的人还没人要呢？如果男女找对象只是双方外表的结构搭配那就最好办了。但人这种东西很复杂，他还有内在结构。不是美女不漂亮，是她的内在精神：知识、精神、脾气等，和对方形不成合理的结构，互相觉得不美。

三是美在距离。美既不解决实用（不会上去吃一口），也不解决研究（不去解剖实验）的问题，只是欣赏，于是就要有一定的距离。我们在画廊看大画总是要退后几步看。《爱莲说》里讲的“可远观而不可亵玩焉”。上面举到的一女两男的故事，未结婚前看恋人，怎么看，怎么美，因为有距离。俩人一结合后才发现问题不少，没有距离了。正因为有距离，审美才脱离了实用方便的庸俗的作用，而有了道德上的、艺术上的意义。道德是一种行为规范，一种自我约束。我们看见一朵漂亮的花，知道只能看，不可摘。虽然也有占为己有的欲望，但又有道德良心来克服这种欲望，于是就会保持一定的距离，这样才美。人和人的交往彼此保持一定的距离，会给对方留下美好的印象。有时亲密接触，知道了对方许多缺点，就不觉美了。因为这时距离太近，如黑格尔所说，你已不只是欣赏关系而有了实用关系和研究关系。看山水也是这样，“横看成岭侧成峰”，有许多朦胧变幻的美，你一旦走进山肚子里可能又不觉得美了。朦胧是一种美，而距离正是实现它的一个重要前提。

美只管形式，不管内容。但它可以和内容结合成更复杂的形式组合，达到更高层次的美，内外一致的美。在物品，如既实用又美观的设计；在人，则是外美加上内在的思想和能力，如居里夫人；在科学和思想研究，则是深刻的哲理加上简洁优美的形式，如爱因斯坦的相对论公式，如范仲淹表述忧国思想的“先天下之忧而忧，后天下之乐而乐”的名句，当然还有更多的好诗、好画、好歌。

怎样区分低俗、通俗和高雅

一次谈文化，有人问什么是低俗、通俗和高雅？我一时语塞。如果凭感觉来回答，当然谁都知道，再往深说，有什么理论根据呢？我就赶快回来查书和旧日的读书笔记，于是有了一点新的梳理。

谈这个问题先得承认一个基本的事实：人是由动物变来的。

恩格斯在《自然辩证法》中说：在最初的动物中发展出脊椎动物，“而在这些脊椎动物中，最后又发展出这样一种脊椎动物，在它身上自然界获得了自我意识，这就是人”。于是人就有了两面性：动物性与人性；物质性与精神性。一般来说，“俗”是指人动物性、物质性的一面；“雅”是指人性、精神性的一面。

黑格尔在《美学》一书中将人与外部世界的关系分为三种。一是欲望关系，占有的欲望。如见美食就想吃，见好衣就要穿，一个猎人见了老虎就必定要捕杀它。欲望关系是以占有、牺牲对象为前提。二是研究关系，只想弄清对象的真相、规律，并不占有或牺牲它，这是科学的任务。如动物学家跟踪老虎，只是为了研究，绝不干涉老虎的行为。三是审美关系，只是欣赏，并不占有，也不想对它做更深研究。黑格尔称这为心灵的美感。它的特点是不把对象看作实用的个体，心中不起欲望，与其保持一定的距离，只生起一种愉悦的美感。如观众看演出，旅游者看山水。我们从欣赏角度看老虎，也只欣赏它的花纹、雄姿，而绝不会有捕杀的欲望或研究的耐心。

就是说人面对一物会有三念：占有的欲望、冷静的思考和愉悦的欣赏，就看你选择哪一种。这三种念头第一种源于人的动物性、物质性，可称为“俗”；第三种体现人的精神存在，可称为“雅”。俗与雅之间还有一个过渡地带，这就是“通俗”。

人自身的两面性与对外的三种关系，使人在行为方面产生了六种精神需求，也可称为阅读需求，从低到高分别是：刺激、休闲、信息、知识、思想和审美的需求。大致说来，前两项刺激、休闲是满足物质需求的，可归于“俗”；后两项思想和审美是满足精神需求的，可归于“雅”。中间两项比较模糊，兼而有之。但最低、最高的两项，即刺激与审美的需求却是很典型的。刺激就是勾起人的欲望，满足人的动物性，是最低的一档。这是一切黄色、凶杀、打斗、赌毒类低俗作品的心理基础和市场基础。过去我在新闻出版署工作，人们常问，扫黄、扫黄，为什么总是扫不完呢？它不可能扫完。只要人动物性的一面还存在，人与外界的欲望关系还在，它就要寻求刺激、发泄与满足。我们只能把它控制在最低限度：不公开传播，不以营利为目的，不危害青少年。相反，这六种需求的最高一档，即审美需求则是来满足精神的心灵的需要，常表现为纯艺术。其代表如已被历史洗练、陶冶过的唐诗、宋词、古典音乐、名画及一切经典作品，它没有任何物欲的刺激，全在净化心灵，这无疑是最高雅的。但是人们食人间烟火，正常的欲望还是要的，还得有作品去满足他的休闲需求、信息需求、知识需求等，这里有物质的也有精神的，这就是“通俗”。通俗的标准是不刺激人的欲望心理，但又不脱离人的物质的现实。所以纯艺术、纯思辨性的作品不在通俗之列，它归于高雅；另一方面，纯刺激性的作品也不在通俗之列，它归于低俗，或名粗俗、庸俗。

上面我们从接受角度，即人接受作品时的“两面性、三种关系、六点需求”，谈了低俗、通俗和高雅的存在基础，这样我们就知道社会上为什么会有三类截然不同的作品，古今中外，概莫能外。低俗的作品是从人的物质欲望出发，刺激并满足人的贪占、享用要求；高雅的作品是从愉悦人的精神出发，满足人的审美要求。低俗作品让人回归动物的、物质的一面；高雅作品让人升华精神的、道德的一面。

通俗则是低俗与高雅间的过渡地带。但我们一般说的通俗是有方向性的，它是指从高到低的过渡。就是说作品内在的思想、艺术（审美）水准已经很高，但是照顾到接受者的接受能力，兼顾到他的需求（通常叫大众需求），而采用了他能接受的方式。注意，这里的要害是“高起低落”，是从高雅的标准出发落实到一个通俗的效果，从而避免了低俗。如果反过来从低俗的标准出发，就会滑落得更低，而永远不可能达到通俗的效果。就像委派一个大学文化程度的教师去教小学，可以把小学生培养成人才；而委派一个小学文化程度的教师去教中学，则只能把人才教成废才。真正的好作品都是“高起低落”、深入浅出，专家学者看了不觉为浅，工人、农民读来不觉为深，这就是通俗。这方面著名的例子，文艺作品如中国的四部古典名著，现代作家老舍、赵树理的作品，哲学著作如艾思奇的《大众哲学》。

文化贴牌无异于自杀

前几天张家界忽将自己最著名的景点“南天一柱”改名为“哈利路亚山”。原因是美国人拍了一部电影《阿凡达》，景区就慌忙把祖宗留下的真山改为电影里虚幻的山名，还自我壮胆说，这不是崇洋媚外，是为了发展旅游。这多少有点像一个贪官在外面包了二奶，又连忙解释，我真的是为了爱。在网民的强烈反对下，这个闹剧虽然收场，但还是给我们留下了一点文化思考。

这件事不由使人想起国门打开以来的“更名热”。商品改名，民族工业中许多著名品牌不见了；人改国籍，去年曝出一部《开国大典》电影中有众多中国明星原来已不是中国人。现在却要轮到中国的名山大川换洋名了，如此下去什么不能改？只怕长江要变成亚马逊江，泰山要变成冈底斯山，老子、孔子也改做老乔治、孔耶夫了。

记得改革开放初，民间戏将老歌词“帝国主义夹着尾巴逃跑了”，改为“夹着皮包回来了”。这不奇怪，同处一个地球，本来就是国与国之间的你我竞争，发达国家或经济攻势，或文化攻势，都是允许的，虚心学习也是应该。当年中国积贫积弱，高喊要自立于世界民族之林，现在我们早已主权独立，最近传来的消息经济实力也跃居世界前三位，但还有一个“自立”没有彻底解决，即精神自立、文化自立。外国人说，中国能出口电视机，但出口不了电视节目。张家界更名一事正透出了国人在文化方面缺乏自信。湘西的一座名山，人文有贺龙、沈从文、黄永玉等，自然风光，世界独一无二，现在巍巍秀峰、铮铮石岩却要弯腰去俯就一部外国电影，一个一关电源就什么也没有的虚影子。更何况，那个电影就是在张家界采的景，就像《红楼梦》里的元春，本来就是贾家的姑娘，才嫁到宫里没几天，再回娘家，全家人就要下跪。这是一种文化的自卑，在西方发达国家不大可能发生。明天英国、法国、日本再来拍一部电影，你改名不改?

向来，改用外来地名，大多是政治原因。如英国殖民者到处命名“维多利亚”。在那些人迹未到的地方，探险者总是抢先命名上本国名字。最近我们终于出版了一本中文命名的南极地图，宣示了我们的科学探险能力。还有一种情况是为了友谊，也是政治需要，如解放初个别城市的“斯大林大街”，现在还在沿用的“白求恩医科大学”。从来还没有听说过，把自己的名牌山水又贴上一个外来地名去发财的。恐怕钱还没来，异化的名字倒先引来消费者的反感。

一个民族的独立、兴旺、发达，要靠武力强大、经济独立，更要靠精神自立。我们这个民族始终有坚强、勇敢、自信的一面，从文天祥的“天地有正气”到共产党人的自力更生。但也有奴性残余的一面，鲁迅当年就曾为此终身战斗，可惜还是劣根难尽。一个没有了自立意识、自立愿望的人还侈谈什么发展产业。在商品生产上靠贴牌销售终归没有出路，在文化产业上贴牌更是一种自杀。事实上，张家界景区改名的做法已遭到国民的反对。据湖南本地红网，外地凤凰网、环球网做的调查，反对者分别达94%、82%、91%，国内媒体一片批评。事后，当事者解释说是为促销，是民间所为。但不管怎么解释，以一座标志性的名山来试刀，这终是干了一件蠢事，这说明乱改洋名这根神经碰不得。张家界本来是一处发现较晚，大自然为我们保存较好的原生态景观，也因此获得世界非物质文化遗产的殊荣，祖宗有功，湖南有幸，自应珍重。前几年张家界曾因无序开发，乱建宾馆、电梯，而为了“申遗”又不得不强行拆迁。那一次土折腾，余影犹在，现在又来了一次洋折腾。我们不是每天喊着学习践行科学发展观吗？胡锦涛在纪念改革开放三十年的讲话中用了“不折腾”这个词。希望重读一下讲话，真的少来一点折腾。

酒与诗的联想

我曾有幸到山西杏花村汾酒厂住过几天，那实在是一个美的去处。取名“醉仙居”的大院花木葱艳，太湖石假山后，石雕的牧童横笛骑牛，缓缓而来，现出杜牧那首名诗的意境。我也品过这种古酒，其味之醇，难以言词。记得当时曾缀联以感怀：“杏花一枝，花开千年永不败；竹酒半杯，酒后三日香犹存。”自此，便常愿天下有缘人都能去那胜地一游。

以上本是一段旧事，岁消月磨，渐渐淡忘。不料近读赵越写的《杏花村酒歌》，又惹起我的联想。古人说：“文如饭，诗如酒。”饭，充饥而已。但人们在腹饱之后，或未饿之时，却又离不开酒，它是生活中另一种高级的需要。正像诗，它比之其他文体是更高一级的艺术。制酒曰酿，喝酒叫品，作诗曰赋，念诗叫吟；而无论好酒、好诗，一律统之曰：醇。醇香、醇美、醇厚之谓。诗、酒是相通的，赵越的这首咏酒诗，是有醇味的，香醇、厚远之味。它不是饭，人只有饿时才想起去吃。而是一杯好酒，人们随时都愿捧起品一品，当你读罢后放入抽屉，不时还想取出来再念一遍。我曾是爱读诗、写诗的，但已好有几年再不为之。原因是如大家常说的，诗多好的少，要能写出好句已不敢奢想，就是读诗也常后悔，后悔浪费了时间。而赵越这首《酒歌》，不能算短，凡八十四行，不但可以终续，还能吸引你再读、再品。诗本应做到这一点，但要真能做到这一点很不易。一杯水酒，如果谁要化验它的成分，大概就那几种，可以列出一张表来，但它那品味，则是无法简单确指的。比如汾酒吧，便是入口绵、咽时甜、闭口香，瞬间三变，任你去品。一首好的诗呢，也是这样。这首酒歌，缘物生情，借酒说人，是在讲怎样酿造生活，品尝人生。研究自然科学的钱学森，曾提出一个艺术高低的划分标准，就是看他是不是说出了哲理。但那自然不是说教，否则不如去读社论。正像那酒，如为甜、香，不如去吃糖，不如去寻香料。这是一种“有韵”的哲理，美的韵律，厚的韵味。如酒的香甜。《酒歌》基本上做到这一点了，有较深的哲理挖掘，能让人一唱三叹。我想不必摘出句来为它做广告，还是请读者去自品。

又，汾酒之所以为汾酒，是因为它有自己的味道，它不是白兰地，不是威斯忌，是中国的红高粱，中国的清泉所酿成，是中国母亲的乳汁。这首“酒歌”是真正与这种名酒相通的。当许多人正把现代手法作为一种新出路时，作者却反向古老的现实主义开掘。他掘出了一口深井，就像杏花村里那口千年不衰的古井一样，洋溢着沁人心脾的民族情、乡土意。

啊！生活中不可一日无酒，但要好酒；生活中亦不可一日无诗，但要好诗，从中是能品出酒味花香的。它发表在《云岗文艺》一九八三年的第一期上。

肢体导演张艺谋

从来没有说过电影方面的事，因为是外行；更没有议论过张艺谋，因为他是大人物。但最近，张艺谋自己为他的《三枪拍案惊奇》实在闹的动静太大，占住电视屏幕，总在你眼前晃，晃得头晕。就想说几句，并不全关电影，也不关他个人。

为了给《三枪拍案惊奇》做广告，张艺谋表扬他的演员，特别是小沈阳。说他们的长处是肢体表演，比如要表现“恐怖”，一般电影演员是用面部的心理表情，十几秒钟，而小沈阳他们能用全身的肢体，摔倒、爬滚、哆嗦、抽搐、歪眉斜眼、屁滚尿流，十秒的表演可以扩到十分钟。他自以为这种表演和导演手法是新的艺术高峰，其实是掉进了黑洞，张的这段自白可以看作是解读他的电影新作的钥匙。这几天电视上不断展览《三枪拍案惊奇》的拍摄花絮，张亲自演示怎样踢屁股，要求像足球射门那样踢，把腿抡圆，一次不行，两次，直踢了七次。于是，银幕上就满是横飞的肢体，鼻涕眼泪的脸、忽斜忽圆的眼、黑白的阴阳头、变形的胳膊腿……猛看就像毕加索的那幅《格尔尼卡》的扭曲画面。

从表情走向肢体动作，这是进步吗？是退步。二人转作为一种底层民间艺术，原来的缺点有二。一是粗了一些，主要是动作的夸张粗野。二是脏了一些，互相调骂的太多，行话叫“脏口”。约二十年前，我曾专门到吉林，在一个地下表演厅看了一台原始的二人转，要硬着头皮看。赵本山的功劳正是对这两方面进行了改革，救活了二人转，加进了审美。张艺谋不吸收现在的阳光，反而去挖掘过去的裹脚布。张也曾有过好作品，如《秋菊打官司》《一个都不能少》等，记得他当时说过一句话，自己叙述的功力不够，拍《秋菊打官司》是为补课。新闻和电影本来是不搭界的，但我当时很为他的这种艺术追求所感动，就到处给青年记者讲，写新闻也要学张艺谋这种苦练叙述的基本功。

可惜，我们认真学了，他却浅尝辄止。再一细想，他恐怕始终也没有走出“肢体热”的怪圈。他后来热心搞大型的“印象”，动辄百人、千人，真山水，声、光、电，那就是一种多人运动的大肢体戏。记得在桂林看《印象·刘三姐》，气势虽大，但怎么也找不回当年歌剧和影片的美感，而现场倒是催生出了一个怪产业——卖望远镜。观者都传，远处船上的女演员是裸体。不管怎么样，在肢体上做文章，恐怕不是艺术的出路。前几年，作家中曾出现过所谓身体写作的美女作家，网上有木子美、芙蓉姐姐之类，虽有点噱头，但并没有什么大成。当然，张艺谋不会走这么远，但也难说。因为《三枪拍案惊奇》炒作的关键词是票房！票房！为了票房价值什么不敢牺牲？况且，玩庸俗本身也会上瘾，就像吸毒、赌博一样。

张艺谋说拍这个戏是为搞笑。搞笑是艺术吗？就算是，也是艺术中很小的一块皮毛。说到底，艺术要给人以美感。人除了物质需求之外，其精神文化需求有六个档次，由低到高分别是：刺激、休闲、信息、知识、思想、审美。搞笑属于刺激这一档，是最低档。刺激是一个巨大的精神需求黑洞，它甚至超过了其他五个档次，因为人由动物变来，有原始性、粗野性。如果不加限制，刺激性的精神产品就有无边的、可怕的市场。这就是为什么我们总在扫黄，却不可能完全扫净，但又还得不停地扫。在《三枪拍案惊奇》的宣传推介中，出品人居然在电视上大声喊，不管评价多么不同，只要有人看，能卖钱就行。我们关于精神产品的管理不是一直坚持“两个效果”的标准吗？即市场效果和社会效果。现在怎么自打嘴巴了？这时就不讲政治了？如果要更刺激、更赚钱、更市场一点，把赌场和妓院也开放了岂不痛快？

黑格尔的《美学》，比较艰深难读，但他说出一个简单的道理：人与外部世界的关系有两种，一种是为狭窄的庸俗的兴趣所束缚的欲望关系，另一种是对艺术品的审美关系，“人们常爱说，人应与自然契合为一体。但是就它的抽象意义来说，这种契合一体只是粗野性和野蛮性，而艺术替人把这契合一体拆开，这样，它就用慈祥的手替人解去自然的束缚。”社会为什么敬重艺术家？是因为他们那双慈祥的手。张艺谋的手似乎并不慈祥，他的作品中总是留恋原始、粗野和野蛮，乐此不疲，总喜欢把戏往下半身导。在高粱地里做爱，往烧酒锅里尿尿，打架斗殴踢屁股，就是秋菊男人被村长一脚踢伤，踢的部位也必须是生殖器。这些当然刺激，如黑格尔说的也能“起欲望”，也搞笑。但作为一种艺术方向，总这样搞笑下去，这个民族还有什么希望？如果当初我们的唐诗、宋词、元曲也这样一路搞笑过来，现在我们的文化会是什么样子？不是说艺术不能搞笑，但艺术的方向和本质不是搞笑，尤其它的代表人物不能以搞笑为旗、为业。我们所有的作家、音乐家、画家、演员、导演等艺术家，都应该有一双仁慈的手，为社会、为观众慈航普度，而不是玩弄和亵渎他们。艺术家啊，听听黑格尔老人的劝告吧，看看你的手，是仁慈的？无力的？抑或是罪恶的？

一个有修养的艺术家惜名如金，珍惜自己的艺术生命，绝不推出水准线以下的作品。米开朗琪罗从不让人看他还没有成功的作品，一次朋友来访，只看了一眼旁边正创作中的雕塑，他就假装失手，油灯落地，周围一片黑暗。吴冠中怕自己不满意的作品流传于世，竟自己点火烧了一大批画。孙红雷刚在《潜伏》中有了一点好名声，竟去接这样的烂片。童子无知，导演欺人。看来一个演员要修到不让导演误导，不被人倒着演，还真不容易。社会捧红了一个大导演，他却不知自爱，对自己不负责，对演员不负责，对观众不负责，怎能叫人不伤心。或者他原来就没有读几本书，现在又忙于搞笑，不读书，认识水平实在上不去，但文艺研究部门、宣传管理部门哪里去了？谁来导一导这个导演？不是刚换了教育部长吗？快到电影学院去看一看，除了“形体表演”，有没有开“美学”课、“政治”课？文化部除了讲产业发展，下面不是还有一个艺术研究院吗？电影艺术在不在研究之列？我奇怪，每年贺岁片一出，总是异口同声地说“票房、票房”“当日票房”，却没有人出来讲一点艺术的规矩。也许是因为出不起广告钱，媒体不给他们话语权于是只剩下写博客了。尽管电视上不断地老王卖瓜，网上一位八〇后作家还是说他只能给《三枪拍案惊奇》打一分。这一点认识倒是“老少咸一”，看来艺术还不会绝种。

题为根干，戏为枝叶

每年的春节联欢晚会都是全国上下同时盯着一个荧屏。一台晚会要适应十三亿人的胃口，确实很难，大约编导也意识到这一点，于是就把它定位在玩、乐、逗这些浅层次上，以为这样就可以人人接受，人人发笑。不想这正是大弊所在，就像怕孩子看不懂大人的节目，就干脆连大人带孩子一起都轰进儿童剧院里。

晚会的主持和演员是几个几年、甚至十几年不变的旧面孔，语言也老是那几句拜年的话。应该说这些明星在前几年的春节晚会上也曾留下过永不磨灭的光彩。但观众为什么总是不满意呢？主办者经常怪观众期望值太高，而没有想想自己的戏太浅。这浅就浅在有“戏”无“题”，就像应景作文一样，没有找到一个好题目。晚会的编导只着眼在“玩”“闹”“笑”，却没有去研究这笑的源头在哪里，该有什么样的笑。这就决定了这台戏不可能深了。本来明星们都是一上台就自带三分戏的老手。但是一个戏必得有所附着，必得围绕一个主题。这个题就是今年群众心中的焦点、热点。节目要能打动人心，要有分量，必须来自生活。题之不存，戏将焉附？而且作为时令性的、节日性的晚会，每年的焦点肯定不同，要耐心捕捉。这一点，主管部门、导演、编剧都没有意识到，没有作为指导思想。而凡成功的节目都是暗合了这个规律了。当年黄宏、宋丹丹演《超生游击队》，有一个计划生育的主题；黄宏与侯跃文的《打扑克》，讽刺了公司满天飞。都是成功之作。戏借题势，题助戏威，要想出效果就得先有一个好主题，再加上好演员，才能满台生辉。演戏、演戏，观众明明知道戏是假的，但他还是要看，他是想通过假戏看真实的生活，看他关心的那个“题”。题为根干，戏为枝叶。无根之戏，浅如浮萍，再好的演员也演不出效果。

诚然，春节晚会的主要效果是笑，是乐。但一切引人发笑之作都要有一个深扎于生活中的根，不管是悲剧之笑，还是喜剧之笑。鲁迅笔下的阿Q可笑，那是对民族中落后一面的深刻讽刺。20世纪60年代有一首流行很广的《逛新城》，老阿爸见到电线杆，唱：“为什么树上挂满蜘蛛网”，这是一种喜剧式的笑。当然街上有人滑了一跤，也能引起旁边人的哄笑，这是闹剧的笑。可惜，我们的电视上常取第三种笑法，闹剧太多。剧本，剧本，一剧之本，演员没有一个好本子可“本”，没有一个好题目来供他发挥，只好使出浑身的解数来扭捏。也许在直播现场观众会陪个笑脸，但电视机前的观众就不买账了。说到底还是一个挖掘生活、提炼主题的问题。我们的电视节目何时才能更深一点、美一点呢？宋人咏梅诗曰：“有梅无雪不精神，有雪无梅俗了人。日落时节天又雪，与梅并作十分春。”依其意戏成一首：“有题无戏不精神，有戏无题俗了人，能将假戏传真情，艺术才得十分春。”

祝明年晚会成功。

李元茂治印

我对治印一学纯属外行，天意安排，我却有一个内行朋友，这就是治印大家李元茂。

初中时我与元茂是同学，前后桌，感情甚笃，所留记忆不多，唯顽皮淘气而已，常被老师点名。忽一日，他说要参军，一脸稚气、一身新军装是我对他少年时的最后印象。四十多年后，我们在北京见面，他已是金石书画方面的专家。

他现在的头衔是我国知名的书画鉴定家、书法家、治印家，央视《鉴宝》专家，西泠印社社员。他生长在山西，是山西金石书道事业的开创者，1983年与同仁们创办了我国第一所研究金石书画的专业机构“山西省金石书道研究所”，填补了我国该专业机构上的空白，其人其事已载入《中国印学年表》。这是山西自明末傅山之后，三百年来被印学史册入载的第一人，也是山西加入西泠印社的第一人。他曾任海南省博物馆业务馆长，现定居北京。

老友重逢，一言难尽。我就设一饭局，顺便向他学艺。

我说："我们弄文字的，千言万言还不能尽其意。画家动辄六尺八尺宣，甚至百米长卷，也不能收其景。一印章，方寸之间，能容下多少学问？多少思想？"他说："作家、画家取材用纸，印人取材用石，石是印的载体，印料与印章之间有本质的内在关联。石不上等，则印不入流。未曾刻字，石上就分高低。这一点比写文作画还讲究。"

他对国内出产的四大名印石及其各地产的小矿坑的印石研究多年，只要看上一眼，就能知道它产于某地、某坑、某洞。他多次赴寿山、青田、昌化实地考察印石，采集标本，有一次为向石农学艺，在产地坑边一住三个月。对石中之王——田黄的鉴定研究，他更是付出了近一生的心血，发表了多篇关于田黄石鉴定的专业论文。2002年他还出版了专著《名石治印》一书，专门论及各个印章石的品级。那时候在国内还没著作论及印章石的好坏，这本书为后来一系列的专著开启了先路。

我说："印章符号而已，哪有这许多讲究？"他说："这符号是祖先留下的文字符号，不敢造次。治印，最起码不能刻错字。你先得敬先礼贤，继承前人，把这些符号弄清楚，才敢说创造。"

他在入印文字上下过很大功夫，古代有关篆字的各种器物：两周钟鼎器，先秦的石鼓、绎山，汉代缪篆石刻及清人邓石如、吴让之、赵之谦、吴昌硕等篆书他无所不临。为记住篆字造形，他曾临写《说文》十遍。后来他不但能把说文五百四十部首背写下来，弄清古文字中形、音、义的关系，还能发现其中的问题。他在1972年遇到了一位文字学方面的高人，我国著名的古文字学家张颔先生。当时张先生刚从牛棚中放出来，他就拜其为师，张先生介绍给他的学术著作是王国维著的《观堂集林》，并且告诉他说："一个篆刻家，既要是一个书法家、一个画家，还要是一个文字学家。”从此，他跟随张先生师法清乾嘉学派戴震、段玉裁、王念孙、王引之、王筠、朱骏声及王国维，用了十年时间来研究古文字考据学。他还弄清了先秦各国古文字的来龙去脉。这为他以后步入全国印坛之林奠定了深厚基础。但是他说，他只愿意做印人，做书画鉴定家，不愿意做专门的古文字学家。他研究古文字只是为篆刻打基础，起码不要写错字。上世纪80年代他曾专门发表《篆刻中篆字错写问题》的论文。其专著《名石治印》中，他对其所刻印的每一个字，都要考证出来龙去脉。

我说：“同是艺术，人家张艺谋搞奥运开幕式，运动上万人，何等风光；你戴一副老花镜，伏案雕虫凿米，怎耐得这种寂寞？”他说：“艺术不分高低，学问只要精深。只要钻进去，就其乐无穷。篆刻这一脉源远流长，永续不断就是明证。再说，现代艺术也离不开传统，奥运会取篆刻作徽标就是最好的例证。”

李元茂追根溯源，在研刻中国古代印章上下了大功夫。他用半透明的日本美浓纸蒙在印蜕上，仔细摹写。刻了又磨，磨了又刻，足足刻了两千方汉印。他又对明代以后的流派印进行摹刻，凡是见到样式奇特的印式，或某书画家、鉴藏家的印鉴他都要特别仔细地摹刻下来。后来他觉得美浓纸的透明程度还不够满意，就用刻蜡版用的蜡纸加油烟墨、肥皂水，进行摹写，他用这种方法又摹刻了明清流派印与名家姓名印千余方。

1966年“文化大革命”开始，全国都在喊“毛主席万寿无疆”，他萌发了刻百寿印的想法，到处搜集古今关于寿字的资料，共收集了五百余个单独寿字，又将每方寿字印用他所涉猎过的印式刻出来，几乎每一方印都有不同的章法和刀法变化，终于在1968年夏天刻成了《百寿印存》组印。随着形势的变化，万寿无疆口号的退去，他从治印的角度重新审视了这一庞大的组印，总感到是徒有其形，不得其神，便下狠心将其全部磨掉。

1977年中日恢复邦交之后，日本对华旅游开始，篆刻有了新用场。李元茂也开始忙于为外国友人治印、创作书法作品。这时他又想到了重新创作刻治百寿组印，这距离第一次创作已过了十年的时间，终于他在1978年第二次刻就了《百寿印存》。百寿印拓出来后，在友谊商店很是畅销，日本友人争相购买，有时一个旅游团人手一幅。随着百寿印名气的增大，他的名气也走出国门。1982年，中国新闻代表团就携带元茂的两件《百寿印存》赴朝鲜，作为金日成七十大寿的礼品。1985年，日本学者小岛信子出版《冬蔷薇》诗集，该书的封面用的是元茂的《百寿印存》。但他仍不满意，又磨掉重刻。到1994年，纪念邓小平九十寿辰全国书法篆刻邀请展，他已重刻完90%，拓出来参加了览展。会后，他仍觉水平不够好，就又全部磨掉。朋友们都想再看到他的百寿印，但他总说火候不到。这种“寂寞”还不知要守多久，我们期待着李元茂的百寿印存的第四次出台。

李元茂自在1973年以自学成才调入山西美术工作室后，就与国内书法、篆刻大家来往甚密，尤其是与杭州的沙孟海先生来往更多，沙老经常给他来信鼓励，并还给他亲笔题写了《徐徐斋》书斋匾。山西与杭州西泠印社的交流大多是由他联系。1975年，他还担任山西省赴杭州西泠印社书法篆刻代表团的副团长（团长朱焰），赴杭州与西泠印社的同道进行艺术交流。但是李元茂一直没有加入了西泠印社，他为人低调，总觉自己不够格，要加倍努力，从不“跑官”而等“组织”说话。直到2003年西泠百年社庆时，元茂才由印社的资深社员推荐加入了西泠印社。当时，副社长陈振濂看了沙孟海先生写给元茂的信，及当年元茂与西泠印社同仁的老照片时说：“真是一个新入社的老社员！”其治学态度可见一斑。

听了他的侃侃而谈我还是要提俗人之见。我说："印者，印记；章，图章，留个记号罢了，还能有多大用？况现在多用签名、密码，谁还用什么大印？你看哪个明星、球星不是苦练签名，而从不盖印。"

他说："这你就不知了。印有四种，一是老百姓的名章，就是俗称盖个'戳子'；二是官印；三是艺术印，我们常说的篆刻；四是'真印'。这真印根据易经原理，勾通天地灵气，虽治的是方寸之印，却含做人、处事、为官之理，依印行事能成正果。"

我大奇，愿闻其详，请举一例。他说，比如你要刻一"王"姓之印。现在已知"王"字的天格为土属，还须把姓名核实清楚，按其名的五行，金、木、水、火、土的序次换算其与父辈、侪辈与子辈相生与相克的关系，得出其名的地格与人格为何属，在布置与刻治中施以"助"技，如笔画之势，布局之态。

他又说，从形式而言，真印在印材、文字、布置与刻治的基础上增加"刻制礼仪"，包括审度天时（避雷风雨电）与立升印本。礼仪是中华民族文明的象征，貌似形式，实可通于宇宙天地的本性。真印需在心诚的自身大前提下进行，在刻印前须选其吉日、吉时，沉心静气，沐浴，按师傅所传之法打印稿刻之。

从根本上说，真印的原理是推变之印，须及石真、字真、图真、格真等四真皆具之"天人合一"的要求，方能构成升变的基础，而祈抵升华的目的。在《礼记·礼运》中已有提示。"真"字在《说文》匕部，从匕、从目、从八；匕即化也，有变化之意，故称真印。俗话说："谋事在人，成事在天。"以印玺勾通天地灵气，使之按照人的意愿信息而变化。我得此传授，又经过数十年研究，发现凡刻真印与人者必验，但我自己也必大病一场。

呵，我明白了。元茂治印不是刀与石的碰撞，而是身与心的结合。至于真印的得主是否真灵，还要看自身的修炼，但元茂的创作确是一片真心。

含混不是模糊美

如果说作者写稿第一是要把话说清，那么，编辑编稿第一是要把稿看懂。看出它的精彩，更要能看出它的毛病，好着手矫正。字词，在作者和编辑手里就像化学家手里的分子、元素，排列组合不同，效果也就大不同。文字工作最基本的要求是准确，准确用词，准确造句。最忌讳的是靠“大概”来编稿，把一些含混的似是而非的东西，误认为是“模糊美”，迷迷糊糊地自我欣赏，自我陶醉。请看下面的这一首诗。该诗发在党的十六大召开前夕，是想歌颂党的，但客观效果大谬。

多少情合靠意投

——写给党的十六大

天下喜雨

地涌激流

中国的岁月盼金秋

荔枝红了

谷穗黄了

大江两岸话丰收

老人笑颜

孩子乐容[①]

青春纵情舞彩绸

鞭炮急飞

锣鼓猛打

唢呐扫除人间愁[②]

酒不醉人人都醉了

举杯邀盏空中月[③]

真真能解画中游[④]

深情沃野

葵花向日

坚定不移跟党走

多少情合靠意投[⑤]

海上白帆

万山红色
人心多久
激情多久

目标锁定
意志不衰
我盼此时已多时
更喜神州风杨柳⑥

不灭落日⑦
白云苍狗⑧
已将我身向青翠⑨
党的不朽
人民的不朽……

［注］

①“孩子乐容”。“乐容”是什么意思？费解。可能是欢乐的容颜，但不能简成乐容，生造。

②“唢呐扫除人间愁”，这里就出大错了。庆贺十六大的召开，唢呐怎么要扫愁呢？十六大召开的时刻是全国的大喜时刻，而且十六大前许多

年，中国人民也是胜利连胜利，有何愁之扫？这首诗如果是写在1949年新中国成立之庆，1976年打倒“四人帮”之庆，可以说“扫除人间愁”，而十六大召开之时扫愁岂不是对时局不满？显然作者是为了凑韵脚。

③“邀盏空中月”。“月”怎么是论“盏”呢？显然模糊地记得李白有句“举杯邀明月”，就胡往上堆吧。

④“能解画中游”。谁解谁的画中游？就算是作者画中游吧，与庆胜利也是两张皮。

⑤“多少情合靠意投”。“情合”“意投”是同义关联，没有因果关系。正如不能“多少‘如饥’靠‘似渴’”。再从内容上说，群众和党的关系也不是一对情人啊，怎么能以情合意投相比？

⑥“风杨柳”为何物？大概是风吹杨柳，从上句连读，政治大目标和风吹杨柳何干？

⑦“不灭落日”。又要出政治问题了，作者本意可能是想将党比作太阳，正当十六大召开这个太阳又怎么成了“落日”？“落日”又怎么冠以“不灭”？从字面理解，这个太阳在西天边永远将落不落、气息奄奄。无论是概念还是逻辑都乱得一塌糊涂。

⑧“白云苍狗”。语出杜甫：“天上浮云似白衣，斯须改变如苍狗。”是说天上白云瞬间的变化，一会儿如白衣，一会儿又变成黑狗，后喻世事变化莫测，用在这里想说什么？

⑨“已将我身向青翠”。不知何云！

一共三十三行诗，有九处硬伤。语言、语意之混乱实在少见，不知一路怎么走到版面上来的。

这个例子说明一个最简单的道理。编稿一是态度要认真，二是文字功力要扎实。不能朦朦胧胧地编，误把含混当美感。

说社会

你不能没有家

读一篇谈烈士后代赵一曼之子境遇的文章，暗吃一惊，阴影在胸挥之不去，并生出许多关于家的联想。

赵一曼受命到东北领导抗日工作时，孩子才出生不久。我们现在能看到的是烈士抱着孩子的那幅照片和那个著名的“遗言”：“宁儿，母亲于你没有尽到教育的责任，实在是遗憾的事情……希望你，宁儿啊，赶快成人，来安慰你地下的母亲！”但是宁儿，就是后来的陈掖贤，成长情况并不理想。因母亲离开之后父亲又受共产国际派遣到国外工作，陈只好寄养在伯父家。他稍大一点，总有寄人篱下之感，性格内向，常郁郁不乐。新中国成立后，生父回国，但已另有妻室，他也未能融进这个新家。

陈的姑姑陈琮英（任弼时夫人）找到陈掖贤，送他到人民大学外交系读书。但他毕业后却未能从事外交工作，原因说来有点可笑，只因个人卫生太差，不修边幅，甚至蓬头垢面。他被分配到一所学校教书，在以后的工作中，应该说组织上对这位烈士子女还是多有照顾，但他有一个令人难以置信的致命的弱点：自己管理不了自己的个人卫生和每月几十元的工资。

屋内被子从来不叠，烟蒂遍地，钱总是上半月大花，后半月借债。组织上只好派人与之同住一屋，帮助整理卫生，并帮管开支。后来甚至到了这种程度：每月工资发下，代管者先替他还债，再买饭票，再分成四份零花钱，每周给一份。但这样仍是管不住，他竟把饭票又兑成现钱去喝酒。一次他四五天未露面，原来是没钱吃饭，饿在床上不能动了。婚姻也不理想，结了离，离了又复，家事常吵吵闹闹，最后的结局是自缢身亡。这真是一个让人心酸的故事。

陈掖贤血统不是不好，烈士后代；组织上也不是不关照，可谓无微不至；本人智力也不差，教学工作还颇受称道。但为何竟是这样的下场呢？是最基本的生存能力、生活能力过不了关！而这个能力又不是学校、社会、组织上能包办的，它只有从小教育，而且只有通过家庭教育才能得到。赵一曼烈士在遗书中已经预感到这种没有尽到教育责任的遗憾。这种情况如果烈士九泉之下有知，一颗母爱之心不知又该受怎样的煎熬？

一个人品德和能力的养成有三个来源，学校的知识灌输、社会实践的磨炼和家庭的熏陶培养。家庭是这链条上的第一环。人一落地是一张白纸，先由家庭教育来定底色。家庭教育与学校、社会教育最大的不同是：无条件的“爱”，以爱来暖化孩子，煨弯、拉直、定型。学校教育有前提：讲纪律、讲成绩；社会教育有前提：讲原则、讲利害。家庭里的爱，特别是母爱是没有原则和前提的，爱就是前提，是铺天盖地、大包大容的爱。这种博大、包容的爱比社会上同志、朋友式的爱至少多出两个特点。

一是绝对的负责。父母的一切行为动机都是为了孩子，没有隔阂、猜疑，不计教育成本。大人是以牺牲自己的心态来呵护孩子，就像一只老母鸡硬是要用自己的体温把一颗冰冷的蛋焐成一只小鸡，并且一直保护到它独立。

我们经常看到一个小孩子不吃饭，父母会追着哄着去喂饭；不加衣服，父母追着去给他添衣。有不懂事的孩子说："我不吃难道你饿呀？"确实，父母肚子不饿，但心中疼。同时又因为有了这种无私的、负责的态度，才敢进行最彻底的教育，不必保留，不用多心，坚决引导孩子向最好的标准看齐，随时涤除他哪怕是最小的毛病，甚至用打骂的手段，所谓打是亲骂是爱。我们常有这样的体会，在成人社交场合看到某人吃相不雅，举止太俗时，就暗说家教不好。但说归说，这时谁也不肯去行教育责任，指破他的缺点了。因身份不便，顾虑太多。皇帝的新衣只有在皇帝小时候由他妈去说破，既已成帝，谁还敢言呢？有些毛病必须在家庭教育中去克服，有些习惯必须在家庭环境中培养，错过这个环境、氛围，永难再补。

二是无微不至的关怀。因为有了动机上的无私、负责，才会有效果上的无微不至。孩子彻底生活在一个自由王国中，他所有的潜能都可得到淋漓尽致地发挥，就像一颗种子，在春季里，要阳光有阳光，要温度有温度，要水分有水分，尽情地发芽扎根。孩子有什么想法不会看人脸色而止步，不会自我束缚而罢休。甚至撒娇、恶作剧也是一种天性的舒展。这样，他的全部天才基因都会完整地保留下来，将来随着外部条件的到来，就可能长成这样那样的大家、人才，甚至伟人。但是一进入社会教育，哪怕是最初的幼儿园教育都是某种程度的修理、裁剪、规范统一，是规范教育不是舒展教育、创造教育。家庭教育中的无微不至、充分自由、潜移默化将一去不再。这就是为什么所有的孩子一说去幼儿园就大哭不止。当然，人总得从家庭教育升到学校教育阶段，但绝不能缺少家庭教育。

其实，家庭给人的温暖和关爱，以及由此产生的特殊的教育作用还不止于孩童阶段，它将一直伴随到人的终生。表现为夫妻间、兄弟姐妹间、子女与老人间的坦诚指错、批评、交流、开导、帮助等，这都是任何社会集体里所办不到的。我们细想一下，一个人成家之后在亲人面前又不知改了多少缺点，得到多少鼓励，学到了多少东西。因为家庭成员的合作克服了多少生活及事业上的难题。现在社会上有很多继续教育机构，但常忽略了这个终生家庭教育机构，一个独身的人或寄人篱下的人将失去多少继续接受教育的机会。这么想来，人真的不能没有个家。

马克思说，人是各种社会关系的总和。当一个人少了最基本的社会关系——家庭关系，少了家庭教育、家庭温暖，他至少不是一个完整的社会人，不是一个很幸福的人。佛教哲学讲结缘，在人生的众多缘分中，情缘是最基本的，因情缘而进一步结成家庭就有了血缘，进而使民族、社会得到延续。一个人没有爱过人或被人爱，就少了一大缘，是一悲哀；有爱而无家，又少了第二大缘，又是一悲哀。一个社会如果没有家庭这个细胞它将无缘发展。虽然，曾有仁人志士说过“匈奴未灭，何以家为”的壮语，但那是特殊情况，甘愿牺牲小家为了天下人都能有一个安定的家。辛亥革命烈士林觉民牺牲前在其著名的《与妻书》中说：“充吾爱汝之心，助天下人爱其所爱，所以敢先汝而死。”赵一曼烈士对儿子说：“你长大成人后，希望不要忘记你的母亲是为祖国而牺牲的。”乱世舍小家是为救国家，盛世则要思和小家而利国家。历史上也确实有过放大无家思想的实验，但都以失败告终。如太平天国，分成男营、女营，夫妻不得团聚；人民公社搞大食堂，取消小家庭的温馨；“文革”前的干部分配制度，造成千万个家庭的两地分居。近读一则资料，1930 年国民党立法院甚至讨论过要不要家庭的问题。可见任何政党都有过“左”的行为，当然都成了历史的泡沫。

最新的一份社会调查显示，人们对幸福指数的认同要素，第一是经济，第二是健康，第三是家庭，然后才是职业、社会、环境等。现在出现的老人空巢家庭、农村留守儿童，都是变革中我们不愿看到的“家”字牌悲剧。但有三分奈何，谁愿做无家之人？恩格斯说家庭就像一个苹果，切掉一半就不再是苹果。独身、单亲、离异、留守、空巢、无子女都不能算是一个完善的家庭。当年林则徐说，烟若不禁，政府将无可充之银、可征之丁。现在如果都由这样的家庭组成社会，国家将无可育之才、可用之才。社会要增加多少本该可以在家庭圈子里消化的矛盾。

《西厢记》说，愿天下有情人终成眷属，我则为天下计，愿情缘血缘总相续，小家大家皆欢喜。

触摸人生的坐标

我相信，社会、历史是以杰出人物为坐标而确定其轮廓的。我曾经长期当记者，经年累月在人海中穿梭，但是一年下来，在头脑里留下印记的只有几个人，再十年下来，能留下印象的仍不超过寥寥数人。余皆飘渺如云雾散去，寂寂似尘埃回落。纵观历史，上下五千年，潮起潮落，人流滚滚，能够为史家所录，为后人所记住的又有多少人？一点不假，群众是历史进步的动力，但群众总是推举杰出人物来做自己的代表。而历史则筛选出那些有贡献，有个性，占领了各个制高点的人，做自己进程的坐标。他们的名字或者代表一个领域的开拓，或者代表一段历史的过程，或者他们本身就是一个海。他们可能是伟人、名人或者凡人，但是他们所蕴藏的思想和人格的内涵，足够我们驾船撒网去做永远的捕捞。

文学是人学，是人对客观世界的主观体验。最大的体验对象有两个，第一个对象是自然。大自然雄宏博大，气象万千。它借形、色、质的变化进行排列组合，这是一个无穷的数，是一个不尽的过程，是主观的人永远看不尽、赏不够、想不透的。因此不断地激发着我们的情感，激发着我们的艺术创造力。第二个对象是人，是我们自己的同类。因不同的遗传、环境、阅历等因素而排列组合成的人，也是一个无穷的数。正如天下没有两座完全相同的山，也没有两个完全相同的人，所以我们对茫茫人海的探秘就如对大自然的体验一样，也是永远看不完，说不够的。

我做记者时，每当发现一个杰出人物，就由衷地感叹，环境大致相同，何天地独钟灵毓秀其人。静夜读史，每遇杰出人物便顿觉如登五岳，上天界，峰出云外，风光无限。我越来越相信，人物是社会和历史的杰作。正如大自然在地球板块的断裂、碰撞、隆起中才造得几处奇山秀水，社会历史在奔突冲撞中也才造得一二杰出人物。文学是以发现美为己任的，我们既然可以到山水中去体验美感，体验雄伟与秀丽、险绝与舒展、激越与恬静，为什么不可以到人物的群山中去寻找体验呢？体验他们的创造与失败、奋斗与牺牲、欢乐与悲伤，其所得辉煌之美、深邃之美、悲怆之美，又更在对山水的体验之上。所以，我在细读山水，出版了《名山大川》之后，这几年又人海钩沉，汇成一集，名《人杰鬼雄》。

我的笔就像盲人手中的一根竹杖，轻轻地触摸着这些人生路上的坐标，引领自己慢慢向前。

一把跪着接过的钥匙

报载北京市盖好第一批专供低收入家庭使用的廉价住房，业主代表感激万分，在接钥匙时向领导下跪。报纸以赞赏的口吻报道此事，标题大意是“首个限价房项目某某家园交用，市委书记、市长发钥匙，入住限价房，业主跪地谢”，并配有下跪的大幅图片。这条消息刊发在2009年7月1日，党的生日当天，显然是一项计划好的“送温暖”活动。消息一见报即引起议论纷纷。

自从1944年毛泽东同志发表《为人民服务》以来，全心全意地为人民服务，已经是中国共产党人上下一致的信念。老一辈革命家和无数普通的前辈党员、干部都为我们做出了榜样。干部为人民办事是应该的，很自然、平常，没有什么可自诩、自豪、自矜、自炫的。功高如邓小平，他仍说：“我是中国人民的儿子。”共产党立党为公，绝无一点私利，也绝不要什么回报，包括什么报恩、答谢。今天，我们只不过用纳税人的钱为老百姓盖了几间房，就心安理得地接受人民的跪谢，这成何体统？报上登的是一把跪着接过的新房钥匙，而这恰是我们解开执政理念的一把思想钥匙。

下跪人与受跪人之间是什么关系？是下对上、晚辈对长辈、奴才对主人、受施者对恩人。所以有子女跪父母、学生跪老师、仆人跪主人，而从没有反过来跪的。即使这样也是封建遗风，民主社会任怎样感激、崇敬，有话尽管说，也是不必下跪的。21世纪的今天，忽然冒出一幕小民下跪的镜头，并登之于报，怎能不让人大呼怪哉？这镜头里透出的显然是民在下，官在上；民为子女，官为父母；民为受恩者，官为施恩者。这一跪就是人格问题、道德问题、政治问题。跪者不自爱，受者不警觉，时代大倒退。自辛亥革命推翻封建体制，于今已九十八年，马上就要一个世纪，封建残余还如此顽固，正应了孙中山那句话："革命尚未成功，同志仍须努力。"问题是，我们从建党那一刻起，不，从建党前"五四"时期的思想准备阶段算起，就高举民主、平等的大旗，以后为此又不知付出了多少牺牲。现在掌权既久，怎么倒淡忘了初衷？我们不是常说自己是公仆，是人民的儿子吗？假如父母向你下跪，那是什么滋味？

突发之事最见真感情、真水平。这件事是考验我们执政理念的试金石。虽然报上说领导赶快去扶下跪的群众，但我怀疑其内心仍有一种以恩人自居，受人一跪的窃喜。要不，为什么不当场坚决制止，并不许登报呢？当年彭德怀保卫延安，转战陕北，屡建奇功，一次开庆功大会，彭一进会场，看到主席台上挂着他的头像，便勃然大怒，说："还不快把那张像给我撕下来？"这是真谦虚，动真情。如果这件事能像当年彭总那样处理，坚决制止，并仔细讲清道理，岂不传为美谈？如果报纸报道出来，是多么生动的一场立党为公、执政为民的现场教育课，说不定还是一条得奖好新闻。

我还想，如果毛泽东在世碰到这件事，他一定又要写一篇新版的《为人民服务》。大意是：我们共产党的干部是彻底为人民利益工作的。我们为了一个伟大的目标，已经走了八十八年，走过了建国，走过了改革开放。我们为人民办了许多好事，但是还不够，还要办得更多一些。因为胜利人民会感谢我们，但我们千万不可骄傲。今天，我们只不过为人民盖了几间房子，发了钥匙，就弄得百姓来向我们下跪，这值得我们深思。这说明我们还没有真正弄懂党和人民的关系。只有这个问题解决好了，我们的事业才有希望。

还有八种人不很幸福

最近关于什么是幸福的话题突然热了起来，特别是正当两会之际，名人荟萃，代表、委员，包括高官、明星都纷纷在镜头前写自己的幸福公式。但是那些还不够幸福的人却不见出面。我静听静看了几天，虽没有公式，却有一点想法。

幸福的主体是公民个人，要靠自己感受，不能“被幸福”，也不能“贴牌”，更不要“秀幸福”。构成幸福的内容有三个方面：物质、精神、情感。情感也属精神，但又有区别，特别是对个体的人来说精神偏重于理想、信念，情感更重在人与人之间的关系。恩格斯在《马克思墓前的讲话》里说，马克思的贡献是发现人先得生存，解决吃穿住（物质），然后才是宗教、政治（精神）活动。他还说过，人是各种社会关系的总和。这“总和”除政治、经济关系外，很大一块是情感关系，是和谐。总之，人要幸福，离不开物质享受、精神追求和情感支持。这三个方面又依时代、环境不同，随时都有个最低标准，比如恩格尔系数、最低工资规定等。但在特殊情况下，可此消彼长，如为追求理想，短期内牺牲物质利益，亦觉幸福。我们这里讨论的是正常情况，所以三方面都要顾及。

幸福虽然是主观的体验，但是也要有外部条件。国家的责任就是为公民创造幸福的条件，“幸福热”的话题，折射着民众对新幸福的追求。从改革开放一开始我们就强调共同富裕，近年来又强调多方统筹，科学发展。所以当我们大谈幸福时要看一看还有哪些人不幸福。大致来说，我觉得有八种人：1.全国还有贫困人口1.5亿，工薪族收入偏低，穷人在物质上不幸福；2.社会就业难，找不到工作的大学生、“北漂”族等，无固定职业不幸福；3.贫富差距加大，部分穷人虽已脱贫，但望富人之项背，仍感种种之不公，感情上不幸福； 4.教育制度摧残人才，学生负担过重，两亿中小学生一想起考试就不幸福； 5.已进入老龄社会，空巢老人门依黄昏，情感上不幸福；6.腐败不治，国财私用，纳税人心中有气，不幸福；7.政治体制改革滞后，忧国之士情急心切，不敢幸福；8.民意表达不畅，多年上访者心中有冤、有怨、有话而不得说或说而无人听者，不幸福。

举出这八种人的不幸福，不是把社会说得一塌糊涂，只是承认前进中的矛盾，也正是两会要议的民生话题。从上面所举的不幸福也可看出，主要是精神和情感层面的，这说明我们在物质方面已经有很大的改善。改革三十多年，我们已经收获了太多的幸福，如社会低保、免除农业税、义务教育、改善住房等等。但幸福不说跑不掉，不幸福不说不得了，这是矛盾，是隐患，会影响民心，影响科学决策。治国者要长怀天下忧。上面举的不幸福还是从社会角度就大的人群而言，如果从每个人内心的幸福而言问题就更多了，涉及更深的政治、思想、道德、文化方面的建设。治大国如烹小鲜，需要更精心、更高明的施政和管理。恩格斯说：“我们的目的是要建立社会主义制度，这种制度将给所有的人提供健康而有益的工作，给所有的人提供充裕的物质生活和闲暇的时间，给所有的人提供真正的充分的自由。”这里他三次强调，所有的人都要能够物质充裕、精神自由。我们的共同富裕和两个文明也有其意。那是个理想的社会，人人幸福的社会，太遥远了。我们就先说当前吧，如果五年之后，“十二五”结束，能让上面的八种人都感到了幸福，那真是国家之大幸，人民之大幸。当然那时又会有新的矛盾，我们还会再去追求更高更新的幸福，那是十二届人大的事了。

我们顶住了一场破坏性考验

某种工业产品出厂前有一种严格的质量检测——破坏性试验。比如将一辆新汽车，开足马力撞向墙壁，看看它还能有多少完好度。这次“5·12”汶川大地震也是把共和国之车逼向悬崖，是一次破坏性大试验。试政府、试军队、试国力、试民心。在这之前，也曾有过一次试验，1976年唐山大地震。时在“文革”，百事可哀，但我们还是挟新中国成立近三十年的国力，度过了一劫，并乘势变革，迎来一个新时期。现在进入新时期已三十多年，上天又落下了这重重的一锤。

迎对灾难，政府责无旁贷。平时百姓安居乐业，不觉有政府在，甚至还小有怨言，骂几句政府。今大地一抖，民众突然在废墟的折光中发现了自己的政府。你看，救人、治疗、安置、防疫、重建，救生命于废墟，安民心于惊惧，纹丝不乱，瞬间河清海晏。原来，政府一直在暗中全面佑护着人民。

这猝然一震，桥塌了，路断了，党、政府和人民的联系却更强。

要知国家的承受力，先看军队的抵抗力。“5·12”大地一震，军队霎时化作一把利剑劈开钢筋水泥废墟，那些在黑暗中与死神相持了数日的同胞，睁开眼看到的第一张面孔就是军人，怎能不从心里喊一声“亲人”？但是为将这一丝阳光带入黑暗，战士新发的军靴，三天就磨破了底。十多天不能洗澡、换衣，连续苦战，肩破了，手肿了，裆烂了，却没有一人吭气。震后诸事稍定，炊事班上街买肉，摊主坚决不收钱，战士苦苦解释，身后不知谁又往他衣袋塞了一颗熟鸡蛋。没有办法，部队只好命令战士：救灾穿军衣，上街办事穿便衣。

地震本想毁我家园，没想到，家园后面有长城，军民关系一下子提升到新中国成立以来最好的时期。

弱国无外交，救灾实际上是和大自然办外交。上帝要看看我们到底有多少实力。地震刚过水患又起。同在四川，1786 年康定大地震，房倒死四百三十人，而堰塞湖决口，水淹死伤十多万人。上帝还不知道这现时中国早已不是两百多年前长辫子、短马褂的中国。我们一手按住地震，一手捂住湖水。卫星遥感，专家会诊，直升机轻轻一吊，就把几十台大型机械、一千多人送到了这亘古荒山之巅，迅即挖开一条导流渠。而下游，二十四小时之内平静地完成了二十万人的大转移。

对一国之破坏，最狠的是连续打击，让你没有还手之力。但这倒逼得我们亮出了家底，连老百姓都悲中有喜，我们的库里原来还有这么多好东西。

民为邦本，汶川地震在向我们挑战民心。但是它没有想到，在电视台播出消息的那一刻，全国十三亿双眼睛就一起转向汶川，十三亿双手立即托起一片爱的森林。上帝本想在我们的渡船上敲一个洞，但他甚至还没有来得及抽回锤柄，这十三亿同舟之人，就一下扑上去，补上了漏洞。中央电视台的赈灾晚会几小时就筹善款十五亿，救人战役还未完，申请领养孤儿的电话就打爆了民政部门。这时在废墟堆上刚救出一个三岁的小男孩，左臂已经骨折，当解放军医生对他进行紧急处理后，他竟在担架上半仰起身子，说声“谢谢叔叔！”并用缠着纱布的右手敬了一个礼。“生子当如孙仲谋”，好一粒我中华民族的种子！而此时在遥远的哈尔滨，正举行一场“一个人的婚礼”。原来新郎是一个直升机驾驶员，就在婚礼的前一天突然接到命令到前线救灾。有情岂在朝朝暮暮，报国只争此时此刻。于是婚礼照常举行，不同的是，礼钱全部捐给灾区。我们这个民族的传统，向来是天下兴亡匹夫有责，大义弥天，精忠报国。

地震本想震碎我们一点什么，但它没有想到，就像原子反应，碎了一个外壳，倒释放出更大的能量。

凡人类历史上破坏力最大的一是战争，二是天灾。我们这个民族，经受过无数次的外族入侵，经受过无数次的天灾，也曾有过长期的屈辱。但自从 1949 年之后，无论是战争还是天灾，都再没有能把我们征服过。

房高不要超过树高

偶读杂志，看到一篇文章，说的是我代表团到印度洋岛国塞舌尔访问，见当地有一规定：房高不得超过树高。

我方人员奇之，问诸主人，答曰：此岛本荒凉，经树木慢慢滋生方得以有生态改善，有雨水、阴凉及各种植物，气候适宜，生态平衡，人们乐居其间。还说，因为他们是岛国，生存空间狭小，一旦生态变坏，人便无处可逃，所以特别小心翼翼地求之于树，依赖于天。

人生活在地球上，第一离不开的是水和氧，而这两者都得力于树。树可造氧这是人人皆知的，记得二十年前我就看过一则报道，说一棵大树靠着它的根系和树冠，一昼夜可以调节四吨水，吸纳、蒸发循环不已。我们生活在地球上，就像睡觉盖着一层棉被，这棉被就是水和氧，而制造调节水和氧的就是绿树。一个人如果大冬天赤条条地被扔到室外，会是什么样子？地球上没有了树，人的难堪大致如此。小时候在村里听故事，说项羽力气大，能抓着头发将自身提离地面，孩童无知，很是惊奇而向往。后来学了物理才知道那是不可能的。我们也曾犯过这种傻，以为不必借助生态，人们想干什么就干什么，想要什么就有什么，想怎么活就怎么活。最典型的是在 1958 年的“大跃进”，我们抓着头发，想把自己提离地面。现在才明白，这不可能。

这几年砍树之风是基本刹住了，西北地区也大搞退耕还林。但是在城里却拼命地盖高楼，楼房和树比赛着往高长，在人为因素下，树当然比不过楼。于是满城都是证明人的伟大的水泥纪念碑。三十多年前，在北京上学，四合院的墙头不时伸出枣树枝或柿子树枝，那时真是住在树阴下，走在绿阴里。城市要发展，当然不能总是四合院。我仔细观察过，一棵大树可长到六七层楼高，欧洲许多城市的房高也多是六七层，我们却非要高过树、挤走树才甘心。每次我登香山，远眺京城插着的一座座水泥楼，灰蒙蒙一大片，总联想到一片墓碑之林。在和树比高低的竞赛中，我们迟早要葬送自己。

人与石头的厮磨

中国人对于石头的感情久远而又亲近。在没有生命、没有人类以前，地球上先有石头。人类开始生活，利用它为工具，是为石器时代。大约人们发现它最硬，可用之攻其他物件，便制出石斧、石刀、石犁。就是不做加工，投石击兽也是很好的工具。等到人类有了文字后，需要记载，需要传世，又发现此物最经风雨，于是有了石碑，有了摩崖石刻，有了墓碑墓志。只是刻字达意还不满足，又有了石刻的图画、人像、佛像，直到大型石窟。这冰冷的石头就这样与人类携手进入文明时代。历史在走，人情、文化、风俗在变，这载有人类印痕的石头却静静地躺在那里。它为我们存了一份真情、真貌，不管我们走得多远，你一回头总能看到它深情的身影，就像一位母亲站在山头，目送远行的儿子，总会让我们从心底泛出一种崇高，一缕温馨。

人们喜欢将附着了人性的石头叫石文化，这种文化之石又可分两类。一类是人们在自然界搜集到的原始石块，不需任何加工。因其形、其色、其纹酷像某物、某景、某意，暗合了人的情趣，所谓奇石是也。这叫玩石、赏石，以天工为主。还有一类是人们取石为料，于其上或凿、或刻、或雕、或画，只将石作为一种记录文明、传承文化、寄托思想情感的载体。这叫用石，以人工为主。这也是一种石文化，石头与人合作的文化。我们这里说的是后一种。

一

石头与人的合作，首先是帮助人生存。当你随便走到哪一个小山村，都会有一块石头向你讲述生产力发展的故事。去年夏天我到晋冀之交的娘子关去，想不到在这太行之巅有一股水量极大的山泉，而山泉之上是一盘盘正在工作着的石碾。尽管历史已进入 21 世纪，头上飞过高压线，路边疾驰着大型载重车，这石碾还是不慌不忙地转着。碾盘上正将当地的一种野生灌木磨碎，准备出口海外，据说是化工原料。我看着这古老的石碾和它缓缓的姿态，深感历史的沧桑。毋庸讳言，人类就是从山林水边，从石头洞穴里走出来的。人之初，除了两只刚刚进化的手，一无所有。低头饮一口山泉，伸手拾一块石头，掷出去击打猎物，就这样生存。人们的生活水平总是和生产力水平一致的，石器是人类的第一个生产力平台。

随着人类的进步，石头也越来越多地渗透到生活中的角角落落。可以说衣食住行，没有一样能离开它。在儿时的记忆里就有河边的石窑洞、石板路，还有河边的洗衣石，院里的捶布石，大到石柱石础，小到石钵石碗，甚至还有可以装在口袋里的石火镰。但印象最深的是山村的石碾石磨。石碾子是用来加工米的，一般在院外露天处。你看半山坡上、老槐树下，一排土窑洞，窗棂上挂着一串红辣椒，几串黄玉米。一盘石碾，一头小毛驴遮着眼罩，在碾道上无休止地走着圈子。石磨一般专有磨房，大约因为是加工面粉，怕风和土，卫生条件就尽量讲究些。民以食为天，这第一需要的米面就这样从两块石头的摩擦挤压中生产出来，支撑着一代又一代人的生命。其实，在这之前还有几道工序，春天未播种前，要用石滚子将地里的土坷垃压碎，叫磨地。庄稼从地里收到场上后，要用石碌碡进行脱粒，叫碾场。小时最开心的游戏就是在柔软的麦草上，跟在碌碡后面翻跟斗。前几天到京郊的一个村里去，意外地碰到一个久违了的碌碡，它被弃在路旁，半个身子陷在淤泥里，我不禁驻足良久，黯然神伤。

我又想起一次在山区的朋友家吃年夜饭，那菜、那粥、那馍，都分外的香。老农解释说:“因为是石头缝里长出来的粮食，又是石磨磨出来的面，土里长的就比电磨加工的要香。”我确信这一点，大部分城里人是没有享过这个福的。当人们将石器送到历史博物馆时，我们也就失去了最初从它那里获得的那一份纯情和那一种享受。正如你盼着快点长大，你也就失去了儿时的无忧和天真。

生产力的发展变化，在石头上所体现的最好标志，就是一块石头由加工其他产品的工具，变成被其他工具加工的产品。二十年前，我第一次到福建出差，很惊异路两边的电线杆竟是一根根的石条，面对这些从石地层里切挖出来的“产品”，真是不可思议。又十年后我到绍兴，当地人说有个东湖你一定要看。我去后大吃一惊，这确实是个湖，碧波荡漾，游船如梭，湖岸上数峰耸立，直逼云天。但是待我扶着危栏，蜿蜒而上到达山顶时，才知道这里原来并不是湖，而是一处石山。当年秦始皇统一天下后，全国遍修驿道，需要大量石条，这里就成了一个采石场。现在的山峰正是采石工地上留下的“界桩”。看来当时是包工到户，一家人采一段，那“界桩”立如剑，薄如纸，是两家采石时留下的分界线，有的地方已经洞穿成一个大窗户。刚才看到的湖面，是采过石后的大坑，一根一根石条就这样从石山的肚子里、脚跟下抽出来。“沧海变桑田”是指大自然的伟力，这时我更感悟到人的伟力，是人硬将这一座座石山切掉，将石窝掏尽，泉涌雨注，就成湖成海了。

后来我又参观了绍兴的柯岩风景区，那也是一个古采石场。不过不是湖，而是一片稻田，如今已成了公园。园中也有当年采石留下的“界桩”，是一柱傲立独秀的巨石，高近百米，石顶还傲立着一株苍劲的古松。可知当年的石工就从那个制高点，一刀一刀像切年糕一样将石山切剁下来。这些石料都去做了铺路的石板或宫殿的石柱。我们的祖先就是这样以血肉之手，以最原始的工具在石缝里拼生活啊。前不久我看过一个现代化的石料厂，是从意大利进口的设备，将一块块如写字台大小的石头固定在机座上，上面有七把锯片同时拉下，那比铁还硬的花岗岩就像木头一样被锯成薄如书本、大如桌面的石片。石沫飞溅，一如木渣落地。流水线尽头磨洗出来的成品花色各样，光可照人，将送到豪华宾馆去派上用场。远看料场上摆放着的石头，茫茫一片，像一群正在等待屠宰加工的牛羊，我一时倒心软起来、这就是数千年前用来修金字塔、修长城、建城堡的坚不可摧的石头吗？

经济学上说，生产力是人类改造世界的能力，它包括人、工具和劳动对象。这石头居然三居其二，你不能小看它对人类发展的贡献。

二

石头给人情感上的印象是冰冷生硬，有谁没有事会去抚摸或拥抱一块冰冷的石头呢？但正如地球北端有一个国家名冰岛，那终年被冰雪覆盖着的国土下却时时冒出温泉，喷发火山。这冰冷的石头里却蕴藏着激荡的风云和热烈的思想。

我第一次从石头上读政治，是 1994 年 1 月初到桂林。谁都知道，桂林是个山水绝佳之地，我也是本着这份心情去寄情自然、赏心娱性的。当游至龙隐崖时，主人向我介绍一块摩崖石刻，因文字仰刻在洞顶，虽经八百年，却得以逃脱人祸、水患。细读才知是有名的《元祐党籍碑》。说是碑，实际上就是一个黑名单。在这明媚的湖光山色中猛见这段历史公案，不由心头一紧，身子一下落入历史的枯井。这碑的书写者是在中国历史上可入选奸臣之最的蔡京。宋朝自赵匡胤夺权得位之后，跌跌撞撞共三百三十七年，好像就没有干出什么光荣的大业，倒是演绎了一部忠奸交织图，并且大都是奸胜于忠。宋神宗年间国力贫弱，日子实在混不下去了，朝廷便起用新党王安石来变法。神宗死后，改年号元祐，反对变法的旧党得势。等到宋徽宗即位，新党势力又抬头。蔡京正在这时得宠，他便借机将自己的政敌统统打入旧党名单，名为元祐奸党。并且于崇宁四年（1105 年）讨得皇帝旨，亲自书写成碑，遍立全国各地，要他们永世不得翻身。把黑名单刻在石头上，这是蔡京的发明。

在这块黑硬阴冷的石刻前，我不禁毛骨悚然。细读碑文，黑名单共三百零九个人，其中有许多名人大家，如司马光、文彦博、苏东坡、秦观、黄庭坚等。这些人不说政见政绩，就说他们的诗书文章，也都是一代巨星。蔡本人也算是个大文人，书与画亦很出色，当初他就是靠着这个才得以接近徽宗。但他一旦由文而政，大权在手，整起人来却如此心狠，更难得他在政治斗争中又很会使用石头这个工具。当初中国猿人刚学会以石击兽猎食求生时，万没有想到几十万年后的政坛官僚会以石来上悦君王，下制政敌。更难得这蔡京上下两手都得纯熟。当他要取悦君王、以求进身时，用的是天然无字之石。蔡京经仔细观察，发现宋徽宗极好玩石，他就让心腹在南方不惜代价，广搜奇石。为求一石跋山涉水，挖坟掘墓，拆人庭院。有大石运京不便，沿途就征用民船，拆桥毁路，这便是历史上有名的“花石纲”之祸。这事连徽宗也觉得有点心虚，蔡京就说：“陛下要的都是山野之物，是没有人要的东西，有何不可？”真会给主子找台阶下。当他要对付政敌时，用的是有字的石头。他看中了石头的经久耐磨，要刻书其上，让政敌万世不得翻身。不想后人又将此碑重刻，以作为历史的反面教员。

因为有了这次由石悟史的经历，以后我就留意石头上的野史。

封建时代普天之下莫非王土，这石头当然首先要为皇家服务。中国历史上文治武功较突出的秦皇汉武、唐宗宋祖、明太祖、清康熙乾隆七位名君，除汉武、宋祖外，我见过他们其余五人留下的石头。今泰山脚下的岱庙里有秦始皇二十八年东巡时的刻石，北宋时还有一百三十六字，现只剩下九个字了。现太原晋祠存有唐太宗李世民亲笔书的一块《记功铭》，四面为文。我得一拓片，展开有一面墙之大，甚是壮观。那个乞丐出身的朱元璋很有意思，他与陈友谅大战于鄱阳湖，正不分上下时，得一疯人周颠指点而胜，朱得江山后亲自撰文，在鄱阳湖边的庐山最高处为之立碑，现在御碑亭成了庐山的一个重要景点。康熙、乾隆的御制诗文极多，这是世人皆知的。中国几乎任何一处著名的风景点或庙宇里都能看到他们的碑刻，但大多是“到此一游”之类。

石头记事，确实可以千古不朽，于是就生出另一面的故事，有钱有势的就想尽量刻大石，多刻石。但是如果你的名和事不配这个不朽，不配流芳百世呢？那就适得其反，留下了一份尴尬，又为历史平添了一点笑话。

这石愈大，就尴尬愈大，笑话愈大。山东青州有一座云门山，石壁上刻有一巨大的寿字，就是一米七八的小伙子，也没有寿下的“寸”字高。游人在山下，仰首就可看到。原来当年这里曾是朱元璋的后代衡王的封地，他在嘉靖三十九年为筹办自己的祝寿庆典，特意搞了这么一个“寿”字工程。但是如今除了山上的寿字和山下孤零零的一个空牌楼，衡王府连只砖片瓦也找不到了。衡王这个人如不专门查史，也是没人知道。寿字倒是长寿至今，那是因为它的书法价值和旅游的用途，衡王却一点光也沾不了。

河北正定去年才出土的一块残碑，也是对立碑人的最大讽刺。这碑我们现在已不能称之为碑了，因为它已断为三截。但是大得出奇，只驮碑的赑屃就比一辆小汽车还大，这是目前国内多处碑林中未曾见过的巨制。奇怪的是，如此辉煌的记功碑既不是出自大汉盛唐，也不是出于宋元明清，据查它出自中国历史上一个短暂纷乱的小王朝——五代时的后晋。从碑身可以看出字迹清晰，石色未经风雨洗磨，碑立好不久便入土为安了，而且碑文中所有涉及碑主人的名字多处都被剔毁。经考证，碑主是一个小军阀，是此地的节度使，乱世之际他手里有几个兵也就做起了开国称帝的梦，并且预先刻好了记功请颂之碑，不想梦未成就祸临头了，他被杀身，碑也被活埋。这段公案直到一千多年后，正定县修路时，才在现代挖掘机的咔嚓声中重见天日。于是我想到，这厚厚的土地下不知埋藏着多少不朽的石头和石头上早已朽掉了的人物。

上面说的是流传至今的成碑，还有一种是未及成形的夭折之碑。我见到最大的夭折碑是南京阳山的特大“碑材”。现在较多的说法是朱棣篡位称帝后，准备为他的父亲朱元璋修孝陵时所采的石材。它实在太大了，从初步形成的情况看，碑座长 29.5 米，宽 12 米，高 17 米，重约 1.6 万吨；

碑首长22米，高10米，宽10.3米，重6118吨，碑身长51米，宽14.2米，厚4.5米，重约8800吨。总计合三万多吨。据传，当时为开采此石，用数千工匠，每人每天限出碎石三斗三升，出不完即死。山下新坟遍野，至今仍有村名“坟头”。当时用的是笨办法，先将石料与山体凿缝剥离，然后架火猛烧，再以冷水泼在石面，热胀冷缩，一层层地激起碎石。至今石上还有火烤烟熏的痕迹。千万人、千万时的劳动还是敌不过自然的伟力，人们虽可勉强将这个庞然大物从山体上剥离，但如何运进城去却是个难题，于是它就这样永远地躺在了山脚下。如今现代化的高速公路从碑石下穿过，这巨石就如一头远古时的恐龙或者猛犸象，终日瞪着好奇的眼睛看着来往的车流。

如果你读不懂这块三万吨的巨石，就请先读读明史，读读朱棣。朱棣是朱元璋的第四个儿子。本来轮不到他来做皇帝，他也早被封为燕王，驻地就是现在的北京。但他起兵南下，夺了他侄儿的帝位，然后迁都北京。朱棣很有雄才大略，平定北方，打击元朝残余势力，也很有功，但人极残忍。他窃位后自知不合法，便施高压，收拾异己。他要名士方孝孺为他起草即位诏，方不从，他就以刀割其口，又株连十族，共八百七十三人。兵部尚书铁铉不从，就割其耳鼻，又烹而使之食，问：“甘否？”铉答：“忠臣之肉有何不甘。”大骂而死。他将政敌或杀或充军，妻女则送军内转营奸宿。不可想象，在中国已经历了唐宋成熟期的封建文明之后，还有这样一位残暴的最高统治者。但他又装出很仁慈，一次到庙里去，一个小虫子落在身上，他忙叫下人放回树叶，并说：“此虽微物，皆有生理，毋轻伤之。”朱棣既有野心和实力夺帝位，又要表现出仁孝，表示合法，于是他就想到为父亲的陵寝立一块最大的石碑。这或许有赎罪和安慰自己灵魂的一面，但正好表现了他的霸气和凶残，这是一块多么复杂的石头。中国历史上三百三十四个皇帝中，叔夺侄位、迁都易地、另打锣鼓重开张的就朱棣一人。这块有三万吨之重，非碑非石，后人只好叫作“碑材”的也只有这一例。它像神话中的人头兽身怪，是兽向人嬗变中的定格。

如果说，正定大残碑是一个未登皇位的人梦中的龙座，阳山大碑材就是一个已登皇位者，为自己想立又没有立起来的贞节牌坊。而许许多多有诗有文的御碑，则是胜者之皇们摇头晃脑、假模假样的道德文章。武则天倒是聪明，在她的陵前只有一块无字碑，她让后人去评、去想。但这也有点作秀，是另一种立传碑。“菩提本无树”，要是真洒脱又何必要一块加工过的石头呢？唐太宗说以史为镜，史镜的一种形式就是石头，后人从石镜里照出了所有弄石人的心肝嘴脸，就是那些偷偷的小动作和内心深处的小把戏也分毫毕现。

当然，石头既是山野之物，又可随时洗磨为镜，便就谁也可以用来照人照世、表达思想、褒贬人物了。上面说的是宫廷之碑，民间也有许多著名的碑刻成了我们历史文化的里程碑。如我们在中学课本里学过的《五人墓碑记》等，其激越的思想、感人的故事与坚强的石头一起经过历史的风雨，仍然闪烁着理性的光芒。成都武侯祠有岳飞书《出师表》石刻，一笔一画如横出剑戟，一点一捺又如血泪落地。石头客观公平，忠也记，奸也记，全留忠奸在青石。民间的说法就更是常书写在石头上。胡适说：“中国文学史何尝没有代表时代的文学，但是我们不应该向那古文史里去找。应该向旁行斜出的不肖文学里去找寻。”了解中国的政治史也应该除二十四史外，到路边或旧宅的古石块上去找寻。

在我看过蔡京《元祐党籍碑》之后八年再到桂林，却意外地见到一块惩贪官碑。碑文为："浮加赋税，冒功累民。兴安知事，吕德慎之纪念碑。民国五年冬月闰日公立。"指名道姓，为贪官立碑，彰显其恶，以戒后人，全国大概仅此一例，其作用正如朱元璋将贪官剥皮填草立于衙堂之侧。

我当记者时，在家乡山西还碰到一件为清官立碑的事。从前山西晋城产一种稀有兰草，岁岁进贡。然此地崇山峻岭，崖高林密，年年因采贡品死人。就是那年我们上山时也还无路可通，要手足并用，攀岩附藤而上。有一任县令实在不忍百姓受苦，便冒欺君之罪，谎报因连年天旱此草已绝迹，请免岁贡。从此当地人逃此苦役，百姓为其立碑。封建时代人们盼清官，所以就留下不少这类的刻石。现在武夷山的文庙里还保存有一块宋太宗赐立各郡县的《戒石铭》："尔俸尔禄，民脂民膏，下民易虐，上天难欺。"还有那块被朱镕基推崇引用的《官箴》碑："吏不畏吾严，而畏吾廉；民不服吾能，而服吾公。公则民不敢慢，廉则吏不敢欺。公生明，廉生威。"此石原为明代一州官的自警碑，到清代被一后继者从墙里发现，又立于署衙之侧以自警，再到朱镕基之口，是一根廉政接力棒，现存西安碑林。

大约人自从有了思想，就一天也没有停止过利用石头来表达它。权贵们总是想把石头雕成一根永恒的权杖，洁身自好者就用它来磨一面正形的镜子，而老百姓则将它用作代言的嘴巴。无论岁月怎样热闹地更替，人类演化出多少缤纷的思想，上帝却只用一块石头，就将这一切静静地收藏。

三

前面说过，没有哪一个人愿意怀抱一块冰冷的石头。但是，这石头确确实实每时每刻都在人类的怀抱里温暖着，一代代传递着。于是"入石三分”，那石面石纹里就都浸透着人文的痕迹。人们不知不觉中，除了将石头用作生产生活的工具外，还将它用作记录文明、传承文化的载体。就文化的本意来说，它是社会历史活动的积累。为了使辛苦积累的东西不至失去，石头是最好的载体。一来因其坚硬，耐磨损，不像纸书本那样怕水怕火；二来因其本就处在露天，体势宏大，有较好的宣示功能。所以以石记史，以石为文就代代不绝。

人以文化心理刻石大概有这样几种类型：

一是为了表达崇拜，宣扬精神。最典型的是佛教的石窟、石刻和摩崖造像。敦煌、麦积山、云冈、龙门、大足，佛教一路西来，站站都留下巨型石窟。这都要积数代人的力量才能成。像乐山大佛那样，将一座山刻成一个大佛，用了九十年的时间，这需要何等惊人的毅力，而且必须有社会的氛围，这只有宗教的信仰力才能办到。泰山后面有一道沟，竟将一部《金刚经》全刻在流水的石面上，每个字有桌面之大，这沟就因此名“经石峪”。但也有的是为了宣扬其他。冯玉祥好读书，他住庐山时心有所悟，就将《孟子》的一整段话，叫人刻在对面的石壁上。经石峪和庐山我都去过，身临文化的山谷之中，俯读经文，佛心澄静；仰观圣言，壮心不已，你会感到一股这石头文化特有的磅礴之力。

古人凿山为佛的场景我无法亲历，但现代人一件借石表忠的事我倒是亲自体味过。上世纪 80 年代初，我在山西当记者，一天沁水县（作家赵树理的家乡）的书记来找我，说我这里出了一件奇事，也不知该不该宣扬。我到现场一看，原来是一位老村干部为毛主席修了一座纪念堂。堂不足奇，奇的是他硬在一块巨石上用手抠出了这座“堂”。当时，毛主席去世不久，这位深感其恩的老村干部，决心以个人之力为伟人建一座堂，而且暗发宏愿，必须整石为屋。他遍寻附近的山头，终于在村对面山上找见一块巨石，就背一卷行李、一口小锅住在山上。他一锤一錾，每天打石不止，积年余之力，居然挖出一座有四米直径之大的圆房子。老人将毛主席的像端挂正中。他又觉得山太秃，想引来奇花异草，依稀知道有一本记载植物的书叫《本草纲目》，就向卫生部写信，卫生部居然还寄来了许多种子，我去时山上已一片青翠。当时正好农村推行改革政策，村里就将这山承包给了老人。当初，人们都说这老人是疯子，现在则羡慕不已。这种借坚石而表诚心的方式中外同一。上个月我从泰国归来，那里有一座佛城，巨大的佛殿里，八百多块花岗石碑全部刻满经文。这则全靠国家的力量。

第二种是为了给后人积累知识、传递信息。那一年我到镇江，在焦山寺碑林里见到一方石头，上面刻有一幅地图，名《禹迹图》，是大禹治水、天下初定后的版图。这幅石地图用横竖线组成 5831 个方格，每格合百里，比例为 1 ∶ 420 万，上面有山川河流及 551 个地理名称。这是我见到的最久远的地图，它刻于宋绍兴十二年（1142 年），英国人李约瑟说这是世界上最杰出的古地图。现在河北保定原清直隶总督的大院内保存着十六幅《御题棉花图》刻石。乾隆三十年（1765 年），时任总督的方观承考察北方的棉花种植生产流程后，亲手绘制了十六幅工笔绢画，图后配有说明文字，呈送乾隆皇上御览。乾隆仔细研究过后，于每幅图上题诗一首。这回皇上写的诗也还文风淳朴，有亲农爱民之情，比如第二幅的《灌溉》：“土厚由来产物良，却艰治水异南方。辘轳汲井分畦溉，嗟我农民总是忙。”皇帝亲自题诗勒石承认农民的辛苦，恐怕在中国历史上也仅此一例。这图文并茂的十六幅石刻永远留在了直隶总督衙门，成为我们中国农业科技史的重要资料。人们考证，最早的木版连环画大约可以追溯到明万历年间，而这《棉花图》很可能就是第一本刻在石头上的连环画。

最近我到甘肃麦积山又有新的发现，这里存有一块刻于北魏时期的释迦牟尼成佛过程的浮雕碑，应该是更古老的石刻连环画。现在长江大坝已经蓄水，有谁能想到百米水下将要永远淹没一段石上的文化？原来在涪陵城的江面上有一道石梁，水枯时现，水丰时没，古人就用它刻记水文的变化。石长一千六百米，一千一百年来竟刻存了一百六十三段，三万余字的记录，还有飞鱼图案。考古学家习惯将地表数米厚的土壤称为文化层。人们一代一代，耕作于斯，歇息于斯，自然就于这土层中沉淀了许多文化。那么，突出于地表的石头呢，自然就更要首当其冲地记录文化，它不仅是文化层，更是文化之碑，历史之柱。

第三种是人们无意中在石上留下的关于艺术、思想和情感的痕迹。司马迁说“桃李不言，下自成蹊”，在无言的石头面前，岂止是“成蹊”，人们常常是诚惶诚恐地膜拜。山东平度的荒山上至今还存有一块著名的《郑文公碑》，被尊为魏碑的鼻祖。每年来这荒野中朝拜的人不知有多少。那年我去时，由县里一个姓于的先生陪同，他说日本人最崇拜这碑，每年都有书道团来认祖。真的是又鞠躬，又跪拜。一次两位老者以手抚碑，竟热泪盈眶，提出要在这碑下睡一夜。于先生大惊，说在这里过夜还不被狼吃掉？这“碑”虽叫碑，其实是山顶石缝中的两块石头。先要大汗淋淋爬半天山路，再手脚并用攀进石缝里，那天我的手就被酸枣刺划破多处。我来的前两年刘海粟先生也来过，但已无力上山，由人扶着坐在椅上，由山下用望远镜向山上看了好一会儿。其实是什么也看不见的，只是了一个心愿。现在，这山因石出名，成了旅游点，修亭铺路，好不热闹。

人对石的崇拜，是因为那石上所浸透着的文化汁液。石虽无言，文化有声。记得徐州汉墓刚出土，最让我感动的是每个墓主人身边都有一块十分精美的碑刻，今天都可用作学书法的范本。但这在当时就是一个普普通通的丧葬配件，平常的如同墓中的一把土。许多现在已被公认的名帖，其实当年就是这样一块墓中普通的只是用来干别的事情的石头，本与书法无关。如有名的《张黑女碑》，人们临习多年，赞颂有加，至今却不知道何人所写。就像飞鸟或奔跑的野物会无意中带着植物的种子传向远方。人们在将石头充作生活用品和生产工具时，无意中也将艺术传给了后人。

那一年我到青海塔尔寺去，被一块普通的石头大大感动。说它普通，是因为它不同于前面谈到的有字之石。它就是一块路边的野石，其身也不高，约半米；其形也不奇，略瘦长，但真正是一块文化石。当年宗喀巴就是从这块石头旁出发去进藏学佛。他的老母每天到山下背水时就在这块石头旁休息，西望拉萨，盼儿想儿。泪水滴于石，汗水抹于石，背靠小憩时，体温亦传于石。后来，宗喀巴创立新教派成功，塔尔寺成了佛教圣地，这块望儿石就被请到庙门口。

现在当地虔诚的信徒们来朝拜时，都要以他们特有的生活习惯来表达对这块石头的崇拜。有的在其上抹一层酥油，有的撒一把糌粑，有的放几丝红线，有的放一枚银针。时间一长，这石的原形早已难认，完全被人重新塑出了一个新貌，真正成了一块母亲石，就是毕加索、米开朗琪罗再世，也创作不出这样的杰作。那天我在石旁驻足良久，细读着那在一层层半透明的酥油间游走着的红线和闪亮的银针。红线蜿蜒曲折如山间细流，飘忽来去又如晚照中的彩云。而错落的银针，发出淡淡的轻光，刺着游子们的心微微发痛。这是一块伟大的圣母石。它也是一面镜子，照见了所有母亲的慈爱，也照出了所有儿女们的惭愧。这时不分信仰，不分语言，所有的中外游人都在这块普通的石头前心灵震颤，高山仰止。

当石头作为生产工具时，是我们生存的起码保证；当石头作为书写工具时，是我们传承文明的载体；而当石头作为人类代代相依、忠贞不贰的伴侣时，它就是我们心灵深处的一面镜子。无论社会如何进步，天不变，石亦不烂，石头将与人相厮相守到永远。

潮起潮落说时尚

要观察人们生活的变化，莫如看看市场上商品的时尚之变。文人无他，新书旧报。一日居家无事，翻出十五年前 1993 年 7 月 5 日的《精品购物指南》，上面有这样一条消息：《京城“大哥大”供不应求》。“大哥大”是什么？现在二十多岁的人大都没有见过，它就是当时刚出现的移动电话，形如一块砖头。哪如现在的手机这样小巧？但这在当年是暴发户的象征，常和“腰缠万贯、财大气粗”联在一起。如果有哪一位客人走进饭馆，将“大哥大”往桌上一戳，简直就像霸王升帐，连叫菜的声音都不一样。那条消息还说，1993 年京城“大哥大”的社会存有量是 1.3 万台，市价从每台 1.7 万元涨到了 2.7 万元，还供不应求，黑市价 3.5 万元。但是没有几时，这个霸气十足的时尚品就销声匿迹了。我又找到一本书《消失的商品》，十年内蒸发的商品何止“大哥大”，稍在其后的有 BP 机、录放机、VCD 机（要知道，1995 年到 1998 年，三年间它的销量竟从六十万台激升至一千四百万台）……其余还可以列出一个长长的名单。

这其后引领城市消费时尚的是什么？是时装、汽车、别墅、旅游、电影大片、音乐会、体育比赛、明星名模秀等等。总之，生活在大变，时尚品的含金量在大增。出于好奇，我又查了一下最新一期的《精品购物指南》，一个小手袋1.72万元，正好是十五年前的一部“大哥大”；一小盒红茶一千七百元；一支按你的口型定做的口红，纯金外筒，镶一百九十九颗碎钻，标价六万两千万美元。除这些小件时尚品之外，再放眼整个京城，已是名车塞于途，豪宅满郊外了。这确实有点奢华之气，但至少说明社会财富在增多，经济学家所讲的恩格尔系数在下降，民风也从当年的不敢露富，进化到“尚富”。而且，除了一个“富”字，其中至少还有三层意思。

一是开放意识。许多时尚品都是舶来品。社会进步的标志之一就是追赶世界消费潮流。就像经济发展绕不开市场，消费也绕不开时尚。奔驰车是1926年创牌，2004年花落北京；奥迪车是1910年创牌，1988年花落北京；保时捷车是1930年创牌，2001年花落北京。这里的“花落”之意，绝不只是来中国卖车，而是我们和他们技术合作、合资、办厂。在消费时尚的背后，我们正在悄悄地追赶着知识、科技和管理的世界时尚。

二是品牌观念。当我们远望时尚之潮时，首先看到的是品牌的脊梁。在世界经济一体化的今天，民族品牌，就是时尚之风中的民族魂。还以数字产品为例，1985年世界上第一台笔记本电脑问世。1996年“联想”开始进入笔记本电脑市场，而从2001年到现在，它就一直稳坐“国内销量第一”的交椅。至于说到潘石屹的别墅、海尔的家电，那就是中国时尚的新符号。当然，在时尚消费之潮中，我们的品牌还远远不多，但不要忘记人家已经先行于我们一百多年。尚者，本来就是学习、追赶之谓也。这说明我们还得继续开放。

三是精神世界。当一个明星、名模，或任何一个普通青年穿上一件时尚套装时，他立即会挺起胸膛，直起腰杆。我们千万不要把时尚消费一概看作是奢侈。如果一个人金玉其外，败絮其内，这当然是他个人的悲哀。但是，当社会上已有整个一个阶层能以自己的劳动而达到某种时尚消费水平时，这就标志着社会的进步。而时尚品的尽善尽美早已超乎物外，而成了智慧、成功的象征。你看，电视剧《亮剑》已经在荧屏上连播三年而不衰，人们所“时尚”的就是那股英雄气。

历史推进，“代沟”难免。也许年轻人会嘲笑上一代人不懂时尚。但不要忘记，正是因为他们昨天的创造才有了今天的时尚。反过来，老年人也想嘱咐年轻人一句，当你陶醉于自己生活中恩格尔系数的下降时，是否也应该关心一下全社会基尼系数的升降，时尚也是责任，这个时尚大潮过后你们还将创造什么样的时尚？

夜 市

题记：忽见2016年6月25日的《北京日报》发稿《32年东华门夜市灯熄人散》，一时心底说不出什么滋味。真是三十年河东，三十年河西。当年开夜市是新鲜事物，发展市场经济；今天关夜市因大城市病突现，要还市民一个清静。事物总是波浪式前进。又忽然想起当时我刚调进京，单身一人，机关就在东华门一站之遥，晚饭后无事，最大的消遣就是逛东华门夜市。顺手留下了一篇旧稿。翻看其中，当时的风土人情，包括市场价格，历历在目。再投之报章，或许能与读者共享一点怀旧之情，也算是为夜市和那个时代存档送别。别梦依稀咒逝川，夜市三十二年前，耳旁还闻碗瓢声，眼前大道一扫宽。

晚饭后，待夕阳西沉，柏油马路上的灼热稍稍散去一些，我便短衫折扇，向王府井北口的东华门街慢慢走去。来得早了一点，摆好的摊子还不多。这时拐弯处飞出一辆平板三轮，蹬车的是个长发短裤的小伙儿，口里哼着流行曲，身子一左一右地晃，两条腿一上一下地踩，那车就颠颠簸簸地冲过来，车上筐子里装满了碗和勺，丁丁当当地响。筐旁斜坐着一位姑娘，向他背上狠狠地捣了一拳，骂声：“疯啦！”小伙子就越发美得扬起头，敞开胸，使劲地蹬。突然他一捏闸，车头一横，正好停在路旁一个画好白线的方格里。两人跳下车，又拖下十几根铁管，横竖一架，就是一个小棚子。雪白的棚布，车板正好是柜台，劈劈啪啪地摆上一圈碗。姑娘扯起尖嗓子，高喊一声：“绿豆凉粉！”刹那间，一溜小摊就从街的这头伸到另一头，夜市开张了。

人行道上的路灯涮地一下亮了，夕阳还没有收尽余晖，但人们已不感觉它的存在。灯光逼走了日光，温和地来到人们身旁。夜灯一出来，这个世界顿时便加了几分温柔和许多随便。人们悠闲地、并无目的地从各个巷口向这里走来。白日里恼人的汽车一辆也没有了，宽阔的街面上全是推着自行车的人流，互相牵着手的男女，嬉笑奔跑着的儿童。国营商店这时大都关了门，个体小贩们似唱似叫地，就在它们的门前摆起了地摊。

一个煎饼摊吸引了我。三轮车上放了一个火炉，炉上一块油黑的方形铁板，一位中年汉子左手持一把小勺，伸向旁边的小盆里舀起一勺稀面糊，向铁板上一浇。右手持一柄小木耙，以耙的一角为圆心，飞快地绕了几圈，那面糊汁立即被拉成一张白纸，冒着热气。我正奇怪这张纸饼的薄，他左手又抓过一只鸡蛋，右手一耙砍下去，一团蛋黄正落在煎饼心上，那小耙又再画几个圈，白纸上便依稀挂了一层薄薄的黄，热气腾腾中更增加了一种隐隐的诱惑。只见他右手扔下小耙，取过一把小铲，却又不去铲饼，先在铁板上有节奏地敲三下，然后将铲的薄刃沿饼的边，刷地划出一个圆圈，那张薄饼已提在他的手中，喊道：“五毛一张！”那架势不像是卖饼，倒像在卖一张刚刚制作完的水印画。这一套熟练的动作，大概不过三分钟。

那小勺、小耙的精致，也如工艺品，至于那把小铲，干脆就是油画家用的画铲。我立即觉得自己迈进了一个艺术的大观园，心中微微得到一种愉快的满足。

前面人群的头顶上闪出一幅挑帘，大书“道家风味”四字，十分引人。平地放着四个铁筒改装的火炉，炉口上正好压了一个鼓肚铁鏊，鏊子上有一个很厚的圆盖。和刚才做煎饼不同的是，黄色的稀面糊从鼓肚处流下，自然散成一个圆饼，这在我们家乡叫“摊黄”，是乡间极平常的吃食。但在这里就别有出处了。守摊的一男二女，像夫妻姑嫂三人，那男子不干活，只管大声招揽顾客：“真正道家秘传，请看中国两千年前就有的高压锅，道人就用这种炉子炼丹做饼，长命百岁。我家这祖传的道家炊饼已有四十二年不做，今年挖掘整理，供献给首都夜市……”这时一个青年上前插问：“是不是回民食品？”他大概分不清道教和伊斯兰教，那炉边的女子耳尖，迅即答道：“回民、汉民都能吃，小米、玉米、黄豆，真正小磨香油。不腥不腻，养人利口。”就有人纷纷去讨。这家人可真聪明。要是白天，这宽阔的马路，这两边洁净的店堂，街上疾行的车辆，西服革履的人群，哪能容他们在这里论饼说道呢。但这是夜晚，暮色一合，城换了装，人也变了性，大家都来享受这另一种的心境。

离开这“道家食摊”没有几步，又有一个偌大的广告牌立在当地，红底白字，大书“芙蓉镇米豆腐”，旁边还有几行小注：“芙蓉镇米豆腐以当地特有白米及传统秘法精制，特不远千里专程献给首都夜市。”我忍不住哈哈大笑。这芙蓉镇本是一个小说和电影里的地方，作品中有一个卖米豆腐的漂亮女郎，惹出一段曲折离奇的故事，想不到竟也拿来做了广告的由头。

香味本来是听不见看不见的，但是我此刻却明明是用耳朵和眼睛来领略这些食品的味道了。先说那大小不同高低起伏的叫卖声，只靠听觉就可以知道这食阵的庞大综杂。有的起声突峻，未报货名，先大喊一声："哎！快来尝尝。"有的故念错音，将"北京扒糕"念成"北京扒狗"；有的落音短截，前字拉长，后字急收"炒——肝儿！"；有的学外地土话，要是卖烤羊肉，总是忘不了戴顶新疆小花帽，舌头故意不去伸直。闭目听去，七长八短，沸沸扬扬，宛如一曲交响乐在街空回荡，但再细细辨认，笛、琴、管、鼓，又都一一分明。那每一种频率，每一个波段，实在都代表着每一种香味和每一块六尺见方的地盘。

这些商贩艺术家们不但叫卖有声有韵，堆货站摊也极讲造型。卖馅饼的就故将案上的肉馅堆成一个圆球，表面撒上木耳、葱、姜、香菜之末，杂陈黑、白、黄、绿之色，远远看去五彩缤纷。卖凉粉的更构思奇巧，在一块晶莹透明的方形大冰上凿出几排圆坑，凉粉碗就一一稳在其中，白冰、白碗、白粉，冰清玉洁，素闲雅静，目光一接触就凉气袭人。再看那案边锅旁的师傅们，头上的白帽多不正而稍歪，腰间的围裙虽系实又轻撩，本是一口京腔却又故意差字走音，要是有外国人走过，还会高喊一声"OK！"。整条街面上漾着一种幽默、活泼的气氛。顾客不知不觉中有了一种替摊主辩护的宽恕心理，摆在这里的货自然就是最有特点，最该叫好的。艺术本是在劳动中创造，这时，他们手舞口唱，那火烤油灼的燥热，腰酸腿困的劳顿，全在这一声声的叫卖中，在这擀面杖有节奏的敲打声中化作了顾主的笑语和他们手中的钞票。无声的夜以她迷人的色调，将这一切轻轻地糅合在一起，连游人也一起糅了进去，糅得你心旷神怡。

这条街，前半条是吃的世界，后半条便是穿的领地。跨过半条街，香味渐稀，却色彩纷呈。服装摊的摆法自与小吃摊不同，干净、漂亮、耀目。几十条彩色锁链从铁架顶端垂下，每隔几个链孔就挂进一个衣架，架上是一件短衫或一条长裙，层层叠叠、拥锦压翠。这些时装不但用料华贵，形式也实在出奇，有一件上衣活像蒙古族的摔跤服，没有纽扣只一根腰带，并不讲究合体，随便前后两片而已。有一件裙子，灰土色，上面的图案竟全是甲骨文字，就像出土文物。一个摊位的最高处挂着一件连衣裙，上身的丝格如将军胸前的绶带，一身显贵之气，罩在透明塑料袋中，标明价格四百八十七元。我怕看错又问一遍，看摊的一个小女子说："这还贵啊，两天已卖出三件！"再看其他摊上一二百元一件的衣服已极平常。我不觉环顾一下周围的人也都是一鼻两眼，真想不出他们何以能这样在夏夜的凉风中一掷千金。

如果说食品摊讲究的是风味，这里要的便是时髦。那边力求土一点，强调传统；这里却极力求洋一点，专反传统。有一个摊位专营男式短裤，却围着不少女客。按说穿短裤是为凉快，这些料子却厚如帆布，颜色青灰相杂，像一块深色大理石，陈旧滞重。但买的人很多，偏要这种"流行"。一位姑娘在货摊里提起一件，便在人群的挤搡间，套进双腿，拉至腰际，再将外面的裙子一褪。两条粉白的大腿和两只随便穿着一双拖鞋的赤脚，在白炽灯下分毫毕见，我立时神色大窘，而那两个小胡子摊主却连声叫好："您穿上真正盖帽！赛过好莱坞的影星，电影上的模特儿！"还伸手在裤口边摸摸，指指点点。这姑娘也不在意，掏出钱包，直视两个小伙儿："便宜一点行不行？人家还是学生呢！""好，二十，零头不要了。"一个大姑娘，当街脱裙试裤，无论如何总觉不雅，又听说还是学生，我更觉惊奇，便插了一句："是中学生还是大学生？""当然大学生！"那女孩嫌我这样提问轻看了她，硬硬地回了一句，随手抽出两张十元的票子往摊上一扔，抓起她的裙子，穿着那件大理石短裤扬长而去。

这时逛夜市的人比刚才更多，摩肩接踵，如沸如滚。夜与昼的区别是，她较白天的紧张、明朗、有节奏而更显得松弛、朦胧、散漫。所以这时候街上的人其心也并不在购物。腹不饿，亦要一碗小吃，不在吃而在品；衣不缺，又买一件新衣，不为衣身而为赏心。看他们信马由缰，随逛随买，其形其神已完全摆脱了白天的重负。年轻女子们穿着大袒胸的薄衫，脖间只要一根细项链点缀，再赤脚拖一双凉鞋。小伙子则牛仔短裤T恤衫，上些年纪的男女衣着轻软宽松，或有的就穿睡衣前来走动。借着一层暮色，大家都将自己放松到白天没有的极限。人行道栏杆上坐着一男一女，两个大人却只买了一小盘扒糕，女的端着盘，张大口便要男的来喂。那男子用竹签插一小块糕放在她口中，她就笑眯眯地挤一下眼，不用说是一对情人。一对年轻夫妇牵着一个五六岁的男孩从我身边擦过，孩子边跺脚边嚷："就要吃，就要吃！"父亲说："再吃肚子就要破了。""破了也要吃。"母亲笑了："宝贝，咱们每天来一次，把这条街都吃个遍。"三个人一起高兴地大笑起来，那份轻松随便，好像这条街是他家的一样。

夜深了，游人渐稀渐疏，天上的一轮月亮却更明更圆。树影婆娑，笼着归人尽兴后的醉影，凉风徐起，弄着他们飘飘的衣裙。我踏着月色往回走，想明天还要来，后天也要来。这样热天的晚上，谁耐烦去电影院，又怎能看进书去，而短衫折扇地到这本社会学、艺术学的大辞典里来悠游查检一番，随听随看，随尝随想，夏夜里还有比这更好的节目吗？

在美国说钱

在美国旅行总感到冥冥中有一个上帝在主宰着你，几天过后才知道这个上帝就是钱。美国人把金钱的作用发挥到了淋漓尽致的程度。

钱就是权——使用钱就是在用你手中的权

过去虽出国几次，但总是公来公去，身上只有三十美元的零花钱，没有资格花钱，也没有机会看人家怎样花钱。这次到美国，在旧金山一下飞机便到一家名为“皇后”的餐馆去吃饭，名称和设施的豪华很为主人长脸。我们初到异国样样新鲜，主客在铺着金黄桌布的硬木圆桌前落座，窗外车水马龙，万家灯火，气氛十分热烈亲切。但老板是个广东人，既不会普通话也不会英语，呀呀唔唔，半天也说不清个菜谱，我们还不急他自己倒先烦躁起来了。客人中有一位要一盒烟，他送上后却立等收钱，主人席君说等会儿在饭费里一起结，他恼着脸说不行。于是客人赶快掏钱，主人又抢着去付，像平静的流水突然起了一个小小的漩涡，像夹岸的春风桃花林中突然伸出一节枯木，祥和温馨的气氛为之一搅。吃完饭，结完账，老板用小瓷盘托着单据和一大把找回的零钱送到桌上，席君只象征性地留下几个硬币。我知道国外给小费是很厉害的，那年在印度常为怎么给小费发愁，过曼谷时碰到一个代表团，因为小费花用过多，经费不够而提前返国。在美国这么点小费就能对付？

到车上说及此事，席君说："在餐馆吃饭一般应付 15% 的小费，但是今天他的服务质量不好，当然我要少付他小费，这是消费者的权利。"我心里顿了一下，这张薄薄的纸币里还有些沉甸甸的权利。在国内是禁止收小费的，按照我们的习惯给小费是一种恩赐，收小费是一种耻辱，大家在一种客客气气的君子协定状态下相处。但是如果有一方不够君子，怎么办呢？吵架，找对方上级，或者以忍为上。但这几种选择都是不愉快，也不会有什么效率。这样倒好，扯开面纱，你劳动就该得到报酬，而且有一部分钱不是老板发工资，而是让顾客直接发小费，多劳多得，好劳多得。"文化大革命"中整当权派，有一句话叫"帽子拿在手中"，让你时刻战战兢兢。这小费也是一顶帽子，是顾客手中无形的权杖。看似不近人情，但很公平，也出效率。

吃完饭，席君要我给家里打个电话报平安。我是记者出身，视出差如上班，从没有这个习惯。平时在国内见有些人，一到外地便打长途，借公家的钱卿卿我我，很瞧不起。席君却直拉我到电话旁，说："看我表演。"他摘下电话，掏出一张磁卡，往话机旁的细缝里一插，拨几个号便递给我。妻子听出了我的声音，她大声说："呀，你在哪里？好清楚。"我告诉她正在唐人街上吃饭，她说刚下班，正在厨房里做饭，我们都笑了。说了几句，怕多花主人的钱，便放下话筒。在国内打一次长途还要几十元，现在要横跨太平洋，绕地球半圈，我脑子里立刻想到那用一张张的纸币搭起的长虹。真是有钱能买地球转。

回到宾馆，我却对席先生手中的那张不似钱币胜似钱币的卡片顿生童心。他一高兴从胸前掏出一个票夹，“哗啦”从中抖出七八张卡片，说：“这是打电话的，这是坐飞机的，这是住旅馆的，这是加油料的……最重要的是这一张，用它随时可以取得钱。”以后果然我们并不随身带多少钱，无论走到哪个城市，哪条街道，口袋里没有了钱，就用这卡向墙上的一个取款箱里一插，立即就流出了十几张美元。真是一卡在手，横行街头。我第一次尝到了钱就是权。我想起古书上写的皇帝微服私访，乔装成一个平民难免会遇到这样那样的麻烦，有时简直到了将要受辱、丢命的尴尬或危险境地。但是他不怕，每到关键时刻，那些化了装的随从就把皇帝的身份亮出来，对方反倒吓得伏身在地，如筛糠似的发抖。为什么，因为他有权，这无形的权使他永不会有什么尴尬和危险。我们现时有这张卡在手，正是这种心境——有恃无恐。后来在纽约、华盛顿各地的旅行是正在美国留学的小李陪我们，一进旅馆他就笑着嘱咐我们：“今天我们也当一回大爷，你们谁也不要动手！”于是大家就袖手看着高我们半头的美国佬弯腰卸行李，然后我们给小费。小李说，这几天，他如不陪我们也要到餐馆里去打工，赚人家的小费好去交他的学费。现在既然主人出了招待钱，我们就有了买方便的权，而且结结实实地使用了他好几天，脸也不红，心也不跳，也没有什么好像在剥削人的羞愧感。

我虽然没有受过穷如乞丐的苦，但因无钱而羞涩胆怯的经历也不少。打倒“四人帮”以前，我们这些大学毕业生有好几年月工资只有四十六元，还要养家糊口。一次我到姐姐家做客，见茶几上有一元钱，姐弟二人隔茶几说了好一会儿话，我眼睛看着那张纸币，几次想张口说，给我这一元钱，好拿去打酱油，但终于没有说出口。以后当记者出去采访，总挑那六元钱一晚的旅馆住，不然无法报销。后来当干部，甚至还有了一定的职务，一出差也是先问人家房费多少钱。对方就赶快说：你不要管，超出部分我们付。我就感到自己脸红着大约有几秒钟没有话可说。近几年我看到一些发财的个体户，在街上拦出租车，在大饭店餐桌上点菜时的潇洒、勇敢，我说就是专门去训练，我也学不会这个风度。一位比我小十岁的朋友戗了我一句："你是没钱。腰缠十万，不学就会。"现在我走在纽约、华盛顿的街上居然也感到了那么一点潇洒。我坐下来吃饭，进门住旅馆，根本不用管他多少钱。虽然这只是一种"借光"，一种临时享受，但总算让我实践(应该说是实验)而悟到了这个理。你身上多一分钱，你就多一分胆，多一分自由，多一点掌握自己的权。

钱是个黑洞——缺什么就有人来干什么

一次席君问我："你知道去年美国评了一位最佳经理是什么人？""什么人？""是一个13岁的男孩。"我说不可思议。原来美国人居家，门前都有草坪，草坪多，草长高了专业公司来不及修剪。这位少年放学后就去剪，人家就给个小费。后来竟有人来主动请他。他一人干不过来就开始雇人，慢慢拉起了一个十几人的草坪公司。几个大个子黑人是他手下的工人。记者问："他们听你指挥吗？"这孩子说："听，因为我给他们发工资。"中国有句古话：不为五斗米折腰，是说特定情况，其实大部分时候都是在弯腰干活，挣饭吃，赚钱花。人为了赚钱就要去找一切还没有被人发现，没有被人干完的活。如果有人帮你找到这份活，你得感谢他，听从他。

在旧金山一下飞机席先生就开着一辆租来的车接我们。几天中我们以车为家，到海边兜风，看金门大桥、访问硅谷，十分方便。一天玩得兴起，席先生说我们干脆把车开到洛杉矶。我说车怎么办？他说放在那里就行，只不过多交几个钱。这对外来旅行的人真是太方便了。我们当然没有去，但是在另一个城市下飞机后更让我大吃一惊。我们一出机场门口就有接送车，一直送到出租车场的一辆卧车前。车门开着，钥匙插在车上。席先生一踩油门我们便冲出车场，居然无一人过问。迎面已是无边的灯海，车外闪过花花绿绿的广告。但是我的心总是不安，好像做了偷车贼。席先生说："这就是我们的车，没错，在旧金山起飞前我在机场订的。"我说："就算是我们订好的，能准备得这样周到？就像有一个无形的仆人在前面侍候。""这是为了多要你的钱，他不这样干，就有别的公司来干。钱就成了别人的。"

一天，我们驱车在闹市区跑，前面红灯一亮，车子骤然停了一大片。这时突然从车缝里钻出一个黑人小孩，手提小桶，刷子蘸一把水就往车窗上洗。然后伸手要钱，前后不过几秒钟。这种赚钱近乎强要，但是比我在印度碰到的到处伸出一双乞讨的手还是好些。他总归是先付出劳动，而且这样见缝插针。回想这几天碰到的人和事，那钱就像是轮胎里的气，总是将人鼓得足足的，让你不停地干。

一天我们步行浏览市容，突然看到一家商店门口挤满了人。原来橱窗里有一个男模特穿着漂亮的时装，头、手、身子都在做着机械式扭动。用机器人做模特，我还从未见过。那头发，还有脸上、手上的皮肤和真人一样，眼珠却直视不动。到底是真人还是假人，过路人大感兴趣，围观不走。我也觉好奇，便分开人群，凑到橱窗玻璃上仔细辨认，几乎与那人碰鼻子对眼。这时那“机器人”突然“哇”的一声，伸出舌头，向我做了个鬼脸。天啊，原来是个真人！我赶紧转身，示意同伴为我照张相，照完相，再看那个模特又很快恢复到机器人状态。我离开橱窗陷入沉思。一个活人，这样把自己塞进一个玻璃窗里。不说还要不停地做着机械式扭动，就是只站一会儿，也累得憋得难受。他干这份工作是为了什么？为了钱。物以稀为贵，活以绝为奇。凡别人还未干过的事，一定能有个大价码，估计一小时得给几百美元。但他也为商店招来了更大的买卖。

总之，我在美国街头越走就越觉得，在这里钱是一个黑洞，把人的心力体力直往里吸；钱是一种润滑剂，调整着社会的劳动组合，只要缺什么，就有人愿出大价钱买什么，也就有人去干什么。钱像水银一样，它在社会上无孔不入地渗透，使社会上很难再找到空白的行业（甚至街上随时都可看到有三个X作标记的脱衣舞厅）。钱是一种驱动器，它在不停地开发人力物力资源，驱动着社会这架大机器。

钱是你的也该是我的——就是要设法把你口袋里的钱都掏光

拉斯维加斯是美国西部的一座城市。这里靠近沙漠，几乎没有任何可开发的农业、工业资源。于是美国政府特准在这里开赌场——去开发人们口袋里的货币资源。

我们是晚上到达的。飞机从天而降，只知道是掉进了一片灯海里，驱车在城里找旅馆时，我们就成了海里的一条鱼。因为那灯织成密密的网，叠成层层的波，将我们四面包围，无论怎样跑也冲不出去。路边的酒吧、旅馆缀满细密的灯串，勾勒出美丽的轮廓。高楼大厦除顶部有灯光大字外，通体上下都是灯光广告。那霓虹灯的闪烁交换像是一群穿着发光衣服的孩子攀着楼身捉迷藏。有的楼身上挂满巨幅招贴画，在灯光下画中人毫发毕现，女演员的短裙边就像要扫着你的鼻尖。十字路口多有广告塔，六面或八面，缓缓转动，像老和尚念经。街心花园有灯光喷水，草坪上的探照灯光把棕榈树高高地推向夜空，好像巨人怪兽，陆陆离离，闪闪烁烁。难怪当我们昨天在旧金山被它的灯海所征服时，刚从这里飞去的丁小姐却说："去看看拉斯维加斯吧，那才叫美国呢。"奇怪的是，这城竟有光无声。问主人，答曰：都钻进赌场里去了。大凡一个城市的外貌总带有它生存环境的背景，如哈尔滨的冰雪，乌鲁木齐街头的瓜果，赌城的外貌正应了一句中国话：纸醉金迷。

城里有几个大赌场，最有名的是恺撒宫，大概是想借古罗马恺撒大帝的威名。进门就是个大喷水池，池边是罗马神话人物的群雕像。左右是两条商业街，这街在室内，却搭上天棚，绘上蓝天白云，一如在室外，两边店铺鳞次栉比，头上穹庐高阔，心旷神怡，只此一斑就可见工程浩大。中心赌场是一个漫无边际的大厅，只见一排排俗称"老虎机"的赌机，光闪闪密麻麻地排列着，漂亮的服务小姐推着车为你兑换喂"老虎"的硬币。我的第一感觉这里不像个赌场，倒像个大织布车间。过去的旧印象是赌场里烟雾腾腾，赌汉们满脸横肉，捋胳膊挽袖，污言秽语，甚至大打出手。眼前景况却是男人大多西服革履，小姐夫人则抱一个大硬币罐静坐在赌机前，燃一支烟，像与友人喝茶谈天。除"老虎机"外，还有轮盘赌、电子赛马赌、牌赌、掷骰子赌、大屏幕上的球赛赌，等等。平生进赌场还是头一回，而且绕了半个地球来这里，这真是赌翁之意不在赌。

我换了十美元的赌资，端着钱罐往“老虎机”前一坐，先小心翼翼地捏起一角一块的硬币向“虎口”里喂去，搬一下摇柄，没有反应，算是白喂了。我又一下投进两个，再搬一下，哗啦啦出来四个，不觉心中大喜，再连着投进三个，却又“虎口”紧闭毫无反应。这样断断续续，有时出来一个，有时两个，大多时候是肉包子打狗。我却总盼着它能大张虎口，长啸一声，为我吐出一满罐银子。可是它不慌不忙地，一口一口把我这一罐钱全吃了进去。又去换了十元，这次五分五分地往里喂，便也只不过是多磨一会儿时间，不到一小时我们都输个精光。席君只教我们玩，他却不赌，说：“我知道肯定输，它肯定要让你输。”但是偶有赢时，那机器就会将硬币抖落到钢盘子里，叮叮当当，十分悦耳，满大厅里此起彼伏，好像丽人出游，佩环叩鸣，十分祥和。不知情者只听这声音，还以为人人都在大赢其钱呢。赌厅中央有个平台，上面放着三辆高级轿车，这也是赢头，如有谁赢了，开上就走。有大赌家来时可乘直升机在楼顶平台降落，赢了巨资也专有保镖护送出去。

试赌了一回（还不如说试输了一回），我们就离开赌机想去探探这赌场到底有多大。忽东忽西，楼上楼下，一会儿发现一个大剧场，一会儿又发现一个商场，或是一个餐馆。剧场每隔一个半小时就有一场演出，场场爆满。餐馆又分中国馆、日本馆、西餐馆。至于商场简直就是个博览会，手持长矛盾牌的古罗马武士，着轻纱长裙的罗马少女，还有扮成狗熊、兔子、唐老鸭的人物，在赌场进口处来回走动，主动向客人躬身施礼，你可随意与他合影。大门口是一个小丑，手持毛掸子，为你开门掸土，做鬼脸。我们在剧场里看了一回歌舞，在市场看了一会儿商品，便找餐馆去吃饭。女招待是一位上海来的大学生，她全家迁来此地，父母是中年知识分子，在这赌场里找到一份发牌（就是看赌摊）的工作。我边吃饭边看窗外赌机间那些像赶集一样的人。这里面也许有那个擦车的黑孩子，也许有那个站在橱窗里的模特儿，他也来这里试试运气。其实人生就是一个赌场，不过平时靠聪明、汗水来赌，来这里是靠运气来赌。而这赌场（还不如说这社会）却更聪明，你看千百个张着虎口的赌机在等着你喂美元，虽然也有个别人能从这虎口里捞到一点赢头，但是别高兴得太早。你看这些剧场、舞厅、餐馆、商场，设了层层防线，都在拉着你消费，一定要把你刚装在口袋里的那几张票子掏出来。要不门口那个小丑怎么会那样热情呢？

从赌场出来我才注意到，这赌城的大街上随便一个商店、酒吧的门口，柜台、酒桌旁，直到车站、机场的大厅里都有赌机。这真是美国的缩影，你随时随地都在赌人生，都可试试运气。你时时想发财，而你周围又有无数双手在掏你的口袋。钱是你的也是我的，就是这样互相掏来掏去。但有一点是可以肯定的，在这种掏来掏去的竞争中有的人富起来，有的人垮下去。

在印度看乞讨

尽管我们受到了特殊的礼遇，尽管这里的风光是平生从未见过的美，但是在将离开印度时，我们几个人都发誓不愿再来第二次了。我们实在受不了那一双双总是在你面前晃着的乞讨的手。

7 日凌晨三时到德里，住五星级阿育王饭店。旅途劳顿，蒙头大睡，早晨醒来一开门，两个白衣黑汉（印度的饭店全是男服务员）就进来打扫。我们下楼吃饭，回来时房间已收拾好，这时他们又进来挥着大抹布比画着说：“打扫一下好吗？”我点头表示同意。他不打扫，出去一趟，又敲门进来，又比画一下，我又点头，他又不打扫，出去又回来。这样骚扰再三，我终于明白是来要小费的。但刚下飞机，饭店银行还未开门，卢比换不出来。一大早我们同行的几个人都受到这种反复的“问候”。直到换来钱，发了小费我们才有了一点自由，才能静下来观察一下这座以印度历史上的秦始皇命名的豪华的饭店。

一会儿，使馆同志来约去看看市容。浓绿阔叶的参天巨木，沿街随意怒放的玫瑰，嫩细的草坪，使我们顿生新奇兴奋之感。沿着总统府前气势雄浑的大道，我们漫步到印度门下。这是一座如巴黎凯旋门式的纪念碑建筑，我掏出相机，仰头辨认着门楣上的字迹，准备做一会儿历史的沉思，身后却响起清脆的小锣声，回头一看，一个精瘦的黑汉子牵着两只猴子，龇着一口白牙，不知何时已蹲在我们身后的草坪上，那两只猴子正围着他挤眉弄眼地转圈。他一见我们回头，便招手请照相。陪同连说：“那是讨钱的。”话音未落，快门已按，那汉子早起身伸手，那两只小精灵也立即停止舞动，静静地伺立两旁。我们猝不及防，只好掏出十个卢比，打发走玩猴人，重又抬头研究印度门的历史。忽然背后又响起呜呜的笛声，又一个头上缠着一大团花布的汉子，不知何时已盘膝坐在我们身后，他面前摆着一个小竹盘，盘中蜷缩着一条比拇指还粗些的长蛇。那蛇随着笛声将头挺起一尺高，吐出长长的信子，样子十分凶残。思古幽情让这一猴一蛇是给彻底吹掉了，况且我们刚才匆匆出来，也没有换几个零钱。大家便准备上车走路。但那玩蛇的汉子却拦住路不肯放行，说少给一点也行，又突然将夹在腋下的竹盘一翻，那蒙在布里本来蜷成一盘的蛇突然人立前身，探头吐信，咄咄逼人。汉子脸上涎笑着，一手托蛇，一手伸着要钱，没办法，又投下十个卢比，我们慌慌而去。

从印度门出来到红堡，这是一座印度末代王朝的皇宫。门口熙熙攘攘，卖水果的，卖孔雀毛的，卖假胡子的，拦住路非要给你剪个影不可的，五光十色，喊声不绝，像一锅冒着热气的八宝粥。这回有了经验，不管什么人上来，连声“NO，NO”，目不旁视。但是当我们从堡内出来，又有几个人拥了上来，非要领你到停车场不可，真是笑话，我们自己刚才停的车，还用别人领路？但是不行。特别是一个拄拐的残腿青年，你左突右冲，他东拦西堵，而且故意在你面前晃动那条半截腿。只好给他十个卢比。拿了卢比也不领路了，我们自己去上车，这简直有点强夺了。

从红堡出来去看甘地墓，进墓地要脱鞋，门口早有一堆人争着给你看鞋子，又是十卢比。接着看比拉庙，在印度凡进庙和旧王宫、城堡之类的地方都要脱鞋，于是给人看鞋，成了最方便的要钱行业，类似北京街上存车的老太太，见车就收钱。这里是见鞋就收钱，而且你非脱鞋不可，不给钱不行。比拉庙前又被敲了一次竹杠。这座庙是全石建筑，太阳晒得石板火烫，我们赤着脚，龇咧着嘴，正想欣赏一下各种雕像，一个穿黄衣、持竹棍的警察（印度警察的警棍是一根一米长的普通竹竿）走上来喝道开路，要为我们领路。我们一行中有三人英语很好，又有使馆同志陪同，实在想自己静静地观赏一下这古代的建筑艺术。但是不行。你从这座房子里进去，他就在门口堵你，非要领你进另一座房子不可，还把别的游人推开，像是对我们特别照顾。我们心里实在烦透了，而你越烦，他越缠住不放，在一个个神像前指指画画，又用乌黑的食指蘸一点朱砂，强在你的额头上按一个红痣。其实他那半生不熟的英语，那点历史、艺术知识真说不出什么东西。但我们成了他的俘虏，只得跟他一处一处地绕，终于走完了这座庙，脚也烫得成了烙饼。他自然又向我们伸出手。刚才因为无零钱，一咬牙给了看鞋人五十卢比，现在除了一百的一张，再无小票了。况且，到印度还不过半天，照这样下去我们每人三十美元的补助，怕只填了这些人的手心也不够。陪同的同志只好拔下身上的一支圆珠笔。那警察接过看也不看一眼，老大不高兴地走了。

在印度讨钱成了一种风气，一种行业。好像一切人都可以想出要钱要东西的招数，而且毫不脸红。孟买海湾中有一个象岛，星期天我们乘船去玩，一下船，一个约五六十岁的老太婆便来搀扶你。我看她这一身打扮，花里胡哨的“沙丽”（印度妇女穿的服装，就是身上裹的一块大布），两个大耳环，黑如树皮的面部闪着两只贼亮的眼，额头上一个大红吉祥痣，额顶发缝里也有一道红朱砂，像被人刚砍了一刀，很是吓人，忙摆手避让。这时，一对欧洲夫妇跳下船。老太婆就上来扶那欧洲女人，她那双枯瘦如柴的黑手紧扣着那女人肥嫩的白手臂，指甲几乎掐到肉里去，生怕这个到手的猎物逃掉。那白女人大概不知其意，边走边听她指指画画地说海边的树林、滩上的鹭鸟，很为异乡情趣所醉。一会儿走过栈桥，那老太婆就拉着白女人要照相，跟在后面的丈夫忙举起相机。这时旁边果然又跳出一个同样打扮的老太婆，一照完相，两人都伸手要钱，丈夫愕然，准备走，哪能走了，只好掏出一张纸币给了第一个老太婆，但第二个却坚决缠住不放。我窃喜自己的经验，聪明的白人活该上当。

岛上有一个从整座石山中掏出的印度教庙，是游人必到之地。这庙前也就成了向游客讨钱的主战场。许多如刚才那样的当地妇女，着“沙丽”服装，头顶两个高高的铜壶，缠着人照相，而且一般你很难摆脱她的纠缠。我从庙里出来汗水湿透了衣裳，便躲在一棵大树下，揪起衣领扇风，树上一群猴子蹦来蹦去，抓着树枝打秋千，我不由掏出相机。突然觉得有人在扯后衣襟，回头一看，一个十来岁的女孩，穿一件地方味很浓的新裙子，头顶一个铜壶，正向我伸出手。她那对小黑眼珠中还透出几分稚气，但脸上的神情分明已很老练，看来操此业至少已有几年。我一时陷入深思，像这种从大人到孩子，人人处处都讨钱的现象，到底是生活所迫呢，还是一种方便省事的职业（尽管在国内我也听说有乞丐万元户的，但绝没有这样一个天罗地网），这小孩子身上的裙子、头上的铜壶分明是一套要钱的道具。而我这几日在印度看到的不是向你挥舞蛇头，就是伸出断腿，或让你看腿上流脓的疮，或抢着为你领路，在饭店里送行李时就是一个箱子也要两人提，用饭则一再要给你送到房间，手纸也要故意送一次，又送一次，费尽心机，想出许多要钱手段。总之，一起床，你周围就晃着许多乞讨的手。

穷人自然是值得同情的，但只有穷而有志的人才该同情。向人伸手乞讨如同妇女卖身一样，是真正被逼到绝路之后才不得已而为之的求生之法。但如果把穷当成一种要钱手段，甚至不穷也要变着法要钱，而根本无所谓人的尊严，那么这种同情心便会立即变为厌恶。我想起昨天和几位印度知识分子的谈话，他们也很为这种乞讨的恶习忧虑。说政府为无业人想了许多办法，包括在海边造了房子，但他们不愿劳动，把房子租了出去，又到城里来讨钱。事实上，这种乞讨风已经无所谓有无职业了，人人都可毫不脸红地伸出自己的手。我想，大凡给予有两种，一是对对方付出劳动的补偿，是平等的交换；二是对对方的爱和怜，是愉快的奉献或捐助。当对方既无付出劳动，又无可爱可怜之处时，你无端地付出倒是对自己自尊心的践踏了。但我还是无法拒绝身边这个女孩，我掏出口袋里仅有的两个卢比，给她照了一张相。关上相机，我的心里像收进一个魔影……

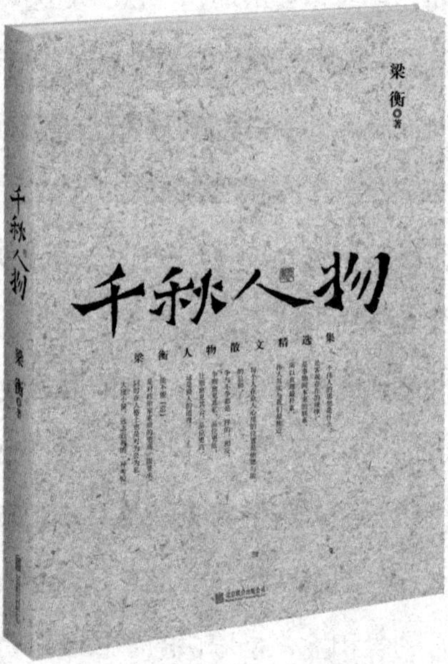

千秋人物

定价：36.00元

出版时间：2015年2月

出版社：北京联合出版公司

本书精选梁衡最新人物散文50篇，包括对毛泽东、周恩来、彭德怀、张闻天、瞿秋白、方志敏、邓小平、诸葛亮、陶渊明、韩愈、范仲淹、文天祥、柳永、李清照、林则徐、王洛宾、季羡林、赵朴初、吴文季等名人的评点、感悟和思考。梁衡先生为我们讲述了许多不为人知的历史、加上他独到犀利的点评，行文如流水，文字优美，摒弃其他历史书的枯燥乏味，无论是史学专业还是非史学专业皆可拿来一读，老少咸宜，让人受益匪浅。该书采以图配文的编排增加了文本的美感和轻阅读感。

觅渡觅渡

定价：36.00元

出版时间：2016年5月

出版社：北京联合出版公司

梁衡先生是著名的散文家，有很多名篇入选了中学和大学的语文课本。七年前梁衡出版了散文集《觅渡》，由人民大学出版社出版，出版至今广受好评。本书是《觅渡》的长级版，收录了梁衡先生最具代表性的散文、评论与写作体会。全书分为“伟人如山”“青史如镜”“山川如我”“人生之美”“域外之风”“为文之道”六个部分，几乎囊括了他最具代表性的散文、杂文与研究。尤其是在保留老版精华的同时，收录了七年来他新发表的、在全国引起反响的多篇散文。本书既适合广大文学爱好者阅读，也大学生和中学生提升文学素养，提高写作水平的指导读物。

我的阅读与写作

定价：39.00元
出版时间：2016年3月
出版社：北京联合出版公司

梁衡先生是著名的散文家，有很多名篇入选了中学和大学的教材。本书是梁衡先生五十年写作生涯中，关于如何读书、如何写作的文章结集。全书分为三个部分。第一部分是"我的阅读"，收发了梁衡先生的读书心得，有些文章当年一经发表就引起轰动，既适合文学爱好者引高阅读水平，也适合中学生大学生拓展阅读视野。第二部分是"我的写作"，梁衡先生既是记者编，也是散文家，这一部分收录了他的一些文学评论、新闻写作方法及文学理论研究。能帮助不同层面读者提高写作水平。第三部分是"序与跋"，是梁衡先生近年来为自己的图书及其他人的图书所写的序和跋。

毛泽东怎样写文章

定价：39.00元

出版时间：2016年6月

出版社：北京联合出版公司

毛泽东说革命夺权靠枪杆子和笔杆子，他自己却从没有拿过枪杆子，但笔杆子倒是一辈子须臾不离手。毛文堪称空前绝后，他之前没有，他之后也不可能有。毛文所产生的时代已经过去，它当时指导的工作任务也早已完成，但是为什么人们还在读它、用它？一有事就想起它？这就是经典的意义，它早已褪去了有形的外壳而上升到理性的高度，成为永远悬在天空，时刻启迪我们的星辰。著名作家梁衡潜心研究毛泽东的文章作法，从文章形式、写作方法和修辞手法等方面分析毛文的与众不同之处，开毛泽东写作方法研究之先河，并引起国内广泛关注及巨大反响。本书将其研究成果结集，并增加了作者所写的关于毛泽东的文章，及作者关于写作研究的文章。